왕 가 위 의 시 간

왕가위의 *Auteur of Time* 시간

스티븐 테오Stephen Teo 지음
엽숙혜, 여지원, 신진하 번역
김중섭 감수

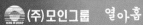 (주)모인그룹　열아홉

서문

2005년에 영미권에서 출간된 저의 서적 〈Wong Kar-Wai: Auteur of Time〉이 한국 독자들을 만나게 된다니 영광입니다.

초판 발행 당시, 왕가위는 이미 세계 영화사의 가장 주목 받는 아시아 영화감독 중 한 사람으로서 상당한 명성을 쌓았습니다. 이 책은 10년 이상 비평가들과 관객들에게 깊은 인상을 주었던 그의 독특한 스토리텔링과 비주얼 스타일에 관한 모노그래프 중 일부입니다. 또한, 그의 영화들을 1990년대 중국 홍콩특구[1]라는 시대적 맥락에 비추어 해석하려는 시도이기도 합니다. 왕가위의 영화들은 내적인 욕망과 복잡한 감정의 연결망을 대표하며, 1997년 이전의 문화적 · 정치적 불안을 겪었던 홍콩과 1997년 이후 중국의 필수적인 한 부분으로 이행하는 홍콩을 연결하는 다리를 놓습니다. 〈아비정전〉과 〈해피투게더〉가 1997년 이전의 시대적 정신을 드러낸다면, 〈화양

---

1   *일러두기: 중국 표준 표기법에 따른 '중국홍콩특구'라는 명칭을 본문 이하에서는 '홍콩'으로 일괄 표기하였습니다.

연화〉와 〈2046〉은 1997년 이후 불확실한 홍콩의 모습을 묘사합니다. 이 책은 본질적으로 왕가위 작품세계의 이러한 변화상을 논하고자 하며, 출간 당시 최신작이었던 〈2046〉을 분석하는 것으로 끝맺습니다.

여기에 더해, 이번 한국어판에서는 현시점까지 발표된 왕가위의 영화들을 총망라한 챕터를 추가로 제공합니다. 그의 중요한 단편 영화 〈더 핸드〉와 과소평가 된 미국 영화 〈마이 블루베리 나이츠〉, 그리고 가장 최신작인 〈일대종사〉에 이어 왕가위 작품세계 30주년을 기념하여 그의 제작사가 만든 단편영화를 소개할 것입니다.

왕가위는 매번 그의 영화적인 스토리텔링에 관한 새로운 주제와 접근으로 관객들에게 놀라움을 선사해 왔습니다. 그의 영화 세계에 관한 가장 포괄적인 논의를 한국 독자들과 나눌 기회가 주어져 정말 기쁩니다.

스티븐 테오 Stephen Teo

차례

1

소개

홍콩 영화계가 낳은 세계적인 스타

왕가위는 서양에까지 이름이 잘 알려진 최고의 홍콩 영화 감독 중 한 사람입니다. 그는 '존 우(John Woo)'나 '브루스 리(Bruce Lee)'와 같은 영어 이름을 쓰지 않고도, 세계 영화사에서 쿨하고 포스트모더니즘적인 감성을 대표합니다. 그의 중국식 이름이 광둥어 발음인 '왕가위'로 더 많이 번역됨에도 불구하고(왕 감독의 이름은 표준 중국어로는 '왕자웨이'라고 부릅니다), 왕가위라는 이름은 지역적인 감수성을 자아내며 굉장히 이국적으로 들립니다. 왕가위의 영화 세계가 동서양의 결합이라는 말은 이제 너무 흔한 이야기지만, 왕가위라는 이름은 여전히 퍼즐 속에 숨겨진 수수께끼와도 같습니다. 우리는 왕가위를 홍

11

콩 필름메이커로써 어떻게 이해하고 있을까요? 그의 세계적 지위와 지역적 근간을 함께 받아들일 수 있을까요? 그렇다면 왕가위의 영화들은 세계적인 동시에 지역적이라고 할 수 있는 걸까요? 이러한 수수께끼를 푸는 것이 바로 이 책을 쓴 목적입니다.

왕가위는 분명 독보적인 필름메이커입니다. 그의 영화들이 홍콩 영화에 대한 폭넓은 관심을 불러일으킴에도 불구하고 왕가위는 홍콩인의 정체성은 물론, 홍콩 영화들을 정의하고 있는 펄프 픽션다운 장르적 한계 역시 넘어서기 때문입니다. 영미권에서 포스트모던적이라 평을 받는 그의 섬세한 예술세계는 동양의 영화들이 마냥 '이국적'이라는 흔한 고정관념을 뛰어넘습니다. 왕가위가 전 세계적으로 커다란 주목을 받는 영화감독이라는 사실은 그의 작품이 동서양을 아우른다는 것을 의미합니다. 그러나 이는 왕가위의 영화들이 곧 동서양을 아우르는 홍콩이라는 지역적 특성을 반영하기 때문이기도 한데, 왕가위의 영화 세계에서 홍콩과 영화는 그 자체로 하나로 해석되는 역동적이고 상호보완적인 힘을 갖고 있습니다.

왕가위의 영화가 도시의 들썩이는 에너지를 품고 있음에도 불구하고, 그의 작업 스타일에는 체계적인 결함이라고 부를

12

만한 명백한 징후들이 있습니다. 이는 규율의 부재라던가, 정해진 대본을 따라 작업하는 것에 불응하는 만성적인 습관, 그리고 그로부터 파생된 영향들 같은 것입니다. 이러한 강점과 약점들은 서로 밀접하게 연관되며 유독 왕가위 영화 속에 의례적으로 깊게 배어있는 것처럼 보이지만, 이것은 감독 자신에게는 분명 익숙해 보입니다. 그러한 특징들은 홍콩의 영화 산업에 근간을 두면서, 그만의 독창적인 작업 과정의 일부로 남아 있습니다.

그러므로 왕가위의 작품은 모순과 역설을 상징하기도 합니다. 그는 시스템에서 벗어날 수 없는 홍콩 필름메이커인 동시에, 그만의 독특한 영화 스타일로 전 세계적인 인정을 받는 감독입니다. 왕가위의 영화들은 홍콩의 주류 영화업계를 지원하는 자본가들의 산업 단지에서 탄생했지만, 그의 작품들은 주류이기를 거부합니다. 왕가위 영화들의 낮은 홍콩 내 박스오피스 성적들은 홍콩이 그의 영화들을 거부하고 있음을 증명해 왔습니다. 그의 작품을 호평하는 관객들은 대개 홍콩 외부에서 찾을 수 있습니다. 그러므로 왕가위 영화의 시장은 홍콩 밖에 있다고 할 수 있으며, 이는 그를 세계적인 예술영화 감독으로 인정받게 하는 것과 동시에 필름메이커로서 살아남

소개

도록 해주었습니다. 이러한 모순은 왕가위가 필름메이커로서 갖는 복잡한 특징들과 함께 그의 커리어를 분석하는 데 있어 그를 시험대에 올립니다.

이 책에서는 홍콩의 필름메이커로서 왕가위가 갖는 지역적 근간을 바탕으로, 그에게 영향을 미친 영화적·문학적인 사례들을 검토하며 왕가위 영화 세계의 기원을 추적하고자 합니다. 왕가위 영화들의 계보는 홍콩의 영화뿐 아니라 현지와 외국의 문학작품들에 근간을 두고 있습니다.[1] 그가 홍콩의 독특한 탈근대적 스타일리스트로 탄생한 데에는 영화와 문학의 결합이 큰 영향을 미쳤다고 해도 과언이 아닙니다.[2] 통찰력 있는 두 평론가, 데이비드 보드웰과 아크바 압바스는 왕가위의 영화가 홍콩 장르 영화로부터 얼마나 크게 영향받았는지를 이야기합니다. 보드웰은 그의 영화가 대중오락이라는 장르에서 파생되었다고 말합니다. 압바스도 왕가위의 초기작 네 편을 분석하며 거의 비슷한 점을 짚어냅니다.

> "각 작품은 인기 있는 장르의 관습으로부터 시작해, 점차 장르에서 벗어난다."

두 평론가는 왕가위를 장르 영화의 아들로 여겼고, 홍콩 영화업계가 그를 어떻게 키워냈는지를 정확히 분석했습니다. 왕가위 영화들이 어떤 장르에 속하는지는 분명 살펴볼 가치가 있습니다. 〈열혈남아〉는 오우삼 감독과 스콜세지 감독 풍의 갱스터 영화이자, 멜로 드라마입니다. 〈아비정전〉은 '아비' 로맨스 영화입니다('아비'는 광둥어권의 독특한 장르이자 젊은 불량배들 사이에서 쓰이는 속어입니다). 〈중경삼림〉은 누아르스러운 음모가 가미된 로맨스 영화이며(그녀의 상징적인 존재는 그녀가 이름을 알렸던 1970년대 멜로 드라마를 떠오르게 합니다), 〈동사서독〉은 대중 무협 소설에서 캐릭터를 차용한 무협영화입니다. 〈타락천사〉는 전문 살인청부업자의 이야기로 시작해 부자 관계에 관한 이야기를 다루며 다양한 가닥으로 방향을 전환하는 멜로 드라마입니다. 〈해피투게더〉는 1997년 이전 세기말의 주제를 따라가는 게이 로맨스 영화입니다. 〈화양연화〉는 고전적인 스타일의 중국 멜로 드라마를 표방하며, 억압된 욕망에 관한 사랑 이야기를 그려냅니다.

이러한 설명들로부터, 왕가위의 영화들이 본질적으로는 홍콩 영화의 계보를 잇는 장르 영화로 분류됨에도 불구하고, 그의 관습 타파주의적인 스타일에 의해 장르적 한계로부터 점차 벗어났다고 볼 수 있을 것입니다. 이 때문에 그의 영화들이 장르 영화가 아니라고 주장하는 것은 가능하지만, 그럼에도 그의 영화들은 홍콩 장르 영화의 제작 관습에 헌사를 바칩니다.

보드웰과 압바스는 왕가위가 필름메이커로서 보여준 뛰어난 스타일을 호평하며, 이 스타일이 장르 혹은 장르의 변형에 근간을 두고 있다고 보았습니다. 하지만 그들은 문학이 왕가위 영화의 스타일과 구조를 결정짓는 데 끼친 역할은 등한시했습니다. 왕가위 영화들이 문학으로부터 깊은 영향을 받았다는 전제는 그의 영화에 관한 비평적 접근에서 기본적으로 간과되는 점인데, 이는 이번 책에서 바로잡을 결함입니다.[3] 왕가위가 문학적 소양을 갖춘 감독이라는 사실을 고려할 때, 저는 그것이 단순히 문학적 각색을 의미하거나 영화와 문학을 동일시 하는 것은 아님을 덧붙이고자 합니다. 오히려 왕가위의 모델은 알랭 레네와 같은 인물입니다. 레네는 장 카이롤, 알랭 로브그리예, 마르그리트 뒤라스, 데이비드 머서, 그리고 알렌 에이크번 등의 작가들로부터 문학적 소재들을 차용해서 이를 빛과 카메라의 움직임 등의 순수한 영화적인 이미지로 구현해내는 필름메이커입니다. 왕가위의 작가적 특성 또한 영화적인 스타일로 이야기를 전달하는 그만의 감성에서 비롯

되었습니다.

왕가위의 문학성은 매우 시적인 대사들을 통해 드러나는데, 이는 그가 애독했던 라틴 아메리카의 마누엘 푸익이나 훌리오 코르타사르, 일본의 무라카미 하루키, 그리고 홍콩의 김용이나 류이창과 같은 작가들의 영향을 받은 것으로 볼 수 있습니다. 이 작가들이 어떻게 왕가위의 작품세계에 영향을 주었는지에 대해서는 영화들을 자세히 분석하며 논할 것입니다. 왕가위는 문학에 폭넓은 관심을 보이며 레이먼드 챈들러, 가

소개

브리엘 가르시아 마르케스, 그리고 다자이 오사무와 같은 작가들 역시 인용해왔습니다. 그중에서 그에게 가장 깊은 영향을 준 것으로 보이는 작가는 마누엘 푸익입니다. 왕가위에게 푸익의 책 〈조그만 입술(Heartbreak Tango)〉을 소개해준 이는 왕가위의 초기작들에서 멘토 역할을 했던 의욕적이며 창조적인 영화감독 담가명(Patrick Tam)입니다. 담가명의 말에 의하면 왕가위는 '소설의 구조를 영화에 적용함으로써 이를 마스터하고자' 했습니다.[4]

아마 왕가위는 홍콩 영화계의 마누엘 푸익이 되고도 남을 것입니다. 그럼에도 불구하고, 그가 대체로 비주얼 스타일리스트로 간주되고 홍콩 영화들이 종종 육체적인 액션 장면들로 상징된다는 점 때문에 왕가위가 얼마나 문학적인지는 자주 간과됩니다. 푸익과의 비교는 왕가위가 그로부터 받은 문학적 영향력 못지않게 자신만의 스토리텔링 스타일을 소화해온 방식을 또한 암시합니다. 왕가위는 내러티브를 정신적이고 시적인 영역으로 강화하기 위한 도구로써 단편적이며 인상주의적인 푸익 작품들의 구조뿐만 아니라 '나레이션'의 개념까지도 마스터하고자 했습니다. 그의 영화 속 나레이션이 친근함을 전달한다면, 그의 영화 속 이미지들은 시각적으로 거대하고 독특한 비율의 캔버스에 그려진 복잡한 색상과 디자인을 연상시킵니다. 친근한 문학적 특성과 복잡하고 독특한 미장센을 아우르는 그의 영화들은 미셸 푸코의 말을 인용하면, '우리들 존재의 중단'을 보여줍니다. 저는 '실제적인 역사'에 대한 푸코의 관점을 적용했습니다. '실제적인 역사'는 '개별 사건들을 이상적인 지속성으로 녹여 내는 것(신학적 움직임이나 자연적인 과정)'을 목표로 하는 '전통적인 역사'의 반대말입니다.[5]

하지만 그는 홍콩 영화 업계와 원만한 관계를 유지하는 것과는 거리가 멀었습니다. 그가 체계에 저항하는 반항아가 될 정도로 그 관계는 파열되었고, 불연속적이었습니다. 이는 왕가위가 홍콩의 역사와 영화를 바라보는 방식이 어떻게 영화 속 시간과 기억을 통해 진행되었는지와 밀접한 관련이 있는데, 이는 그의 영화가 다루는 실제적인 주제라고 할 수 있겠습니다. 프루스트의 〈잃어버린 시간을 찾아서〉의 서술자처럼, 왕가위는 영화 한가운데에 기억의 움직임을 배치하고 이를 실체로 바꾸기 위해 분투합니다.

홍콩 영화라는 프리즘을 통해 걸러진 왕가위의 영화들의 향수는 과거를 향해 있습니다. 전 세계 시네필의 마음속에 특정한 매력을 불러일으키는 그의 모든 영화는 다양한 수준의 기억을 상기시킵니다. 〈아비정전〉과 〈화양연화〉에서 왕가위는 어린 시절의 홍콩을 재창조합니다. 이는 왕가위가 홍콩이라는 유산으로부터 결코 떨어질 수 없음을 암시하는데, 이같은 사실은 홍콩 필름메이커들의 세대에 그를 자리매김시킵니다.[6] 또한, 동양과 서양 사이에 위치한 탈근대적인 도시의 특수한 위치로 인해 홍콩의 유산이 항상 위험에 처해있다는 사실을 시사하기도 합니다.[7] 왕가위는 이를 되찾고자 하는 충동에 본인의 팝아트 스타일과 예측 불가능한 예민한 감성으로 반응하였습니다.

분열된 탈근대적인 열정이 가득한 왕가위의 스타일에 깊이가 부족하다고 비난하는 일부 비평가들의 관점은 여기서 다루지는 않겠습니다. 오히려 그의 영화는 깊이가 없는 것과는 거리가 먼데, 이는 그의 영화들이 당대의 홍콩으로부터 상당한 정신적·문화적 수혈을 받았기 때문입니다. 오히려 그의 영화들은 유럽의 순수예술영화와 미국 할리우드 대중 예술의 대척점에 있는 대안적인 역사라고 할 수 있습니다.

왕가위의 작품세계의 인식에 대한 부족함은 왜 지금까지 그의 영화를 포괄적으로 다루는 책 한 권 분량의 연구가 없었는지를 설명하는지도 모릅니다. 왕가위 역시도 미디어 유명 인사인 본인의 이미지를 부각시킴으로써 깊이가 부족한 필름메이커라는 인식에 동조해 온 경향이 있습니다. 연예, 가십 칼럼들은 대중 앞에서 시선을 강탈하는 검은 선글라스를 착용한 왕가위의 화려한 매력을 강조합니다. 기자들은 왕가위의 톱스타 캐스팅과 촬영 기간의 지연에 대해 씁니다. 출처는 종종 배우와 감독 간의 분쟁으로까지 이어지기도 하는 그에 대한 스타들의 실망감입니다.

하지만 왕가위는 학계에서 역시 유명인사입니다. 그의 영화는 대학 영화 강의에 단골 메뉴로 등장하며 인기 있고 매력적인 논문 소재로 다루어집니다. 그러나 왕가위에 관한 분석적인 잡지나 학계 저널, 혹은 문집들이 간간이 출간되어 왔음에도 불구하고, 그의 전작들에 대한 지속적인 원문 분석을 시도하는 이는 없었습니다.

이 책은 우리가 이제 막 진지하고 섬세한 방식으로 그를 평가하기 시작했다는 사실을 전제로 합니다. 왕가위는 홍콩 영화계가 낳은 스타이자 전 세계가 인정하는 거장입니다. 제작비를 낭비한다거나 제작 기간을 지연시킨다는 평판들이 그를 괴롭히지는 못합니다. 그는 분명 영화계를 제압할 수 있는 현시대의 유일한 홍콩 영화 감독일 것입니다. 대부분의 홍콩 영화 감독들은 저렴한 제작비로 빠르게 작업하지만, 왕가위는 매 작품에 수천만 달러를 투자하며 오랜 시간을 공들입니다. 〈화양연화〉를 제작할 때도 그랬듯이, 아마도 그는 한 프로젝트에 2년 이상을 투자하면서 스스로 마감일을 늦출 수 있는 유일한 영화감독일 것입니다. 제가 이 책을 쓸 때, 왕가위는 〈화양연화〉를 찍기 4년 전부터 미뤄두었던 영화 〈2046〉을 여전히 작업하고 있었습니다. 홍콩 영화계에서 이같은 신기록에 가까운 제작 속도를 찾자면, 호금전 감독의 명작 무협영화 〈협녀〉(1968~1972) 정도를 꼽을 수 있을 것입니다. 호금전은 이로 인해 메이저 제작사의 비난과 배척에 시달렸으며, 감독으로서의 커리어에도 타격을 받았습니다.

업계에서 인색한 비판을 받는 것은 왕가위도 마찬가지입니다. 사실상 독립적인 작업이었던 〈아비정전〉은 제작사 In-Gear(영지걸제작유한공사(影之杰制作有限公司))에게 엄청난 재정적 손해를 입혔습니다. 만약 왕가위가 업계에서의 대표적인 감독이 아니었거나, 그의 강력한 친구이자 지지자였던 상업적으로 성공한 영화감독 유진위와 In-Gear의 동업자들이 없었더라면, 그는 커리어를 보장받지 못하는 것은 물론, 〈아비정

왕가위의 시간 AUTEUR OF TIME

전〉의 실패로부터 영원히 회복할 수 없었을 것입니다. 유진위는 등광영을 설득해 재정적 지원을 받은 끝에, 〈아비정전〉의 제작사를 위해 흥행이 유력한 다른 영화를 만드는 것으로 그 손실을 메꿨습니다. 유진위와 왕가위의 우정은 오늘날까지도 유지되고 있으며, 두 사람의 협력은 홍콩의 상업 영화감독과 관습 타파주의적인 예술 영화 감독의 공생을 의미하기도 합니다. 왕가위는 자신의 꿈을 실현시키기 위한 수단으로 이러한 상업적인 영화 업계에 의존하면서, 비상업적 감독이라는 이미지를 탈피하기 위해 2002년 중국의 설 연휴에 개봉한 유진위 감독의 〈천하무쌍〉과 같은 상업적인 프로젝트들을 제작하는 방식으로 업계에 답례하였습니다.

비로소 홍콩 영화계는 호금전 감독이 예술가로서의 역량을 발휘하지 못하던 때로부터, 왕가위가 업계 내에서 능숙하게 작업을 요구해나갈 수 있는 시절로 변화하기 시작했습니다. 왕가위가 평단의 찬사를 받던 90년대 초반에 홍콩 영화계는 시장의 어려움으로 고생하던 것이 현실이었습니다. 이러한 경제적 위기 상황을 고려한다면, 열악한 환경 속에서도 장기간의 촬영 일정과 즉흥적인 작업 방식을 고수하던 왕가위의 태도를 자칫 무책임한 것으로 일축하기 쉽습니다. 하지만 그는 제작자들과 힘 있는 스타들에게 타협하며 1주일 이내에 촬영을 마치던 지난날 홍콩 영화업계의 관습에 정면으로 맞섰습니다.

왕가위는 미장센, 미술, 촬영, 편집, 그리고 음악을 미학적으로 공들여 제작하며 장인정신의 기준을 정립하였습니다. 그는 나레이션을 통해 각 인물에게 주위를 환기하는 내적인 목소리와 그들을 내러티브의 당사자로 만드는 독특한 시점을 부여함으로써 문학과 영화를 혼합한 또 다른 기준을 정립하였고, 바로 이 점이 그를 문학적이고 시각적으로 독특한 스타일리스트로 만들었습니다.

그러나 그의 세심한 작업 방식은 겉보기에 내러티브가 난데없이 날조된 듯한 인상을 줍니다. 〈중경삼림〉이 대표적인 예시입니다. 사실 왕가위는 장기간에 걸친 〈동사서독〉의 고된 촬영을 마치고 휴식을 취하는 석 달 미만의 기간 동안 〈중경삼림〉을 만들었는데, 이는 그가 필요하다면 빠르게도 작업할 수 있다는 사실을 증명했습니다.

반면 〈2046〉을 촬영할 때 왕가위는 즉흥적이고 완벽주의적인 스타일을 고수하며 느리게 작업하였습니다. 그는 종종 갑작스럽게 영화를 시작해서 5년 이상 전 세계를 떠돌며 작업하고, 흩어진 장면들을 재촬영하거나 플롯을 바꾸는 등의 방식으로 작업합니다. 이에, 몇몇 스타들이 이러한 그의 방식이 마음에 들지 않아 하차했다는 루머도 심심찮게 들립니다. 2003년에 퍼진 사스 sars는 제작 기간을 더욱 지연시켰고, 덕분에 왕가위는 3부로 나누어진 옴니버스 영화 중 그가 참여한 단편영화 〈더 핸드(The Hand)〉를 완성할 시간을 확보하였습니다. 한편, 〈2046〉은 2004년에 완성되어 중국과 홍콩에서 9월 중추절 연휴 직전에 개봉하였습니다. 왕가위는 칸 국제영화제의 개최 기간에도 계속 작업 중이었습니다.

장기간에 걸친 왕가위의 제작 방식과 유사한 사례들은 얼마든지 많습니다. 에리히 폰 슈트로하임 감독의 〈탐욕〉(1925), 오손 웰스 감독의 〈오델로〉(1952)와 〈돈키호테〉(1957), 호금전 감독의 〈협녀〉(1969) 뿐만 아니라 테렌스 맬릭, 마틴 스콜세지, 마이클 포웰, 그리고 데이비드 린의 세심한 제작 방식 역시 인용할 수 있을 것입니다. 실험적인 아방가르드 영화였던 바일과 브레히트의 오페라 〈마하고니 도시의 흥망〉을 영화화한 해리 스미스의 〈마하고니〉(1980)는 10년이 넘는 기간에 걸쳐 촬영한 11시간의 촬영 영상으로부터 탄생했습니다.

왕가위의 스타일은 도그마가 없는 도그마 학파에 비유할 수 있습니다. 스즈키, 안토니오니, 고다르, 브레송, 루이즈, 그리고 자무시의 미니멀리즘과 존 카사베츠 혹은 롭 닐슨과 같은 독립영화 감독들의 자유롭고 즉흥적인 스타일처럼 말입니다.

왕가위는 그 특별한 영화적 재능으로 동양과 서양을 아우르며 홍콩 현지와 세계, 문학과 영화뿐만 아니라 전통적인 영화업계의 흐름과 오랜 관습, 그리고 장르의 레퍼토리를 벗어난 이질적인 스타일로 주목받아 왔습니다. 왕가위의 세심하고 아방가르드한 제작 방식이 궁극적으로 소수들만 즐기는 영화를 만들어낸다는 비판도 있지만, 그는 전형적인 제작 시스템을 따르는 홍콩 영화감독입니다. 왕가위는 영화산업 없이는 아무것도 할 수 없고, 영화산업에 있어서 왕가위 또한 없어서는 안 될 존재라는 사실을 알 수 있습니다.

●

왕가위의 출현

왕가위는 1958년에 상하이에서 태어나, 다섯 살 때 홍콩으로 이주했습니다. 그가 뉴욕의 〈Bomb Magazine〉과의 인터

소개

뷰에서 말하길, 자신의 아버지는 전직 항해사이자 나이트클럽 매니저로 일했고, 어머니는 주부였다고 합니다. 흔히 왕가위의 자전적 이야기로 평가되는 두 영화, 〈아비정전〉과 〈화양연화〉에 등장하는 나이트클럽 장면들과 마작을 하며 잡담을 나누는 주부들[8], 그리고 이곳저곳을 떠돌아다니는 항해사의 모습들은 왕가위의 창조적 무의식에 새겨진 일종의 성장 경험에서 비롯되었다는 사실을 알 수 있습니다. 상하이는 이 영화에서 중요하고 독특한 존재감을 갖는데, 광둥어와는 전혀 다른 방언을 쓰는 지역 사회를 대표합니다.

1949년 중화인민공화국이 성립되었을 당시 상하이 사람들은 그들의 자본이나 산업 기술뿐 아니라 생활방식까지도 모두 가져왔습니다. 왕가위는 '그들은 자신들만의 영화와 음악, 의례를 가지고 있었다.'고 회고했습니다.[9] 곧 상하이는 홍콩 영화들의 레퍼런스가 되었습니다. 마치 영화계가 여전히 1949년 이전의 상하이 중심에 있는 것처럼, 그들은 도시에 대한 향수를 드러내는 라이프스타일과 패션을 보여주는 인물들이 출연하는 상하이 영화의 모조품들을 제작했습니다. 이 스타일의 전형으로는 1947년부터 1949년 사이 그 지역에서 여러 영화들을 제작한 상하이의 가수 겸 배우 저우 쉬안의 영화가 있습니다. 〈화양연화〉에서 상징적인 존재로 사용되는 저우 쉬안이 1947년 출연한 영화에서 부른 노래 '화양연화(인생에서 가장화려한 꽃다운 시절)'는 라디오가 등장하는 장면에서 잠깐 들립니다. 이는 실제로 왕가위 영화의 중국식 제목 중 하나이기도합니다. 장만옥의 꽉 끼는 청삼은 상하이 여성들의 패션과 멋진 조화를 이룹니다. 왕가위는 '어머니가 이런 식으로 입으셨기에 장만옥이 입는 청삼에 대해 특별히 연구할 필요가 없었다'고 회고했습니다. 감독으로 데뷔하기 전에 돌아가신 어머니에 대한 기억은 그가 영화를 만드는 데 꽤 유용한 역할을 해왔는지도 모릅니다.[10]

상하이인들이 홍콩에 상하이를 건설하려고 시도하는 동안, 홍콩은 결과적으로 상하이인들을 동화시켰습니다. 1960년대의 중화권 영화계에서는 상하이에 대한 향수가 의식적으로 홍콩과의 결합으로 이행하는 중이었습니다. 당시 중화권 영화 산업은 동남아에 거주하는 두 중국인 거물-록완토와 런런쇼-에 의해 점령당해 있었는데, 그들은 상하이에 대한 애정이 없었습니다(쇼는 상하이와 접점이 있었음에도 불구하고, 한때는 싱가포르와 말레이시아에 기반을 두고 있었습니다). 중화권 영화인들은 점차 홍콩을 망명지가 아닌 뿌리를 내릴 수 있는 종점으로 인식하게 되었습니다.

왕가위는 중화권 지역인 홍콩에 사는 상하이인으로서 느끼는 고립감에 관해 이야기해왔고, 이러한 자각은 그가 홍콩 영화 업계의 반항아라는 이미지를 갖게 했습니다. 홍콩에서 자란 대부분의 본토 이주민들처럼 왕가위 역시 홍콩의 광둥 사회에 동화되었는데, 그의 영화들은 이러한 상황을 잘 반영합니다. 〈아비정전〉과 같은 영화를 감상하는 재미 중의 하나는 장국영, 장만옥, 장학우, 유덕화가 구현한 1960년대 홍콩 영화 캐릭터들의 일상적인 대화를 동시 녹음(1990년대에 와서야 홍콩 영화계에서 표준이 된 관행으로, 이전에는 대부분 후시녹음으로 진행하였습니다)된 광둥어로 듣는 것입니다. 왕가위에게 광둥어권 환경은 상하이만큼이나 자연스럽습니다. 〈아비정전〉의 캐릭터 형성에 기여하는 다른 요소들은 영화의 청각적 구성으로부터 비롯되는데, 이는 필리핀과 라틴 음악과의 연결입니다. '라틴 3부작'이라 불리는 〈아비정전〉, 〈해피투게더〉, 〈화양연화〉에는 충만한 라틴 비트와 팝 음악뿐 아니라 홍콩–필리핀의 밴드 음악들이 나옵니다.

동남아시아 역시 왕가위 영화에 존재하는데(〈아비정전〉의 필리핀 외에도 〈화양연화〉의 싱가포르와 캄보디아 역시 그러합니다), 이는 홍콩의 다문화적인 현실을 나타냅니다. 또한 동남아시아에서 표류하는 주인공은 문화적 정체성의 탐색을 드러냅니다. 〈아비정전〉에서 장만옥에 대한 사랑을 채우지 못한 유덕화는 경찰 일을 접고 항해사가 됩니다. 〈화양연화〉에서 양조위 역시도 장만옥과 이루지 못한 사랑을 경험한 후 이곳저곳을 떠돌아다니는 떠돌이 기자이자 항해사로 나옵니다. 〈해피투게더〉에서 장국영과 양조위는 아르헨티나를 떠도는 한 쌍의 방랑자입니다. 이 모든 것들은 왕가위의 아버지가 항해사였다는 사실과 연관되는데, 이는 그가 수많은 인터뷰를 통해 아주 자세하게는 아니지만 여러 차례 언급해 온 사실입니다.[11] 〈타락천사〉는 감성적인 애착을 바탕으로 한 성숙한 부자 관계에 대한 묘사를 포함하고 있는데, 이는 왕가위와 아버지의 실제 관계와 유사한 것일 수 있습니다. 그의 아버지는 왕가위의 두 번째 작품 이후 사망하였습니다. 그는 두 편의 시나리오를 집필하였는데, 그중 하나는 항해사로서 본인의 경험을 바탕으로 한 것입니다.[12] 왕가위는 이를 언젠가 영화로 찍을 수 있기를 희망하고 있습니다.

왕가위는 〈아비정전〉, 〈화양연화〉, 〈2046〉에서 1960년대의 홍콩을 재현하기 위하여 많은 공을 들였으며, 이러한 노력은 어린 시절로 회귀하고 싶어하는 그의 소망을 드러냅니다. 이는 특정한 과거에 대한 집착과 특히 1960년대가 여전히 그의 마음속에서 공명하고 있다는 사실을 암시합니다.[13] 왕가위는 〈2046〉에서 어린 시절에 살았던 비좁은 집을 구현해냅니다.

"벽 바로 옆에는 이웃들이 거주하고…… 집들은 마주 바라보며…… 집 안의 자질구레한 수많은 일들이 들려왔다.[14]"

오늘날 1960년대의 홍콩은 사실상 사라졌지만, 압바스의 묘사에 의하면 이는 déjà disparu를 나타내는 전략으로써의 '사라진 공간'으로 사회의 변화와 잃어버린 가치에 대한 정치적인 함축이 동반되어 있습니다.

〈화양연화〉는 1966년에서 멈추지만, 애초의 계획은 1972년을 배경으로 끝마칠 예정이었습니다. 실제로 왕가위는 1972년을 배경으로 촬영한 장면들을 편집에서 결국 삭제하였습니다.[15] 아마도 왕가위의 의식 속에서 1970년대는 1960년대와 같은 방식으로 공명하지 않는다고 볼 수도 있겠습니다. 왕가위 본인 역시도 영화나 인터뷰에서 이 시기를 깊이 다루지는 않습니다.

왕가위는 1980년대에 홍콩이공대학을 졸업했고 그래픽디자인을 전공하였습니다. 전문가로서 그의 커리어는 이듬해 홍콩의 프리미어 TV 방송국인 TVB에 입사하면서 시작되었습니다. 왕가위는 감국량의 지도하에 각본과 연출 교육을 받으며 두 편의 TV시리즈 각본가와 제작 보조로서 일을 시작하였습니다. 1982년, 왕가위는 각본가로서 영화 업계에 진출하였고 독립적인 각본가로서 활동하기보다는 소속되어 아이디어를 제시하며 로맨스, 코미디, 호러, 스릴러, 갱스터, 판타지 어드벤처 등 다양한 장르의 작품들을 작업했습니다. 이는 보드웰이 왕가위 영화들의 계보에서 '대중오락' 장르라고 부르는 것들입니다.

감독으로서 대본을 완성하지 않고 영화를 촬영하는 것을 좋아하는 왕가위의 작업 방식은 바로 이 계보로부터 나온 부산물입니다. 담가명은 왕가위가 각본가였을 때도 대본을 마무리한 적이 없었으며 두 사람의 첫 협력 작품이었던 〈최후 승리〉(1987)의 각본 작업을 거의 끝마친 것은 이례적이었다고 말했습니다. 하지만 이마저도 담가명은 왕가위가 각본의 마감일을 지키지 못해서 본인이 협력 프로듀서인 위니 유와 함께 가까스로 대본 작업을 마쳤다고 말했습니다.[16] 담가명은 각본가 시절의 왕가위와 친밀한 관계를 유지했지만, 왕가위와는 담가명 본인의 영화에 대해 지적인 논의를 거의 하지 않았다며 다음과 같이 말했습니다.

"왕가위는 감정적인 유대감이 주어졌을 때 본능적으로 창의적인 사람이다."

담가명은 〈아비정전〉과 〈동사서독〉의 편집을 맡았습니다. 두 남자의 창의적 협력이 어떻게 그들의 초기작 〈최후승리〉에서 발현되었는지를 추적하는 것은 흥미롭지만, 담가명은 왕가위의 영화들을 자기 작품과 비교하기를 원하지 않았습니다. 오히려 담가명은 영화업계의 떠오르는 젊은 신예였던 왕가위에게 손길을 내밀었고 마누엘 푸익과 레이먼드 챈들러의 문학을 소개해주며(이는 왕가위의 BMW 단편영화 〈폴로우〉의 느와르 감성에 영향을 미쳤습니다) 숙련된 멘토의 역할을 자처했습니다.

왕가위가 초창기 시절 맺은 또 다른 협력은 유진위와 함께한 작업이었습니다. 두 사람은 1980년대 중반에 여러 제작사(센트리, D and B, 윙스코프, In-Gear)들을 옮겨다니면서 감독이 되기 위해 정기적으로 각본을 집필하며 친분을 쌓았습니다.

1987년에 감독으로 데뷔한 유진위는 왕가위의 멘토 역할을 했고, 〈도성〉(1990)과 〈도패〉(1991) 등의 코미디 영화들을 크게 흥행시키며 알려지기 시작합니다. 왕가위는 유진위의 정반대처럼 보임에도 불구하고 유진위를 위해 대본을 몇 편 집필하기도 했는데, 그중 제일 눈에 띄는 작품이 〈신조협려〉(1991)입니다. 둘의 영화 스타일이 극단적으로 다름에도 불구하고 그들은 상호보완적인 리듬과 시공간에 대한 독특한 집착을 공유합니다. 유진위는 자신만의 〈아비정전〉과 (유진위의 버전은 〈천장지구 2-속 천장지구〉입니다) 〈동사서독〉 (유진위의 버전은 〈동성서취〉와 〈서유기: 월광보합〉입니다)을 제작하여 왕가위 영화에 답하기도 했습니다. 두 사람의 관계에는 신뢰와 믿음이 내재되어 있으며 유진위는 배우 출신 제작자 등광영에게 왕가위를 In-Gear 영화사에 스카우트할 것을 설득함으로써 왕가위의 감독 데뷔를 이끌어냈습니다. 1987년 왕가위의 첫 데뷔작 〈열혈남아〉를 만들게 해준 것이 바로 제작사 In-Gear입니다.

2

—

주류에 진입하다

〈열혈남아〉

As Tears Go By

旺角卡門

1988

건달의 사랑과 전쟁

　왕가위의 다른 영화들에서 느껴지는 신비감과 그만의 스타일이 잘 느껴지지 않기 때문에, 그의 영화적 길을 쫓는 추종자들에게 〈열혈남아〉는 그다지 중요하지 않은 작품으로 비칠 수 있습니다. 그것은 파편적인 서사 형태나 독특한 시공간의 구조, 혹은 왕가위의 두 번째 영화인 〈아비정전〉과 그 후속 영화들에서 나타나는 독백 형식이 〈열혈남아〉에는 보이지 않기 때문입니다. 왕가위의 다른 작품들과 비교했을 때, 〈열혈남아〉는 풋풋한(미성숙한) 작품입니다. 왕가위의 헌신적인 영화 팬들이라면 이 작품을 지나치지는 않겠지만, 이를 그저 왕가위 영화 세계의 정수를 알기 위한 예비 단계라고 생각할지도 모

주류에 진입하다: 〈열혈남아〉(1988)

르겠습니다. 그러나 이 작품에는 왕가위의 후속 작품들에서 많이 약화된 홍콩 영화 산업의 관습이 잘 드러나 있습니다.

홍콩 영화계는 홍콩 영화산업의 규율과 공식에 따라 영화를 촬영해 왔으며, 여기에는 왕가위의 표현처럼 "다양한 방식으로 이야기를 펼치는 것" 역시 포함됩니다.[1] 다른 감독들과 마찬가지로 왕가위 역시 따라야만 했던 1980년대 말 홍콩 영화계의 추세는 삼합회 영화를 대량 제작하는 것이었는데, 이는 대부분 "의(義)"라는 주제를 바탕으로 형제간의 우정을 그려낸 영화들이었습니다. 분명 〈열혈남아〉는 이러한 기존의 규범을 따른 영화였지만, 왕가위는 영화계에 자신을 증명하기 위해서라도 이 영화를 찍어야 했습니다. 결국 그도 〈열혈남아〉를 제작한 In-Gear 영화 제작사의 한 젊은 영화인이었을 뿐입니다. 왕가위가 〈열혈남아〉의 감독을 맡기 전에 회사는 그에게 형제간의 우정을 바탕으로 로맨스가 가미된 건달 영화 〈강호용호문〉(1987)의 각본과 제작을 맡도록 하였습니다.[2] 이전까지 건달 영화에 참여했던 그의 유일한 경험은 담가명의 〈최후승리〉의 각본을 맡은 것이 전부였는데, 이는 〈열혈남아〉를 감독하는 데 있어서 예행연습이 되었습니다. 사실상, 왕가위는 공개적으로 이 두 영화가 "매우 비슷하다"고 표현하였습

니다.[3]

두 영화는 모두 카오룽섬 깊숙한 곳의 네온사인 가득한 몽콕의 더러운 암흑가를 배경으로 하며, '큰형님'과 그가 수호하는 부하 건달 간의 관계를 다루고 있습니다. 〈최후승리〉는 '큰형님'인 보(서극 감독이 카메오로 출연한)가 부하 형제인 형(증지위)에게 실전 마초 교육을 하는 내용으로 시작합니다. 보는 그가 감옥 생활을 하는 동안 그의 두 여자친구를 돌봐줄 것을 형에게 부탁합니다. 그중 한 명인 핑(마가렛 리)은 라이벌 보스에게 빚을 지게 되고 다른 한 명인 미미(이려진)는 도쿄의 한 스트립바로 팔려 갑니다. 큰형님의 명성을 유지하기 위해 두 여자를 이러한 굴욕으로부터 구해내는 것은 형에게 달려 있습니다. 하지만 그럴수록 두 여자는 보에게 맞서지 못하는 형을 멸시합니다. 그 와중에 형은 두 여자가 보의 여자라는 사실이 드러나지 않게 숨겨야만 합니다. 결국 형은 미미와 사랑에 빠지고, 큰형님의 신뢰를 저버렸다는 딜레마에 빠집니다. 미미가 형의 사랑에 대한 화답으로 보에게 그들의 불륜을 고백하자, 보는 감옥에서 나가면 형을 죽이겠다고 다짐합니다.

담가명은 〈최후승리〉와 〈열혈남아〉 간에는 공통점이 없다고 보았습니다. 오히려 그는 〈열혈남아〉의 핵심 인물 관계는

41

하비 케이틀과 로버트 드니로가 주연한 마틴 스콜세지의 영화 〈비열한 거리〉(1987)에서 영향을 받았다고 해석합니다.[4] 그러나 왕가위는 자신의 두 각본이 모두 삼합회에 의해 키워진 비행 청소년들이 광란의 밤을 보낸 후 사람을 죽였던 사건의 뉴스 기사를 발전시킨 삼부작에서 출발했다고 하였습니다.[5] 몽콕 암흑가를 배경으로, 인물들은 소년에서 성인 남자로 거듭납니다. 왕가위에 따르면, 〈열혈남아〉는 이미 〈최후승리〉의 각본 전에 윤곽이 잡혀 있어 그 삼부작 중 첫 번째 에피소드임이 밝혀졌습니다.[6] 그러므로, 〈열혈남아〉에서 '큰형님'인 소화(유덕화)와 그의 부하 창파(장학우)의 관계는 사실 〈최후승리〉에서의 서극과 증지위의 관계의 원형이라고 볼 수 있습니다.

또한 담가명은 왕가위가 하나 이상의 미국 작품을 염두에 두고 작업을 했던 것 같다고 말했습니다.[7] 소화와 소화의 아파트에 잠깐 머무르기 위해 란타우섬에서 온 아화(장만옥) 간의 줄거리는 짐 자무쉬의 영화 〈천국보다 낯선〉(1984)의 줄거리를 전제로 합니다. 〈천국보다 낯선〉은 사촌을 보기 위해 헝가리에서 뉴욕을 방문한 여자 주인공이 곧 클리블랜드로 떠나게 되면서 그녀의 사촌과 친구가 그녀를 찾기 위해 클리블랜드로 떠나는 로드 무비로, 결국 그들은 다 같이 화창한 플로리

다로 갑니다.

전혀 다른 두 영화인 〈비열한 거리〉와 〈천국보다 낯선〉 속 캐릭터들의 융합은 일종의 긴장감을 조성합니다. 홍콩과 미국 갱스터 영화 사이에는 양립할 수 있는 흐름이 존재하지만, 자무쉬의 〈천국보다 낯선〉은 유독 섞이기 어려워 보입니다. 하지만 왕가위는 이를 그의 영화에서 가까스로 해냅니다. 그는 중국 영화의 전통을 바탕으로 미국 장르를 차용하면서 이를 근본적으로 이루어냈습니다. 그는 자무쉬의 로드 무비를 중국대만 타입의 센티멘탈 로맨스로 변형하고, 젊은 십대(임청하)를 주인공으로 하면서 MTV 이전 스타일의 방식으로 인서트 노래를 적용하였는데, 이 장르는 현실로 잘 구현만 된다면 더욱 자신의 기질에 적합하다고 왕가위는 주장하였습니다.[8] 갱스터 영화와 로맨스 장르의 순열 조합은 〈열혈남아〉의 실험적인 베이스를 형성하며 영화를 더욱 흥미롭게 만들었습니다.

영화 줄거리는 전적으로 소화와 창파를 중심으로 펼쳐집니다. 창파는 소화의 눈에 들기 위해 노력하지만, 그의 변덕스러운 행동은 오히려 그의 노력을 물거품으로 만듭니다. 소화는 지속적으로 창파의 도를 넘는 행동을 저지하거나 곤경에 빠진 그를 돕습니다. 결국, 창파는 길거리에서 불법으로 어묵을

43

파는 행상으로 일하게 되고 이에 굴욕감을 느낍니다. 창파는 라이벌 조직의 '빅 브라더'이자 마작관의 보호자인 토니(만자량)에게 돈을 빌리지만 과도한 이자를 지불할 수 없게 되고 소화의 수호자인 '빅브라더'가 휘말리면서 이는 소화와 토니의 대립으로 번집니다. 소화와 창파가 토니와 그의 일당에게 잔혹한 구타를 받으며 일련의 싸움이 이어집니다.

자기 자신과 조직사회에서의 소화의 명성을 구하기 위해서 창파는 경찰에 목격자로 지목된 동료 건달을 암살하기로 결심합니다. 창파는 토니의 조직 앞에서 그의 비겁함과 비열함을 폭로하며 그에게 마지막으로 맞섭니다. 무죄가 입증된 창파가 암살을 준비하지만 소화는 그를 막으려고 설득합니다.

> **장학우**: 난 차라리 30분 만이라도 영웅이 되고 싶어. 내 인생 내내 파리처럼 살고 싶지 않다고. 그냥 이번 한 번만 내버려둬, 제발! 딱, 이번 한 번만.
>
> **유덕화**: 좋아, 정말 굳게 맘을 먹은 거면 같이 갈게. 만약 네가 총을 맞게 되면 복수라도 할 수 있게 말이야.
>
> **장학우**: 그런 친절은 사양할게. 은혜를 어떻게 갚으라고?

아마도 장학우의 가장 흥미로운 연기인 이 둘의 뜨거운 교류는 홍콩 영화 속 건달 신화의 본질을 정확하게 포착합니다. 영웅이 되고자 하는 창파의 열망은 오우삼의 〈영웅본색〉(1986)으로부터 시작된 '히어로 무비'의 트렌드로부터 영향받은 것입니다. 〈영웅본색〉은 명예, 책임, 충성과 죽음(혹은 기꺼이 죽음을 감수하는)으로 대표되는 심금을 울리는 장면과 대사들을 담고 있는데 최종적으로는 영웅주의를 증명합니다. 이러한 일반적인 공식에 따라 소화가 암살에 실패한 창파를 대신해 타깃을 암살하고 둘 다 경찰에게 총을 맞고 죽는 장면으로 영화는 끝을 맺습니다.[2]

왕가위는 장르의 영웅 신화를 놓치지 않으면서도 액션 장면들을 잘 다루었습니다. 그러나 창파와 소화의 중심 관계는 여전히 수수께끼로 남습니다. 어째서 소화는 자멸을 작정한 창파를 그렇게 보호하려고 했을까요? 이 관계의 핵심 감정은 설명되지 않을뿐더러, 마틴 스콜세지의 〈비열한 거리〉 속 찰리(케이틀)와 조니 보이(드니로)의 관계와 같은 도덕적 논쟁의 틀 안에 있지도 않습니다. 담가명은 이를 이렇게 해석합니다.

"〈비열한 거리〉를 보고 난 후 왕가위에게 기독교에서 비롯

주류에 진입하다: 〈열혈남아〉(1988)

된 요점이 있는 영화라고 말했던 기억이 있다. 하비 케이틀은 드니로의 보호 속에서 제물로서, 신에 답하기 위해 자신을 구하려고 하였고 이는 케이틀이 고백을 하는 영화 초입부에서 암시된다. 이러한 도덕적 틀은 홍콩 영화라는 문맥으로 전환되면서 사라진다.[10]"

〈열혈남아〉의 기본적인 남성 관계가 〈비열한 거리〉에서보다 그야말로 깊이가 부족하다는 담가명의 주장에는 동의하지만, 홍콩 갱스터 영화의 형제애와 그 장르가 의존하고 있는 '의(義)'의 개념(형제들을 도덕적-윤리적 규범 안에서 행동하도록 하는)에 익숙한 관객이라면 소화가 찰리가 보여주는 것과 같은 도덕적 죄책감을 가지고 행동하는 것을 받아들일지도 모릅니다. 그러나 〈비열한 거리〉 속 찰리와 조니 보이의 관계의 기본적인 틀보다는 서사의 기초를 캐릭터에 두고 이를 예측 불허한 감정 관계의 변동에 따라 발전시켜 나가는 스콜세지의 방식의 진수에서 왕가위의 영화가 파생된 것이라는 견해는 타당합니다. 왕가위는 이 영화에서의 감정적인 관계에 대한 그만의 독특한 신조를 이렇게 언급합니다.

"남자가 여자를 좋아하는 이유와 두 형제간의 깊은 감정 등
에 대해 설명하는 것은 어렵다. 그것들은 모두 미묘하기
때문이다. 그러나 나는 시간이 가장 큰 변수라는 전제를
내세우고 싶다. 사람 간의 관계는 달력을 펼쳐보는 것과
같다. 사람들은 모두 각자의 흔적을 매일 남긴다. 감정은
인지하지 못하는 사이에 생겨난다.[11]"

시간을 감정과의 관계로 표현한 왕가위의 설명은 이 영화에

주류에 진입하다: 〈열혈남아〉(1988)

장학우의 신격화

서의 로맨틱한 요소로 인해 더 잘 드러납니다. 밤낮이 바뀐 생활을 하는 소화는 고모로부터 사촌인 아화가 병원에 가기 위해 그의 집에 며칠은 머물러야 한다는 전화를 받습니다. 〈천국보다 낯선〉에 대한 오마주임이 명백한 영화의 첫 번째 시퀀스 전체는(디테일하게 보자면 자무쉬 영화에서의 이모는 헝가리 억양을 쓰고, 여기서는 하카어 억양을 쓰는 것의 디테일까지 비슷합니다) 소화와 아화, 그리고 창파와의 관계를 빠르게 소개하는 통화 내용에 초점을 맞춥니다. 창파는 목소리만 들릴 뿐 등장하진 않지만 이로써 세 인물의 캐릭터가 성립됩니다.

소화가 수화기를 내려놓자마자 아화가 마스크를 쓰고 문 앞에 등장합니다. 그녀는 수많은 멜로 드라마 속 불치병에 걸린 소녀를 상기시키는 연약한 폐결핵 환자의 모습을 하고 있습니다. 다만 여기서 다른 점은 아화는 불치병이 아니라는 사실입니다. (그녀는 결국 병이 완치됩니다) 아화의 연약한 외형은 소화의 삶의 루틴을 깨뜨리는 실존주의 로맨스의 전조입니다.

영화의 핵심은 이러한 로맨스인데, 이는 서술방식의 통시적인 구조를 결정짓습니다. 갱스터 장면은 말 그대로 로맨스 안으로 불쑥 침범합니다. 소화는 계속해서 창파에 의해 아화로부터 멀어집니다. 처음에는 영화 도입부에서 그의 지속적인 전화로 인해 그다음에는 그의 예측 불가한 행동들이 소화를 아화로부터 멀어지게 만듭니다. 어떤 의미에서 로맨스로 시작하는 이 영화의 흐름은 ('As Tears Go By(눈물이 흐를수록)'라는 영어 제목에서 알 수 있듯이)[12] 건달 장면에 의해서 깨져 버립니다. 그러나 소화는 영화의 중심으로 창파와 아화와의 분리된 관계는 건달과 로맨스라는 두 가닥의 서사로 통합됩니다. 동시에 그는 이 두 가닥의 서사 간의 마찰을 상징하기도 합니다. 소화와 아화와의 관계는 창파와의 관계로는 거의 보완되지

주류에 진입하다: 〈열혈남아〉(1988)

않습니다. 최종적으로, 소화와 창파와의 관계는 삶과 죽음의 문제와 관련되기 때문에 그에게 있어 더욱 중요한 것입니다. 그러나, 소화의 삶에 있어 아화의 존재는 분명 그에게 흔적을 남깁니다. 그러므로, 그녀가 식당에서 일하는 란타우섬으로 돌아갔을 때, 소화는 이미 그녀에게 매혹된 후였습니다.

이에 소화는 아화를 보기 위해 란타우섬으로 가고, 한 젊은 의사가 그녀의 환심을 사려는 모습을 보게 됩니다. 낙심한 그는 배를 타고 그곳을 떠나려고 합니다. 그러나 아화는 그의 삐삐에 부둣가에서 기다리라는 메시지를 남깁니다. 부둣가에 간 그녀가 그곳이 텅 비어있는 모습을 보게 된 순간, 갑자기 소화가 그녀의 손을 잡고 공중전화 부스로 뛰어 들어갑니다. 그곳에서 그들은 시퀀스 전체를 통해 흘러나오는 'Take My Breath Away'의 칸토팝 버전에 맞춰 열정적으로 키스를 합니다. 그들의 연애는 영화의 다소 후반부에 이루어지며, 대화는 시간이 훌쩍 흘렀음을 보여줍니다.

"왜 이렇게 늦게 왔어?"

"나는 나 자신을 알기 때문이야. 나는 어떠한 약속도 할 수 없었어. 널 그리워하지 않았으면 너를 찾지 않았을 거야."

지연된 시간

자신에 대한 이해와 약속, 그리고 감정은 모두 시간과 관련
이 있으며, 특히 지연되고 낭비된 시간과 더욱더 관련이 있습
니다. 〈열혈남아〉에서 우리는 왕가위가 시간에 심취해 있는
것을 처음으로 보게 됩니다. 또한 〈열혈남아〉에서부터 〈아비
정전〉 그리고 〈화양연화〉에 이르기까지 장만옥이 이 모티브

주류에 진입하다: 〈열혈남아〉(1988)

의 전달자로 등장해 이를 확장해나가는 점 또한 짚어볼 가치가 있습니다. 영화에서 장만옥의 병약하고 연약한 첫 모습은 시간이 그녀의 편이 아님을 암시합니다. 그녀가 맺는 모든 관계는 불안정할 것이며, 영화의 첫 장면에서 아화에게 무관심한 소화의 모습은 주제와 연관됩니다. 그들의 관계는 무뚝뚝한 소통을 통해 느리게 점진적으로 변합니다. 어느 날 밤, 그의 아이를 낙태했다고 폭로하는 여자친구와 싸운 후 술에 취한 채 집에 돌아와 유리컵을 부수고 테이블을 엎는 소화를 보며 아화는 천진하게 "여자친구와 헤어졌어?"라고 묻습니다. 이에 소화는 아화를 벽에 밀치며 "다시는 그런 말 하지 마!"라고 거칠게 반응합니다.

이러한 난폭한 반응은 소화의 캐릭터와는 어울리지 않는 것이지만, 그 둘 사이에 로맨스가 싹틀 것이라는 아이러니한 시그널을 효과적으로 의미합니다. 이는 아화가 건강이 회복되어 떠나면서 소화에게 남기는 유리컵 세트에 의해 더욱 강조되는데, 그녀는 소화가 컵을 깨뜨리게 될 줄 알고 컵 하나를 숨겨놓습니다. 소화는 숨겨진 컵 하나를 찾아서 그녀를 보러 란타우섬으로 갈 때 가지고 갑니다. 이 유리컵은 그들의 불안정한 관계를 상징하는데, 소화는 의사가 아화에게 구애하는 모습을 보고 유리컵을 물에 던져 버립니다.

이러한 로맨스의 마지막 아이러니는 소화의 인생이 갑자기 끝을 맺는다는 데 있습니다. 그러나 그의 짧은 생은 건강 문제가 아닌(사실 그는 놀라울 정도로 건강하고 극심한 구타와 고문으로부터도 회복하고 살아남는 재주가 있습니다) 건달로서의 삶이 처한 사회적 환경 때문입니다. 아화는 이것이 소화를 위험에 처하게 하는 것을 알고 있습니다. 창파를 구타해 공개적으로 망신을 준 보왕을 소화가 당구장에서 죽인 사건 이후 아화는 소화에 대한 사랑의 고통을 느끼게 됩니다. 이후, 아화는 토니와 그의 일당들로부터 구타당한 소화가 건강을 회복하도록 그를 간호합니다. 이는 소화를 잃기로 체념한 듯 보이는 아화와의 관계에서 시간이라는 요소를 강조합니다. 이는 왕가위의 다른 영화들에서 장만옥이 연기한 캐릭터들에 아화를 대입시켜 본다면 나중에는 이해가 되는 하나의 행동 패턴입니다.

그럼에도 불구하고, 〈열혈남아〉에서 그녀의 체념 어린 분위기는 영화 전체에 키를 제공하는 불운한 사랑에 대한 배신을 암시합니다. 여기서, 연인들은 어떻게든 그들의 운명을 깨닫습니다. 혹은, 최소한 한쪽은 다른 한쪽이 죽을 것이라는 것을 직감합니다.

주류에 진입하다: 〈열혈남아〉(1988)

"왜 이제서야 왔어?"

아화의 질문은, 그렇기 때문에 모종의 비운을 담고 있습니다. 그들의 사랑이 너무 늦게 왔고 남은 시간이 무엇보다 소중함을 인식하는 장면은 아화가 소화와 잠자리를 할 마음의 준비가 되었음을 암시합니다. 아화가 소화에 대해 의심이 없는 것은 아닙니다. 그녀가 소화의 방에 들어가기 전에 계단에서 망설이는 장면은 〈화양연화〉에서 장만옥이 양조위의 방에 들어갈지 말지 고민하느라 호텔 계단을 올라갔다 내려갔다 하는 장면을 연상시킵니다. 왕가위는 점프 컷으로 아화의 혼란스러운 감정을 잘 살려냅니다.

결국 아화는 되돌아가지 않고 계단을 내려갑니다. 왕가위는 그의 캐릭터들을 '하지 말아야 하는 것을 하는 사람들'로 형상화합니다.[13]

> "장만옥은 유덕화와는 함께 해서는 안 된다. 그녀는 그를 원하지만, 결국 그를 얻지 못한다. 창파는 능력 밖의 일을 시도하는 것을 멈추지 않는다. 유덕화는 장학우를 보호해서는 안 되지만, 그러지 않을 수가 없다.[14]

나의 영화에는 내러티브가 있지 않다. 줄거리는 모두 캐릭터들로부터 발전된다. 나는 스토리가 중요한 것이 아니라, 캐릭터가 중요하다고 생각한다.[15]"

그러므로 〈열혈남아〉는 곧 캐릭터들이 이끌어 나가는 영화라고 할 수 있습니다. 또한 왕가위는, '나의 감정이 인물들의 내면에 새겨지는' 영화를 원하였다고 하였습니다.[16] 그러므로, 우리는 자신의 감정에 충실한 그의 캐릭터들이 영화 전체의 줄거리와는 독립적으로 존재한다는 인상을 받게 됩니다. 왕가위의 영화에서 본질적으로 느껴지는 이러한 느낌은 그의 캐릭터들이 단순히 그곳, 스크린 상에 있기 때문인지도 모릅니다.

〈열혈남아〉는 비록 In-Gear 영화사가 심혈을 기울여 만든 주류 영화산업의 공정에서 탄생한 프로젝트이지만 끝내는 건달 영화의 형제애 신화와 비극적인 러브 스토리의 관습 모두를 지탱하는 스타일리시한 걸작으로 자리매김했습니다. 이 영화를 독특하게 하는 것은 캐릭터에 대한 왕가위의 헌신입니다. 그러나 무엇보다 매력적인 것은 그의 비주얼 스타일입니다. 우리는 왕가위의 영화에서 팝아트와 MTV의 필치를 처

주류에 진입하다: 〈열혈남아〉(1988)

음으로 느낄 수 있는데, 이 키치적인 매스미디어는 그의 후속 작들에서 특색있는 트레이드마크로 등장합니다. 이는 〈열혈남아〉의 오프닝 장면에서 크레딧이 나타날 때 여러 TV 모니터들이 하나의 스크린을 이루는 것을 통해 예고됩니다.

왕가위가 영화의 서술 흐름에 주입한 MTV와 팝 아트 요소들은(비록 그를 비방하는 사람들을 그것을 가벼움의 증거라며 비난하지만[17]) 그의 미적 재능을 부각시키는 것과 동시에 그의 영화를 아름답게 보이게 하는 것 이상의 역할을 합니다. 왕가위의 비주얼 스타일은 곧 가장 내밀한 감정을 이미지로 바꾸려는 시도입니다. 왕가위는 소화가 당구장 두목 보왕을 죽이는 액션 장면을 인상적인 스톱프린팅(스텝프린팅) 기법으로 표현하며 불연속적인 슬로우 모션 효과를 주었습니다. 이는 한 시퀀스에서 선택된 프레임들을 프린트하는 과정(홍콩 영화 제작자들의 표현을 빌리자면, '시퀀스에서 프레임을 잡아당긴다'고 합니다)입니다. 이같은 기법은 소화와 아화가 부둣가에서 공중전화 부스로 뛰어 들어가는 장면에도 사용되었습니다. 이 두 시퀀스에서 스텝 프린팅의 미학은 관객들에게 주인공 영웅들과 스스로를 동일시하는 꿈같고 로맨틱한 감각을 전달합니다. 소화는 왕가위의 가장 내적인 감정을 주관적으로 전달합니다. 이는 왕가위의 감정과 소화의 표현 사이의 불일치를 흐릿한 형태로 끌어내는 것처럼 보입니다.

이 불협화음은 우리로 하여금 약간 다른 시선에서 장르적 관습을 바라보게 합니다. 건달 영화의 지저분한 현실을 상쇄하며 로맨스 영화의 풍부한 감성을 살리는 것은 다름 아닌 왕가위의 비주얼 스타일입니다. 그는 컬러 사용을 빨간색, 파란색, 그리고 세피아의 세 가지로 최대한 줄였습니다. 이는 손으로 직접 채색한 기법을 떠올리게 하는데, 사실적인 색상 구현이 가능한 시대에 빛바랜 색을 사용했던 기술은 영화에 아방가르드한 느낌을 주었습니다(이 기술은 왕가위가 〈화양연화〉와 같은 다른 영화에도 사용했는데, 역설적이게도 노스텔지아와 아방가르드 모두의 감정을 불러일으킵니다).

영화의 분위기는 억압된 감정의 분출 직전에 분노가 폭발하는 것을 계기로 방향을 전환합니다. 이때 하나, 혹은 두 가지 정도만의 제한된 색을 사용해, 사건이 일어나기 직전의 장면(토니와 소화가 몽콕에서 서 있는 파란색 장면)이나 인물들이 서로를 기다리는 장면(소화와 아화의 란타우섬 재회 장면)에 기대감을 더합니다. 몽콕 마작방의 응접실과 식당 장면에서의 단조롭고 빛바랜 푸른 야광색은 홍콩의 현실과 인물들이 느끼는 내적

57

58

왕가위의 클래식한 시각적 라벨: "스텝프린팅" 슬로 모션

주류에 진입하다: 〈열혈남아〉(1988)

인 삶의 공허함을 상징합니다. 소화가 아화와 헤어지는 란타우섬의 마지막 이별 장면에서 빨간 버스는 이 둘의 내적인 감정을 상징합니다.

그러나 내적 감정을 반영하기 위해 색을 활용하는 것은 왕가위가 특별히 선호하는 기술은 아닌 것처럼 보입니다. 빨간 버스 장면에서 관객의 감정을 자극하는 것은 빨간색 그 자체가 아닌 유덕화가 부른 "The Price of Infatuation"이라는 제목의 칸토팝('Take My Breath Away'와 마찬가지로 음악을 사용하던 MTV 방식이 분명한)이기 때문입니다. 이는 왕가위가 색의 산만한 효과를 줄이면서도 영화를 단색으로 만들지 않기 위해 했던 시도입니다.

〈열혈남아〉의 촬영감독은 류위강(Andrew Lau)입니다. 비록 왕가위가 이후 크리스토퍼 도일과 파트너로 일했더라도 류위강과의 협업 역시 그에게는 매우 중요한 작업이었습니다. 류위강의 촬영 기법과 색감은 훗날 왕가위 영화들의 특징이 되는 시각적 요소의 힘을 드러냈습니다. 왕가위의 다른 주요 협업자는 프로덕션 디자이너 장숙평(William Chang)으로 왕가위가 그에게 논 액션 시퀀스의 편집을 맡긴 이유는 그가 영화에 대해 가장 명확하게 이해하고 있기 때문이라고 말했습니다.[18]

이러한 암묵적인 신뢰는 장숙평이 영화에서 아화에게 대시하는 카메오 의사로 출현하는 것을 통해서도 드러납니다. 그는 부둣가에서 아화가 소화와 만나는 것을 우연히 보게 되면서 소화에 대한 그녀의 감정을 본능적으로 알아채고 관대하게 물러나 배경 뒤편으로 사라집니다. 의사와 소화 사이에는 한 마디의 대사도 없습니다.

이 장면은 왕가위와 장숙평 사이에 존재하는 서로에 대한 이해를 가늠하게 합니다. 왕가위는 장숙평으로 하여금 자유롭게 창의성을 발휘하도록 하였습니다. 이는 아마도 장숙평이 왕가위와 마찬가지로 상하이에서 태어나 홍콩에서 자랐고 둘 다 동시대 영화인이라는 공통분모를 가졌기 때문일 것입니다.[19] 왕가위와 함께 작업하는 멤버들 중 장숙평은 그 누구보다도 왕가위 영화의 미장센에 가장 크게 기여한 핵심 인물입니다(장숙평은 왕가위 영화의 프로덕션 디자인뿐만 아니라 편집도 맡습니다).

왕가위와 장숙평의 최초 협업의 산물인 〈열혈남아〉의 프로덕션 디자인은 매우 엄격하고 치밀한데, 이는 몽콕에 있는 소화의 아파트(왕가위는 실제로 이 장면을 몽콕 주변의 호만틴 거리에 위치한 아파트에서 촬영하였습니다) 세트를 통해 알 수 있습니다. 그

주류에 진입하다: 〈열혈남아〉(1988)

의 아파트는 정착 생활에 대한 소화의 부족한 의지와 그가 밤에 나갔다가 잠만 자기 위해 낮에만 집으로 돌아오는 야행성 인물이라는 사실을 보여주는 듯, 몇 개의 가구들만 남기고 텅 비어있습니다. (이러한 아파트 장면은 왕가위의 영화〈아비정전〉,〈중경삼림〉,〈타락천사〉,〈해피투게더〉,〈화양연화〉 등에서 변형된 형태의 다양한 거주 방식으로 다시 또 나타납니다.) 소화의 아파트는 아늑하지만 어수선하고 잠시 머무르는 공간에 지나지 않기 때문에 슬픈 느낌을 자아냅니다. 그것은 우리가 마침내 소화 그 자신의 부재로 상징되는 고정된 TV 화면과 깨진 유리잔 그리고 벗겨진 벽을 다시 마주할 때 더욱 공허한 울림을 줍니다.

〈열혈남아〉는 왕가위의 스타일을 맛보기로 보여줄 뿐만 아니라 왕가위 영화들을 관통하는 주제와 캐릭터들의 전조를 나타낸다고 볼 수 있습니다. 비록 누군가는 이 영화를 중요하지 않은 작품이라 여기더라도 그의 눈부신 대담함은 그가 다음 프로젝트로 나아갈 수 있도록 그에게 자신감을 심어주었습니다. 사실, 홍콩 주류 영화의 영화감독 중 왕가위처럼 드라마틱하게 그의 두 번째 돌파구 〈아비정전〉을 찍은 감독은 없었습니다. 왕가위는 〈열혈남아〉 속 주인공들의 '내면의 뒤엉킨 실'을 장국영, 장학우, 장만옥, 유덕화 그리고 유가령으로

이별의 고통

63

주류에 진입하다: 〈열혈남아〉(1988)

확장시켜낸 것입니다. 〈열혈남아〉와 〈아비정전〉의 인물들이 갖는 공통점은 왕가위의 솔직함과 성숙함으로 꺼낸 자기성찰을 아름다운 외모와 가슴 아픈 고독함으로 그려냈다는 데 있습니다.

3

왕가위의 기슴 아픈 탱고

〈아비정전〉

Days of Being Wild

阿飛正傳

1990

날개 단 반역자

〈아비정전〉은 〈열혈남아〉로부터 이어진 갱스터와 로맨스 장르의 하이브리드 형식을 잇는 영화입니다. 이는 〈열혈남아〉의 숨은 오리지널 컨셉으로, 젊은이들이 건달로 성장하는 과정과 그들이 겪는 관계의 어려움 그리고 그 밖의 다른 고난들을 그리는 왕가위의 삼부작에 들어맞는 작품입니다. 〈아비정전〉은 원래 2부작으로 기획되었는데, 영화 마지막에 등장하는 양조위에 대한 이야기가 다시 시작될 예정이었습니다.[1] 2부작이라는 애초의 계획과 〈아비정전〉이 그의 첫 번째 영화 〈열혈남아〉와 맺는 포괄적인 연관성을 본다면 왕가위가 분명 그의 커리어의 첫 시작부터 이러한 연속적인 작업에 매료되었던

69

것은 분명해 보입니다. 이러한 연속적인 작업은 무성영화 시대에 문학작품을 영화로 각색했던 영화들의 계보에 그 뿌리를 두며, 이러한 스토리텔링 접근법을 고수하는 왕가위의 성향을 반영합니다.

〈아비정전〉은 2부작으로 제작되는 대신 〈열혈남아〉의 캐릭터들에 영향을 받았습니다. 〈아비정전〉의 아비(장국영), 수리진(장만옥), 그리고 아비의 친구(장학우)는 〈열혈남아〉의 소화와 아화, 그리고 창파를 연상시킵니다. 이들은 현재의 시간 속에서는 서로 아무런 접점이 없습니다. 세 가지 실타래들이 연결되지 않은 채,[2] 결국 관객들은 완벽히 독립적으로 감겨있는 서사의 실타래와 마주하게 됩니다.

〈아비정전〉의 서사는 명백히 그 테두리를 벗어나지만, 엔딩에서의 시간의 연속성은 아직 나타나지 않은 다른 이야기로 확장되는 것처럼 보이게 합니다. 이는 시간의 영원한 무형태성과 〈차이와 반복〉에서 질 들뢰즈가 이론화한 '영원한 복귀'로의 니체의 기대를 전달합니다.[3] 〈아비정전〉의 이야기 실타래는 시간을 초월하여 마무리되는 듯 보이지만 절대 끝나지 않습니다. 이와 대조적으로, 〈열혈남아〉는 두 주인공이 죽음으로써 이야기가 끝납니다. 이는 '히어로 영화'라는 장르가 요구하는 전통적인 규칙인 히어로의 죽음과 관련이 있습니다.

〈아비정전〉의 혼합된 '갱스터' 장르는 〈열혈남아〉의 '히어로 영화' 요소와는 다소 다릅니다. 이야기는 1960년대를 배경으로 합니다. 이 당시만 해도 오늘날 알려진 '히어로 영화'의 현대적 배경과 총을 휴대하던 갱스터나 무용 같은 액션물이 유행하기 전이었습니다. 오히려 이 시기 갱스터 영화의 변형은 그 당시 매우 인기가 있었던 '아비' 영화들로부터 영감을 받았는데, 이는 니콜라스 레이의 〈이유 없는 반항〉에서의 제임스 딘의 성공에 영향을 받은 것이었습니다.

1950년대의 아비 영화에는 제임스 딘의 헤어스타일과 매너리즘을 모방한 캐릭터들이 등장했습니다. 그러나 맥케이가 연기한 캐릭터가 대표하듯 그들 모두가 영웅으로 등장하지는 않았습니다. '아비'라는 용어는 젊은 깡패, 비행 청소년, 혹은 건달을 의미하는데, 맥케이는 이러한 아비의 반사회적인 특징의 전형을 보여줍니다. '비'는 말 그대로 '비행'이라는 뜻으로 젊은이들이 부모님의 통제에서 벗어나 날개를 달고 날아가기에 충분히 나이임을 비유한 것인데, 일단 날기 시작하면 사회적으로 용납될 수 없는 행동으로 빠지게 되는 것을 일컫습니다. 이는 시대성을 간직한 용어로 1950년대와 60년대에

왕가위의 가슴 아픈 탱고: 〈아비정전〉(1990)

일반적으로 사용되었습니다.

  룽강의 〈비녀정전〉, 초원의 〈냉난청춘〉, 천운의 〈비남비녀〉
(〈아비정전〉의 총괄 프로듀서인 등광영이 주연 배우를 맡았습니다) 등 가
장 인상 깊었던 아비 영화들은 모두 광둥 지역 영화가 쇠퇴하
고 영화와 마찬가지로 그 장르의 유행이 지나버린 1969년대
에 나타났습니다. 젊은 스타들의 앙상블을 자랑하는 이러한
영화들은 모두 부모의 실패나 그들의 심리적이고 영적인 욕
구에 적절히 반응하지 못하는 젊은이들의 고립감을 추적합니
다. 따라서, 그들은 화목한 가족이 사회의 튼튼한 기반이며 법
과 규범이 우선되어야 한다는 견해를 지지합니다. 비록 젊은
이들의 익살스러운 행동이 영화를 보러 온 관객들에게는 즐
거움을 제공할지라도, 그들은 사회에 순응하지 않는다면 영
구적으로 소외될지 모릅니다. 이러한 교훈적인 사회적 메시
지가 광둥 지역 영화의 특징이었고, 젊은 세대들에게 더는 받
아들여지지 않았으며 점차 인기를 얻지 못하게 되었습니다.
1970년 초에 광둥 지역 영화가 사라지면서, 아비라는 장르와
용어도 함께 사라지게 됩니다. 그러던 중 1980년대와 90년대
에 〈열혈남아〉가 '이단아 영화'의 형태로 다시 떠오르며 환생
한 것입니다.

〈아비정전〉은 꽤 자의식적으로 '아비' 영화의 장르임을 암시하는데, 그 제목은 〈이유 없는 반항〉이 홍콩에서 개봉되었을 당시의 중문 제목과 우연히 일치합니다. 이는 영화 초반부 아비의 독백에서 비유를 통해 암시됩니다.

> "발 없는 새가 있다. 날아다니다가 지치면 바람 속에서 잠이 든다. 평생에 딱 한 번 땅에 착륙하는데 그건 바로 죽을 때다."

새와 비행이라는 은유는 '아비'라는 장르가 그의 이야기에 내포되어 있음을 암시합니다. 보르헤스의 단편 소설을 연상시키는 발 없는 새의 우화는 아비의 묘비명과 맞아떨어집니다.[4] 나레이션 직후 장국영이 '마리나 엘리나'의 노래에 맞추어 추는 차차차는 당대의 상징적 장면으로 남았습니다.

왕가위가 그만의 아비 이야기를 하게 된 가장 큰 동기는 장르 그 자체보다는 당시의 시대적 상황이나 사회적 요소와 더 밀접한 관련을 맺고 있습니다. 물론 이 영화는 그 시기의 어떠한 영화도 거의 참고하지는 않지만, 젊은 세대들에게 이유 없는 반항을 불러일으켰습니다. 이런 의미에서 이 영화는 홍콩

왕가위의 가슴 아픈 탱고: 〈아비정전〉(1990)

영화계의 어떠한 아비 영화보다도 〈이유 없는 반항〉에 더 경의를 표하고 있는지도 모릅니다. 장국영의 아비가 제임스 딘을, 장학우가 살 미네오를, 장만옥과 유가령이 나탈리 우드를 연상시킨다는 것을 알아차리는 데는 큰 상상의 도약이 필요하지 않습니다. 왕가위는 스토리의 구상도 없이 중문 제목이 주는 반향만을 가지고 배우들에게 이 영화를 던져 주었습니다. 한 인터뷰에서 그는 이렇게 말했습니다.

> "제가 '아비정전'을 언급했을 때, 배우들 각자가 마음속에 염두에 둔 장면이 있었습니다.[5] 제임스 딘을 언급하는 즉시 그들은 5-60년대로 돌아가게 됩니다.[6]"

결국, 〈아비정전〉은 아비 영화라기보다는 아비 영화가 흥행하며 홍콩 사람들의 마음속에 흔적을 남겼던 시대 전체의 아우라에 경의를 표한 작품인 것입니다.

1963년에 홍콩으로 거처를 옮긴 왕가위에게 1960년대의 홍콩은 특히 '햇살마저 더욱 찬란한, 잊을 수 없는 곳'이었습니다.[7] 영화에 대한 왕가위의 영감은 그 시기를 향한 그의 '특별한 감정'과 닿아 있습니다.[8] 왕가위는 2년이라는 시간과 막대한 예산(2,000만 홍콩 달러—당시에는 엄청난 숫자였습니다)을 소요하며 그 시대를 재창조하는 데 애를 썼습니다. 대단한 제작비를 감안했을 때, 〈아비정전〉이 우리를 즉시 1960년대의 시공간으로 데려가는 신비한 능력이 있다는 점은 그리 놀랄 만한 일이 아닙니다. 1960년대라는 시간은 영화에서 두드러집니다. 청소부가 아비의 아파트 바깥 복도에 걸려 있는 시계를 부드럽게 닦으며 쓰다듬는 것은 마치 분초 단위로 째깍이며 흐르는 시간을 소중히 간직하는 것 같습니다.

왕가위는 1960년대의 기억을 그의 머릿속에 새긴 듯합니다. 그를 비판하는 이들은 그가 단순히 이러한 각인을 막대한 돈과 시간을 사용해 영화로 옮긴 것으로 볼 수도 있겠습니다.[9] 그러나 분명 〈아비정전〉은 시간이나 기억이 주는 인상에 대한 것 이상을 보여줍니다. 왕가위 영화에서 시간은 곧 갈망으로 치환됩니다. 하나의 스토리로 보자면 〈아비정전〉은 사랑을 갈망하는 이야기입니다. 영화에서는 엄마에 대한 아비의 오이디푸스 콤플렉스와 아비에 대한 수리진과 루루(유가령)의 사랑, 루루(혹은 미미, 그녀가 장학우에게 알려준 바에 의하면)에 대한 장학우의 사랑, 수리진에 대한 경찰(유덕화)의 사랑이 있습니다. 이 모두는 짝사랑입니다.

75

짝사랑이 다른 열망을 모두 압도하는 삶이 될 때 이는 집착이 됩니다. 왕가위는 스스로가 말한 바와 같이 사랑을 아픔, 즉, '오랜 시간 유지되는 파괴적인 효과'로 그려냅니다.[10] 닻 없이 삶을 표류하는 젊음이 이 영화의 주제이지만 아비의 양어머니(반적화) 또한 사랑을 찾아 다닙니다. 영화에서의 갈망은 꿈같은 나른함과 모두를 지치게 하는 열대 날씨의 열기로 묘사됩니다. 이러한 열대의 나른함은 말 그대로 영화 전체를 채색하는데 필리핀의 코코넛 야자나무 숲, 청록빛 물속에서의 목욕, 흔들거리는 바람과 영화의 타이틀이 함께 떠오르는 장면에서 브라질의 유명한 인디언 듀오 로스 인디오스 타바하라스 (Los Indios Tabajaras)의 '언제나 내 마음속에(Always in My Heart)' 라는 하와이안 기타 선율이 흘러나옵니다.

그러므로, 이 영화는 처음으로 인물들이 이야기를 압도하는 왕가위 영화입니다. 이 분위기는 인물들을 우울함의 바다와 정신적인 권태감에 빠져 표류하게 합니다. 영화의 배경은 주로 밤인데, 풍경은 텅 빈 계단과 출입구, 길쭉한 가로등 그림자가 비치는 골목입니다. 방황하는 수리진과 그녀의 친구가 되어주는 경찰은 안토니오니 영화 같은 외로운 풍경을 거닐고, 차들의 불빛이 그들의 얼굴을 스쳐 지나갑니다. 늦은 밤

왕가위의 시간 AUTEUR OF TIME

등대처럼 홀로 빛나는 빈 공중전화 부스에서는 유덕화가 수
리진의 전화를 기다립니다. 시간은 오지 않을 연인을 기다리
며 흘러갑니다. 아비가 의자나 침대에 기대있는 자세는 그의
방향을 잃은 존재감을 보여줍니다. 수리진과 루루와의 러브
신에서조차, 그는 능동적으로 사랑을 하는 모습이 아닌 관계
가 끝난 후 침대에 엎어져 있는 모습을 보입니다.

　그러나 이러한 차분한 겉모습의 이면에는 숨어있는 폭력
성도 있습니다. 양어머니의 귀걸이를 훔친 제비족을 때리는

왕가위의 가슴 아픈 탱고: 〈아비정전〉(1990)

장면을 보면 알 수 있습니다. 그러나 그의 충동적인 행동은 별다른 방향성이 없는데(예를 들어, 그는 되찾은 귀걸이를 그가 자고 싶은 춤추는 여인 루루에게 줘버립니다), 세상을 보기 위해 돌아다니고 싶다며 선원이 된 유덕화와 달리 장국영은 그저 목적 없이 방황합니다.

정신적 불모지를 환기시키는 왕가위의 탁월한 능력에 견줄 만한 인물들로 시인 T.S. 엘리엇(Eliot)과 화가 조르조 데 키리코(Giorgio De Chirico)를 떠올릴 수 있겠습니다. 모두 우울함과 공허함을 묘사하는 데 있어 대가들입니다. 데 키리코의 초현실적인 그림은 이별의 우울함(The Melancholy of Departure), 끝없는 노스텔지아(The Nostalgia of the Infinite), 그리고 시의 불확실성(The Uncertainty of the Poet)과 같이 미스터리한 제목을 가지고 있습니다. 데 키리코는 건축물과 대리석 조각상들 외에는 텅 빈 도시 광장의 몽환적인 그림을 그렸습니다. 〈아비정전〉 역시 비슷하게도, 배경에 걸쳐진 퀸즈 카페 장면을 제외하고는 많아야 세 명의 사람만 등장합니다. 여기서의 홍콩은 마치 적막한 도시 같습니다.

수리진은 축구 경기장 매점에서 일합니다. 그러나 아비를 제외하고 그 어떤 손님도 보이지 않는데 손님이 다녀갔다는 유일한 증거는 그들이 먹고 간 빈 콜라병들뿐입니다. 이러한 방식으로 왕가위는 인물의 사회적 고립감을 극대화하였습니다. 수리진은 데 키리코의 아리아드네[1]로, 사랑이 그녀를 황폐하게 했습니다.

영화는 인간의 삶을 제한된 가능성 안에서 묘사하고 있습니다. 우리는 수리진이 그녀의 남은 인생동안 콜라병을 모으고 티켓에 도장을 찍는 모습을 상상하면서 그녀가 더 나은 삶을 살길 동정하며 바라봅니다. 그것은 마치 그녀의 애인이 제공할 풍부한 내적 삶의 가능성을 포기함으로써, 그녀가 움츠러든 삶에 굴복했고 그 깊숙한 곳으로 빠져들었다고 상상해보는 것과 같습니다. 이와 비슷하게 작은 삶에 갇힌 것은 루루입니다. 매점에서 루루가 수리진에게 맞서는 장면에서 그녀는 괴로워하며 철조망을 움켜쥡니다. 관객들은 두 여자가 실제로 존재하는 것처럼 답답하고 꽉 막힌 정신적 감옥에 갇혀 있음을 분명히 알 수 있습니다.

이 영화에서 인물들은 저마다의 이유로 고군분투합니다. 매점 직원, 유흥 댄서, 순경, 선원 그리고 소매치기인 이들은 개인적·사회적인 어려움에 갇혀 시간이 흐를수록 긍정적인 방향으로 에너지를 모으는 것에 어려움을 겪습니다. 회중시계

79

와 손목시계의 이미지들이 강조되며 초현실적인 시간이 수면 위로 떠 오릅니다. 살바도르 달리의 그림 '기억의 지속'에서의 녹아내리는 시계의 모티브처럼 왕가위 영화에서도 금속 시계가 연속적으로 등장하며 시간의 유연성을 상징적으로 나타냅니다. 필리핀의 어딘가로 향하는 기차 안에서 장국영은 유덕화에게 말합니다.

"인생은 길지 않아."

1분조차도 평생 기억될 수 있습니다. 시계 초침 소리는 때때로 사운드트랙처럼 들리며 유한한 존재의 우울함을 매 순간 불러일으킵니다.

왕가위는 시간을 오후 세 시로 고정시켜 놓았는데 이는 T.S. 엘리엇(Eliot)의 시에서 언급된 '연기 자욱한 날들의 타버린 끝'인 6시의 절반이기도 합니다.[12] 밤이 다가오며 사랑의 아픔이 극심해지기 반쯤 전인 것입니다. 세 시가 영화의 시작을 알리면 카메라는 복도를 내려와 수리진에게 집적거리기 위해 경기장 매점의 로비로 걸어오는 아비를 따라갑니다. 1960년 4월 16일 세 시가 되기 1분 전, 아비와 수리진은 1분간 친구가 되기로 합니다. 아비가 수리진에게 '당신 덕분에 나는 이 1분을 항상 떠올릴 거예요'라고 말하자 '나는 항상 그를 기억하게 되었다.'라는 그녀의 나레이션이 나옵니다. 아비의 침대에서 관계한 후, 그녀는 아비에게 묻습니다. '우리가 안지 얼마나 됐지?' 이에 아비는 '오래됐지. 기억 안 나'라고 답합니다.

필리핀으로 향하는 여정에서 유덕화가 장국영에게 1960년 4월 16일 세 시에 무엇을 했었는지 기억하냐고 묻자 그는 이렇게 말합니다.

> "난 꼭 기억해야 할 일만 기억하지… (중략) 그녀를 다시 만나면 내가 전부 잊었다고 해. 서로를 위해 그게 좋아."

필리핀에서의 어중간하고 불확실한 시간들은 적막하고 무미건조하게 흘러갑니다. 열대성 혼미함과 불결함, 더러운 호텔과 매점, 지저분한 아케이드와 계단, 그리고 창녀와 술에 취한 사람들의 이미지가 등장합니다. 열대의 감각은 홍콩 장면에서도 되풀이됩니다. 회전하는 선풍기 앞에서 침대에 무기력하게 대자로 누워있는 아비, 쏟아지는 폭우, 그리고 콘크리트 바닥을 질질 끄는 플라스틱 슬리퍼 소리가 이에 해당됩니

81

다. 왕가위는 그가 스페인의 영향을 받은 장소들에 매료되었음을 필리핀 장면에서 드러냅니다. 이는 마누엘 푸익의 소설과 모든 라틴 아메리칸 요소에 대한 그의 사랑의 결과물이기도 합니다. 〈아비정전〉에서 우리는 라틴 아메리카적 요소를 보고 들을 수 있는데, 홍콩과 필리핀에 낯선 분위기를 더해주는 로스 인디오스(Los Indios)('Always in My Heart'와 'You Belong to My Heart')의 분위기 있는 나른한 기타 소리와 자비에 쿠거의 연주('El Cumbanchero', 'My Shawl', 'Perfidia', 'Siboney'와 'Jungle Drums)가 그것입니다. 푸익의 소설은 명백하게 왕가위의 심금을 울렸습니다. 왕가위에게 푸익의 소설책 〈조그만 입술(Heartbreak Tango)〉을 처음으로 준 이가 담가명이라는 점은 상기할 가치가 있습니다. 왕가위는 그 소설을 읽자마자 감명받았고 그로부터 '소설의 구조를 마스터'하고자 노력했습니다.[13] 〈아비정전〉은 시간의 실타래로부터 이야기가 풀려나가는 이 소설을 영화적으로 각색한 것으로 볼 수 있습니다. 영화는 편지, 신문 스크랩, 일기 목차, 경찰 보고서, 심지어는 사진첩, 독백 그리고 대화의 형식을 통한 열두 명의 시각으로 진행됩니다.

이후 왕가위는 아르헨티나에서 〈해피투게더〉를 찍게 되는

데, 이는 푸익의 〈부에노스아이레스 어페어(The Buenos Aires Affair)〉를 각색한 것이었습니다.

가슴 아픈 나날들

푸익의 소설 〈조그만 입술(Heartbreak Tango)〉은 장 카를로스라는 지독히도 잘생긴 한 남자를 중심으로 펼쳐지는 이야기입니다. 바예호스라는 한 마을에 사는 그는 같은 마을 여자들-금발, 네네, 브루네트, 마벨 등-의 마음을 쉽게 훔칩니다. 그러나 그는 폐결핵 환자입니다. 소설은 그가 1947년 4월 18일에 29살의 나이로 죽었을 때, 네네라는 여자가 그의 어머니에게 보낸 위로의 편지로 시작합니다. 그녀는 현재 다른 남자와 결혼했지만 결혼 적령기였을 때 그녀에게 대시했던 장 카를로스와의 사랑을 절대 저버리지 않았다고 고백합니다. 이야기는 시간을 훌쩍 지나 흘러가며 요양원 에피소드 사이사이에 장 카를로스를 둘러싼 인물들의 관계를 그립니다. 아르헨티나의 할인 매장에서 일하는 네네, 교사인 마벨, 과부인 엘

왕가위의 가슴 아픈 탱고: 〈아비정전〉(1990)

사, 그의 어머니와 소유욕 강한 여동생 셀리나, 그리고 경찰이 되었다가 나중에 마벨을 유혹(그녀의 하녀를 임신시킨 후)하는 벽돌공인 인디언 판초와의 우정이 그려집니다.

소설이 쓰여진 의식의 흐름과 마찬가지로 〈아비정전〉은 알지 못하는 사이에 〈조그만 입술(Heartbreak Tango)〉과 연결되어 있습니다. 장 카를로스는 장국영이 연기한 아비의 모델입니다. 수리진과 루루에게서는 각각 네네와 마벨의 흔적을 볼 수 있습니다. 더 대담한 인물이긴 하지만 벽돌공이었다가 경찰이 된 푸익의 소설 속 판초는 경찰이었다가 선원이 된 유덕화를 떠올리게 하며, 장학우의 캐릭터와 더불어 이 둘은 판초가 소설에서 바람둥이로 묘사된 것보다는 정숙한 인물들로 그려집니다. 마지막으로 모성애와 강한 소유욕이 공존하는 장 카를로스의 엄마와 그의 여동생 셀리나는 반적화가 연기한 아비의 양어머니 안에 함께 녹아있습니다. 또한, 그녀와 젊은 제비족과의 관계는 과부 엘사와 장 카를로스의 관계를 일부 나타냅니다. 비록 디테일은 다르지만 〈아비정전〉도 길거리 밤 산책, 인도, 시내 전차, 바와 침실 등 바예호스에서의 일상을 포착하고 있습니다. 그러나 그 무엇보다 소설과 영화가 가장 완전하게 연결되는 지점은 바로 장국영의 캐릭터 묘사에 있습니다. 다음은 장 카를로스에 대해 묘사한 네네의 글입니다.

"엄마는 세상에서 뭐가 제일 좋아요?' 그리고 나는 한 가지
를 즉시 떠올렸지만 당연히 아무런 말도 할 수 없었다. 그
것은 장 카를로스의 얼굴이었다. 내 삶 전체를 통틀어서
나는 장 카를로스의 얼굴만큼 사랑스러운 것을 본 적이 없
었다. 그가 편히 쉬길 바란다.[14]"

왕가위는 장국영의 얼굴을 여러 측면에서 클로즈업과 미디
엄 클로즈업으로 담아낼 뿐만 아니라 몇몇 장면에서는 장국
영이 그의 포마드 머리를 빗으며 거울 속 자신의 잘생긴 얼굴
을 바라보게 합니다. 이는 푸익이 첫 번째 소설인 〈리타 헤이
워드의 배신(Betrayed by Rita Hayworth)〉에서 묘사한 한 남자를
떠올리게 하는데, 그는 바예호스에서 가장 길고 곱슬거리는
자신의 머리카락을 매일 거울 앞에서 한 시간씩 빗습니다.[15]
장국영의 머리카락은 그보다 더 짧고 직모일지 모르지만 그
의 나르시시즘은 모두 푸익이 묘사한 것의 일부입니다.
〈아비정전〉은 아비의 나르시시즘이 장국영의 아름다운 얼
굴을 통해 온전히 드러나는 영화입니다. 아비 스스로가 자신

왕가위의 가슴 아픈 탱고: 〈아비정전〉(1990)

의 아름다움을 알고 있음은 루루와 관계를 맺은 첫날 밤 침대 장면에서 강조됩니다. '우리 또 만날 거예요?' 이렇게 물으며 전화번호를 건네는 그녀에게 아비가 냉담한 반응을 보이자 루루는 성질을 부리며 그의 얼굴에 염산을 뿌리겠다고 위협합니다. 아비는 '다시는 그런 말 하지마!'라며 그녀를 때릴 기세로 말합니다. 아비의 아름다운 얼굴은 자석처럼 여자들을 매료시킵니다. 네네는 장 카를로스에 대해 '그의 잘생긴 외모에 여자들은 그와 사랑에 빠진다.'고 했습니다.[16] 장 카를로스처럼 아비도 그 자신과 사랑에 빠져있습니다. 나르시시즘은 여자들에게는 치명적이지만 자기 자신에게는 병든 자아입니다. 마벨은 장 카를로스의 폐결핵을 언급하며 말합니다.[17]

> "그는 평생 여자를 쫓으며 산다. 이해할 수 없는 것은 그녀들이 감염되는 것을 두려워하지 않는 것이다."

홍콩에서의 장면에서 아비가 계속해서 침대에 누워있는 것은 마치 그가 폐결핵 환자인 것처럼 보이게 합니다. 장 카를로스는 결국 그를 죽음에 이르게 한 질병을 가지고 있었지만, 아비의 아픔은 심리적인 것으로 그의 나르시스적인 자아를 통

왕가위의 시간 AUTEUR OF TIME

해 표현되었습니다.

 나르시스적 자아는 '본질적인 상처뿐만 아니라 위장과 회피로부터 분리될 수 없고 그 자신이 변용을 이룬다. 자아는 다른 마스크를 위한 마스크로, 다른 위장 속의 위장이다.'라고 들뢰즈는 서술하였습니다.[18] 즉, 아비의 나르시시즘은 상처받고 파괴된 다른 자아를 숨기는 마스크로 그 본질은 '내용으로부터 분리된 시간의 순수하고 공허한 형태'입니다.[19] 아비는 프로이트의 오이디푸스 콤플렉스(그의 생모와 연결되고자 하는)에 의한 정체성의 위기를 겪고 있고 끝내 이러한 '시간의 순수하고 공허한 형태'로부터 숨을 거둡니다.

 '엄격한 형식과 고정된 순서 안에서 텅 빈 채 뒤죽박죽인 시간의 파괴적이고 되돌릴 수 없는 연속성은 정확한 죽음의 본능이다' 라고 들뢰즈는 설명하였습니다.[20] 아비의 파괴된 자아는 그가 이야기한 죽을 때까지 날아다니는 다리 없는 새의 우화에 잘 묘사되어 있습니다. 사실 이 새는 시작부터 이미 죽어 있기 때문에 어떠한 곳도 갈 수 없습니다. 아비라는 캐릭터는 나르시스적인 열정을 가득 내보이던 인물입니다. 만약 아비를 장국영의 마스크라고 본다면 2003년 4월 1일 장국영의 자살에 비추어 보았을 때 역설적이게도 그는 자신의 불안한

왕가위의 가슴 아픈 탱고: 〈아비정전〉(1990)

자아를 숨기지 않고 표출했던 것입니다.

〈아비정전〉이 비록 〈조그만 입술(Heartbreak Tango)〉로부터 인물과 상황을 차용했다 하더라도 그는 배우들이 인물들의 역동적인 감정을 독자적으로 연기하게끔 하였습니다. 이것이 바로 감독으로서의 왕가위가 가진 탁월한 점입니다. 왕가위는 아마 다른 소설도 차용했을 것입니다. 일본 소설가 무라카미 하루키의 〈노르웨이의 숲〉에 나오는 신경쇠약이 있는 여자는 장만옥의 수리진과 어딘가 닮았습니다. 그녀와 사랑에 빠지는 소설 속 주인공은 그의 기억을 더듬으며 가장 중요한 것을 잊어버릴까 두려워합니다.

"슬픈 사실은 기억을 떠올리는 데는 처음엔 5초가 필요했지만 점점 10초, 30초 그리고 1분이 걸리게 되었다는 것이다."

기억과 잊혀져가는 것에 관한 이 대사는 잊고 싶지만 영원히 잊을 수 없는 수리진과의 사랑과 그의 마음속에 인상 깊이 남아버린 1분을 떠올리게 합니다.[21]

왕가위는 배우들의 정서적 욕구에 따라 〈조그만 입술 (Heartbreak Tango)〉을 재해석합니다. 비유적으로 말하자면 아비는 장 카를로스가 네네와 마벨과 그랬던 것처럼 수리진과 루루와 가슴 아픈 탱고를 춥니다. 그리고 여자들은 아비와 장

〈아비정전〉 속의 장국영

카를로스에게 영원히 감동받습니다. 그러나 푸익이 그의 주
인공들을 '질투가 만연한 가십과 구역질 나는 마을'에 위치
시키는 데 반해서 왕가위 영화 속 인물들은 믿을 수 없는 애
인에게 버림받고 아열대의 도시를 배경으로 떠돌아다닙니다.
수리진과 루루는 사이코맨틱(psychomantic)한 방식으로 사랑
을 하는데 이는 아비가 이미 시작부터 죽어있는 인물이기 때
문입니다. (활기찬 루루는 일시적으로 그를 살려내긴 하지만, 그는 기본
적으로 그녀에게 관심이 없기 때문에 이는 피상적인 것에 불과하게 됩니

왕가위의 가슴 아픈 탱고: 〈아비정전〉(1990)

다) 일단 버려지면 아비와 그들의 사랑은 영혼의 사랑이 됩니다. 장 카를로스처럼 아비 역시 숭고한 영역으로 들어가는 것입니다. 그러나 장 카를로스는 그를 사랑했던 여자들의 마음속의 빈틈에서 안식을 찾는 데 반해, 아비는 휴식을 취할 곳을 찾지 못합니다.

"나는 내 인생에서 얼마나 더 많은 여자를 사랑하게 될지 모르고, 내가 죽는 날에 어떤 여자를 내가 진정으로 사랑하게 될지도 모를 것이다'(이러한 점에서 노래 'Perfidia'의 삽입은 아이러니하게도 그만을 위한 애도가 됩니다)."

장 카를로스와 판초와의 우정은 장국영과 유덕화와의 우정에 잘 반영되어 있습니다. 그러나 왕가위는 이러한 관계를 변주합니다. 유덕화는 사실 내면 깊은 곳에서 비롯된 순수한 감정을 연기하는데, 그의 얼굴에는 고통과 사랑을 갈망하는 아픔이 새겨져 있습니다. 이는 영화가 끝난 후에도 관객의 인상에 오랫동안 남을 연기입니다. 왕가위는 유덕화의 얼굴에서 모든 표정을 지우고, 감정을 터트리는 대신 내면의 감정에 집중하도록 하는 브레송의 연기 방식을 지도하였습니다. 그것은 영화의 톤을 특징짓는 은밀하면서도 내적인 연기였습니다.

여배우로서 장만옥과 유가령은 아비의 나르시시즘에 사로잡힌 여자들의 감정적인 특징을 완벽히 포착해 냅니다. 장만옥은 더 세밀한 연기를 보여주는데, 나중에 출연한 〈화양연화〉에서 다시금 이 캐릭터를 환기시킵니다. 더 대담한 캐릭터인 유가령조차도 가까스로 제한적인 연기를 펼치는데, 다른 어떤 감독에 의해서도 발굴된 적이 없는 깊이 있는 캐릭터를 보여줍니다(구정평은 예외인데, 그가 연출한 영화 〈혈의 천사(1989)〉에서 유가령이 연기한 정부(情婦)는 〈아비정전〉에서의 대담함과 깊이를 보여주었습니다).

배우들의 내면의 감정은 비슷한 톤으로 채워져 있습니다. 이는 아마도 그들이 연기한 인물들이 본질적으로 왕가위의 고유한 창작물이며, 아비의 유년 시절의 상처에 대한 집착과 죽음에 대한 충동(지나고 보니 장국영의 심리적인 상태에 더 가까웠던)으로부터 한 발짝 떨어져서 왕가위의 수줍은 내면을 반영하고 있기 때문인지도 모릅니다.

왕가위는 겉보기에 이질적이고 상관없어 보이는 요소들이 복잡하게 연결된 풀익 소설의 구조를 그 누구보다도 성공적으로 마스터해냈습니다. 그는 인물들이 긴 독백을 통해 그들

왕가위의 가슴 아픈 탱고: 〈아비정전〉(1990)

만의 감정적인 공간을 가지게 함으로써 이러한 점을 구현해 냈습니다.

> "이야기를 전달하는 방식은 몇몇 사람만이 주목할 것이기 때문에, 나는 관객들이 다음에 무슨 일이 일어날지 예측할 수 없도록 이야기의 구조 자체를 바꾸고 싶었다. 나는 이러한 놀라움이 매우 중요하다고 생각한다.[22]"

　신인 감독이었던 왕가위는 스토리가 아닌 캐릭터들이 영화 전체를 끌고 가도록 하는 어려운 일을 해냈으며 여기에 대스타들의 조합이 더해져 〈아비정전〉은 놀라운 성과를 거두었습니다. 정통 할리우드 영화들의 세례를 받지 않고 의식의 흐름에 따라 뒤섞이고 생략된 방식인 점프 컷의 스타카토 리듬으로 인물 간의 대화를 구성한 것은, 왕가위가 푸익으로부터 받은 영향이라고 할 수 있습니다.

　물론 〈아비정전〉의 감독은 왕가위지만 창의적인 인력들의 손길을 결코 간과할 수는 없습니다. 〈아비정전〉에서 장숙평은 프로덕션 디자이너로서 중요한 창조적 역할을 하였습니다. 장숙평의 꼼꼼한 디자인은 1960년대의 홍콩과 필리핀을

배경으로 하는데, 이는 관객들에게 그 시대의 리얼리티(혹은
왕가위나 장숙평 그들의 기억과 가까운)를 충분히 가져다주었습니
다. 프로덕션 디자인이 오히려 플롯이 부족한 영화에 일관성
을 부여한 것입니다. 하지만 이번에는 장숙평의 역할은 편집
과정으로까지 확장되지 않았습니다. 이 영광은 각본가 시절
부터 왕가위의 멘토였던 담가명에게 주어지게 됩니다. 담가
명에 의하면 처음에 장숙평이 몇 개의 시퀀스를 잘랐는데 왕
가위는 이것이 마음에 들지 않았던 것이 분명했고, 그래서 담

가명에게 한 번 보여주었습니다. 담가명은 이때를 이렇게 회상합니다. '장숙평의 컷은 소재에 모종의 스타일을 더하였지만 그것은 소재 그 자체로부터 나온 것은 아니었다.'[23] 그런 이유로 담가명이 계속해서 영화를 편집했지만, 그는 거기서 더 나아가야 했습니다. 그에게는 혼돈 속에서 줄거리를 만들어 내는 것에 대한 궁극적인 책임이 있었습니다.[24]

통상적으로 미리 정해진 대본을 디테일한 샷들로 미리 쪼개어 놓은 후에 촬영에 임하는 히치콕이나 브레송과 달리 왕가위는 이를 선호하지 않습니다. 그의 세트에는 사전에 형성된 디자인이나 미장센이 없습니다. 담가명은 '그는 즉흥적인 것을 좋아한다.'고 말했습니다.[25] 이러한 스타일은 특별히 촬영감독인 크리스토퍼 도일에게 적합했는데 그를 왕가위에게 소개해 준 이가 담가명입니다.[26] 〈아비정전〉은 왕가위와 도일의 첫 번째 합작품이기도 합니다. 그러나 담가명에 의하면 왕가위는 처음에 도일의 방식에 매우 화를 냈다고 합니다. 왕가위가 담가명에게 '그를 통제할 수가 없다.'고 불평하자 그는 도일의 촬영방법에는 아무런 문제가 없다고 대답하였습니다.[27] 결국 〈아비정전〉 이후에도 왕가위는 도일에게 다시 한번 일을 같이하자고 했습니다. 둘은 같은 주파수를 공유하며 작업을 거듭해왔고 두 사람의 우정은 오늘날까지 이어지는 원만한 프로페셔널한 관계로 자리 잡았습니다.

대본 없이 촬영하는 왕가위의 스타일로 인해 도일은 여러 앵글에서 모든 장면을 촬영하였고 이로 인해 담가명은 몇 마일이나 되는 스틸 사진들을 분류해야 했습니다. 영화에 대한 그의 기여는 오프닝과 마지막 장면에서 특히 두드러집니다. 촬영대본 혹은 심지어 완성된 대본 없이(담가명은 오로지 시놉시스만 가지고 편집을 했습니다), 카메라가 아비를 따라 축구 경기장의 로비로 걸어 들어와 수리진과 만나는 오프닝 장면을 선택했던 것도 그의 몫이었습니다.

"아비는 가차 없는 남자로 활발하고 에너지가 가득한 사람입니다. 여자를 쫓아다닐 때 그는 직설적이고 솔직합니다. 그러므로 시작부터 바로 당신이 보는 것은 돌려 말하지 않는 그의 모습입니다."

양조위가 다락방의 침대에 앉아 손톱을 칠한 뒤 일어나서 자켓을 입고 탁자 위의 현금 뭉치를 가슴 쪽에 달린 주머니에 넣은 다음 카드 뭉치는 그의 조끼 주머니에 찔러 넣고 손

왕가위의 가슴 아픈 탱고: 〈아비정전〉(1990)

수건을 접은 뒤, 마지막으로 머리를 빗고 불을 끄고 나가는 연속된 장면에 대해서 담가명은 원래는 양조위를 다음 에피소드의 스타 주인공으로 소개하는 트레일러 장면을 촬영한 것이었다고 말합니다. 하지만 결국 이 장면은 영화에서 없어서는 안 될 부분으로 남았습니다. 그리고 이는 편집상에서의 담가명의 아이디어였습니다. 그는 이렇게 설명합니다.

> "구조상으로, 그 장면은 영화의 흐름을 바꾸었습니다. 그 장면은 전에 일어났던 그 어떤 일과도 관계가 없으며 모든 인물을 마치 양조위의 등장을 위해 준비해왔던 것처럼 보이게 합니다. 그들은 프롤로그였던 셈입니다. 이것은 매우 과감한 터치로, 저는 이것에 크나큰 만족감을 느낍니다. 저는 모든 시퀀스를 자비에 쿠거(Xavier Cugat)의 음악에 맞추었고,[29] 그것은 완벽하게 맞아떨어졌습니다. 그(왕가위)는 그것을 좋아했고, 바꾸지 않고 그대로 두었습니다.[30]"

양조위의 등장은 영화의 최종 출현(epiphany)이라고 볼 수는 없지만 그 내재적인 분위기는 아비 신드롬과 맞아떨어집니다. 자신에게 몰두하는 카리스마를 가진 포마드 머리를 한 아름답고 외로운 얼굴의 젊은 남자는 푸익의 소설 중 찾기 힘든 기억 속의 남자를 떠올리게도 하고 보르헤스의 탐정 미스터리 소설 속 주인공의 도플갱어처럼 보입니다. 〈아비정전〉에서 양조위의 발견은 재기 넘치고 신비스런 빛을 품은 등대 같습니다. 양조위 역시도 스스로 만족스러웠던 연기였다고 자평하고 많은 이들이 이에 동의합니다.

양조위가 스크린에 등장하는 3분간, 그는 연기로 보여줄 수 있는 모든 것을 했습니다. 앉았다 일어났다가, 물건들을 주머니에 넣었다가, 머리를 빗었다가, 담뱃불을 붙이고 걸어 나가는 것이 전부이지만, 가장 대단한 점은 아마도, 이 인물이 만들어내는 잠재력에서 기인할 것입니다. 그것은 바로 지금 우리가 가지고 있고, 보고 있는 것이 결코 채워질 수 없기에 영원히 소중하게 여겨져야 한다는 교훈입니다. 〈아비정전〉의 속편은 세상이 잃어버린 가장 위대한 영화 중 하나일 것이고 바로 이 때문에 이 마지막 장면에는 영원한 비통함이 각인되어 있습니다.

97

4
—

시공간의 탱고

〈중경삼림〉

Chungking Express

重慶森林

1994

시공간을 재창조하다

〈아비정전〉의 박스오피스 실패는 제작사 In-Gear에게 곧 재앙과도 같았고, 왕가위에게는 큰 좌절을 경험하게 했습니다. 그는 이로 인하여 결국 〈아비정전〉의 속편을 찍을 기회를 잃어버렸습니다. 하지만 후속작을 강제로 포기해야 했던 와중에도 그는 거장 필름메이커의 출현에 박수갈채를 보냈던 평단의 호평으로 최소한의 위안을 받았습니다. 덕분에 영화적 흥행 참패에도 불구하고 그것이 실패 이상의 무언가를 의미한다는 업계의 인정과 연줄을 쌓아 나가게 된 것입니다. 왕가위는 떠오르는 신인 감독으로서 받아 마땅한 명성뿐 아니라 강인한 이미지를(그의 영화들에서 발견할 수 있는 수줍음과 부드러

시공간의 탱고: 〈중경삼림〉(1994)

움에도 불구하고) 얻게 되었는데 이처럼 빠르게 회복하는 모습으로 인해 〈아비정전〉을 미완성작, 혹은 반절만 완성된 프로젝트로 남기게 된 좌절감으로부터 회복할 수 있었습니다.

In-Gear의 동료 파트너였던 상업적으로 확실히 성공한 영화감독 유진위의 적극적인 지원과 도움으로 왕가위는 In-Gear를 떠나 자신만의 제작사인 '젯톤(Jettone)'을 설립하였습니다. 유진위는 빠른 템포의 코미디와 액션에 능한 감독이었는데 〈도성〉(1990, 주성치 주연)의 대 흥행으로 인해 그 당시만 해도 홍콩 영화계에서 왕가위의 위치를 압도하였습니다. 왕가위는 제작사 설립 후 곧바로 다음 프로젝트를 준비했는데 이번에는 영어권에서 〈동성서취〉로 잘 알려져있는 김용의 고전 무협 소설 〈사조영웅전〉의 각색이었습니다.[1]

이 프로젝트는 1990년 서극 감독의 〈소오강호〉(역시 김용의 소설을 각색)의 성공 이후 무협 장르가 다시 각광받는 시기에 탄생하였습니다. 왕가위는 원작의 2~3명의 등장인물들을 참고하는 것 외에는 완전히 새롭고 독창적인 각본을 썼는데 심지어 인물들의 배경 설정까지도 픽션이었습니다. 그는 또한 각기 다른 뒷이야기로 연결되는 6~7명의 등장인물들을 추가로 창조했는데 이는 〈아비정전〉에서 사용하였던 기법으

왕가위의 시간 AUTEUR OF TIME

로, 그는 이를 새 프로젝트에서 그 극한까지 밀어붙였습니다. 1992년 무협영화 열풍이 다시 한번 소환되어 정점에 이르자 그는 〈동사서독〉이라는 새 영화의 촬영에 돌입했습니다.

다시 한번 왕가위는 〈아비정전〉에서 함께했던 장국영, 장학우, 장만옥, 류자링, 양조위 등 당대 유명 스타들을 포함해 양가휘, 임청하, 양채니 등 처음 같이 일하게 된 배우들을 섭외하는 능력을 보여 주었습니다. 제작비는 〈아비정전〉과 비슷한 수준이었습니다. 〈동사서독〉은 고대 중국을 배경으로 한 무협영화의 종지부를 찍은 작품이었는데 왕가위 특유의 포스트모더니즘적인 미학적 기준을 충족하기에는 어려움이 있었습니다. 오픈 세트에서의 디테일과 의상 그리고 로케이션이 충실히 시대적 고증을 따라야 했기 때문이었습니다. 영화는 중국 내륙의 사막 한가운데서 촬영되었고 실내 장면들은 홍콩에서 촬영되었습니다. 왕가위는 그에게 익숙한 속도로 작업하였는데(제작 기간에는 총 2년이 소요되었습니다), 〈아비정전〉의 흥행 실패가 채 잊혀지기도 전에 또 다른 대작 영화를 촬영한다는 것에 대한 압박은 현장에 있는 감독과 스텝들(젯톤 소속의 프로덕션 디자이너 장숙평, 촬영 감독 크리스토퍼 도일, 조감독 강약성, 제작자 팽기화와 그 외 사람들)에게 고스란히 전해졌을 것입니다. 왕

시공간의 탱고: 〈중경삼림〉(1994)

가위는 서로 상충되는 스타들의 스케줄 속에서 작품에 대한 집중을 쏟을 수 없었지만 이를 조율하며 촬영을 진행해 나갔습니다.

그러던 중 왕가위는 그의 파트너 유진위와 각본을 공동집필한 사조영웅전의 패러디면서 〈동사서독〉과도 이어지는 작품인 〈동성서취〉의 제작에 참여하게 되었습니다. 비록 두 작품이 연이어 촬영되었고 더블 캐스팅도 많았지만 유진위가 빠르게 작업해 금방 영화를 완성한 반면 〈동사서독〉은 〈동성서취〉가 1993년 중국 설날 연휴 기간에 상영할 때까지도 여전히 작업 중이었습니다(〈동사서독〉은 1년도 더 지난 1994년 9월에 개봉하였습니다).

왕가위가 진행한 또 다른 프로젝트도 〈동사서독〉의 마무리를 지연시켰는데 그것이 바로 〈중경삼림〉입니다. 〈중경삼림〉은 그가 〈동사서독〉을 편집하며 쉬는 두 달 내에 촬영했다는 전설적인 일화로 회자됩니다.[2] 그는 〈중경삼림〉을 이제 막 영화학교를 졸업한 학생이 간단한 장비들과 자연광을 이용해서 찍는 저예산 다큐멘터리 환경에 의존해서 만든 영화에 비유하였습니다. 작품 예산은 1,500만 홍콩 달러로 왕가위는 심혈을 기울여 두 대작 영화를 작업한 후 〈중경삼림〉을 제작하는

것은 어린 시절로 돌아가는 것과 같았다고 회고했습니다.[3]

영화가 장난스러운 모험처럼 느껴지는 듯한 〈중경삼림〉 특유의 느낌은 급하게 동시다발적으로 촬영된 듯한 느낌에서 두드러집니다. 왕가위는 믿기지 않을 정도로 신속하게 〈중경삼림〉을 완성하였고, 이를 〈동사서독〉보다 두 달 먼저 개봉하였습니다. 때문에 〈동사서독〉이 왕가위의 제작 연대기 중에서는 3번째 작품이지만 개봉순으로는 4번째라고 할 수 있습니다. 이 영화는 왕가위에게 가장 부담이 컸던 차기작 〈동사서독〉의 관객몰이를 하기 전 기분 전환을 위해 만든 듯하지만 결코 마이너한 작품이라 할 수 없습니다.

앞서 연달아 진행된 두 영화와 달리 〈중경삼림〉은 시대극이 아니며 〈열혈남아〉와 다르게 현대 갱스터 영화나 러브 스토리의 틈새에 깔끔하게 맞아 들어가지 않습니다. 〈중경삼림〉은 오히려 그것을 포괄적으로 수용합니다. 이는 다양한 장르를 창조하는 것에 대한 감독의 자신감입니다. 영화는 서로 독립적인 두 이야기를 다룹니다(왕가위는 첫번째와 두번째 에피소드에서도 카메오로 출연합니다).[4]

영화의 중심인물들은 금성무와 양조위가 연기한 두 명의 경찰, 금발 가발을 쓴 불가사의한 여자 임청하, 그리고 두 여성

시공간의 탱고: 〈중경삼림〉(1994)

들(왕페이가 맡은 샌드위치 가게 종업원과 주가령이 맡은 스튜어디스)입니다. 영화에는 경찰과 강도, 형사들이 등장하는 느와르 미스터리(임청하와 금성무가 출연하는 첫 에피소드), 코미디와 로맨스(양조위와 왕페이가 출연하는 두 번째 에피소드) 등 다양한 장르가 공존합니다. 왕가위는 〈중경삼림〉을 일컬어 자신의 감정을 사랑하는 누군가에게 쏟을 수 없는 도시 사람들의 '흔한 러브 스토리'라고 칭합니다. 양조위는 비누에 자신의 감정을 쏟아붓고 왕페이는 양조위의 집에 몰래 들어가 물건들을 옮겨놓으며 그에 대한 감정을 가득 채웁니다. 금성무는 파인애플 통조림을 마주하며 속마음을 고백합니다. 그들은 자신들의 감정을 다른 물건들에 투사합니다. 오직 임청하가 역할을 맡은 등장인물만이 감정을 보이지 않는데 그녀는 생존이 더 중요하기에 감정을 드러내지 않습니다.[5]

영화의 중국식 제목인 〈중경삼림〉의 배경은 침사추이입니다. 이곳은 소규모 사업과 범죄 행위들로 가득차 있으며 여행객들이 방문하는 값싼 호텔들이 많은 곳입니다. 영어 제목인 〈Chungking Express〉는 영화를 두 개의 에피소드로 나누는 구역이 되기도 합니다. 'Chungking'은 첫번째 에피소드를 나타내는데 이는 청킹맨션을 배경으로 하고, 'Express'는 두번째 에피소드로, 침사추이에서 페리를 타면 빅토리아항을 가로질러 도착할 수 있는 란콰이퐁에 위치한 유명한 패스트푸드점 '미드나잇 익스프레스'를 중심으로 합니다.

〈중경삼림〉을 만드는 데 왕가위에게 주로 영감을 준 것은 무라카미 하루키의 단편소설 〈4월의 어느 맑은 아침에 100%의 여자를 만나는 것에 대하여〉입니다. 소설은 종잡을 수 없는 느낌을 표현한 문장으로 시작됩니다.[6]

> "어느 맑은 4월의 아침, 나는 하라주쿠의 뒷골목에서 100%
> 의 여자 옆을 지나갔다."

〈중경삼림〉역시 이와 유사하게 우연한 만남으로 시작하는데 이는 첫 번째 에피소드의 모티프가 됩니다. 경찰 금성무가 청킹맨션에서 강도와의 추격전을 벌이는 중에 임청하가 금발녀를 밀치고 지나갑니다. 왕가위는 〈아비정전〉에서와 마찬가지로 여기서도 시간의 모티프를 사용합니다. 시간이 오후 9시로 바뀔 때 4월 28일 금요일 날짜가 보이는 시계 장면으로 컷이 빠르게 전환합니다.

107

시공간의 탱고: 〈중경삼림〉(1994)

"57시간 후 나는 이 여인을 사랑하게 될 것이다."

금성무는 왕가위 영화의 트레이드 마크인 일인칭 독백으로 추억에 잠긴 채 읊조리는데, 이는 무라카미 하루키 소설의 일인칭 내러티브의 연장선일지도 모릅니다. 그러므로 하루키가 왕가위에게 끼친 영향은 두 가지로 나타나는데, 소설 속 대화 스타일을 반영하는 왕가위의 독백과 추억을 회상하는 구성의 내러티브가 그렇습니다.

경찰은 그전에 만난 적이 있었던 것을 인지하지 못한 채 술집에서 금발여인을 조우합니다. 두 사람은 대화를 시작하고, 호텔 방으로 갑니다. 하지만 이 우연한 만남은 예상치 못하게 흘러갑니다. 그녀는 빠르게 잠이 들고 그는 심야 TV 프로를 보며 샐러드와 감자튀김을 먹습니다.

왕가위는 하루키의 단편에서 보이는 무상함과 유사한 메시지를 전합니다.

"인간의 삶은 서로 그저 맞닿을 뿐, 서로 깊이 파고 들어가지 않는다.(어쩌면 맞닿는 것도 아니라 그저 잠시 스쳐 지나가는 것이거나 한낱 가능성일지도 모른다.)"

왕가위는 인물들의 일상에 치명적인 마법적 요소를 주입합니다. 무라카미 하루키처럼 왕가위는 추억을 떠오르게 하는 장면에서 대중문화의 아이콘을 인용합니다. 검은 선글라스와 가발을 쓴 임청하의 캐스팅은 1970년대, 영화 아이콘으로서 그녀의 이미지를 의식적으로 떠올리게 합니다. 초기 커리어의 페르소나가 여성성의 경계에 있는 아름다운 10대 소녀였던 임청하의 상징적 이미지는 〈중경삼림〉에서는 무라카미 하루키의 단편 〈1963년. 1982년의 이파네마 아가씨〉와 닮아있습니다. 1960년대에 유행했던 노래 제목이기도 한 '이파네마에서 온 소녀'는 '시간의 바다에 떠다니는' 소녀를 연상시킵니다. 〈중경삼림〉에서 샐러드는 왕가위의 추억으로 기능하는데 이는 또한 갈망의 상징이기도 합니다. 이같은 갈망은 애정을 갈구하며 생기는 것으로 〈중경삼림〉이 〈아비정전〉으로부터 소생시킨 주제입니다. 여기서는 짝사랑이라기보다는 떠나간 사랑을 상징합니다.

슬프게도 〈중경삼림〉과 〈아비정전〉을 잇는 또 다른 실은 왕가위가 〈아비정전〉의 후속편을 촬영하지 못해 볼 수 없게 되었습니다. 그러나 〈중경삼림〉은 각기 다른 두 가지 사랑 이야기를 완벽한 한 쌍으로 보여줍니다. 〈중경삼림〉을 만들면서

시공간의 탱고: 〈중경삼림〉(1994)

왕가위는 '로드무비'의 서술을 빌려[7] '두 편의 교차하는 이야기가 한 영화에 담기도록 촬영하는 실험'을 하고 싶었다고 말했습니다. 그러므로 〈중경삼림〉은 곧 실험적인 로드무비로 묘사될 수 있는데 영화의 스타일(핸드헬드 카메라, 자연광, 카메라 효과 등 '다큐멘터리'식 기법에 대한 의존)과 흐트러진 서술이 이를 증명합니다.

왕가위의 영화가 주는 감각적 혼란은 노엘 버치가 저서 〈영화의 실천(Theory of Film practice)〉(1969년 프랑스에서 초판 발간)에서 '감각의 혼란이 미래에 영화의 본질을 형성할 것'이라고 예측하고 '내러티브를 장면으로 분할하는 제한된 감각은 진정한 필름메이커에게 더 이상 의미가 없을 것이며… 실험적이며 순수한 이론적 단계에 머무르지 않고 실제 영화적 실천으로부터 독립을 얻을 것이다.'라고 언급한 데서 나옵니다.[8]

〈중경삼림〉은 이러한 실제적인 관행을 담고 있는데 이는 버치의 말을 빌리면 '영화적 시공간의 결합과 서술의 구조를 결정하는 형식 간의 지속적인 유기적 관계'로 나타납니다.[9]

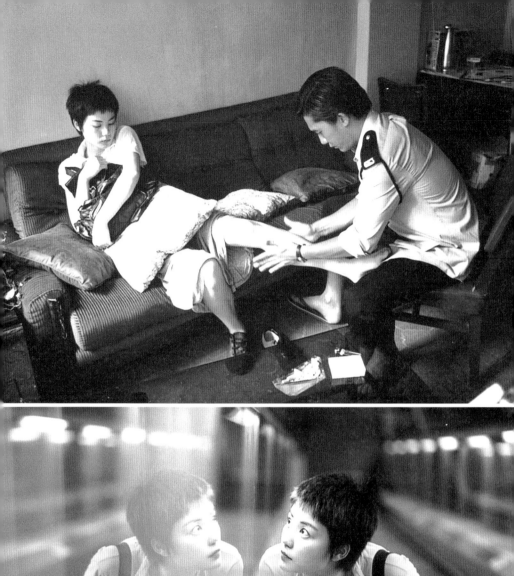

'중경'의 공간과 '급행열차'의 시간

〈중경삼림〉은 왕가위의 시공간적 연결을 통해 포스트모더니즘을 따르는 영화들에게 관행적 모델이 되었습니다. 〈중경삼림〉의 영문 제목인 'Chungking Express'에서 '중경'은 공간을, '급행열차'는 시간을 의미합니다. 이는 서로 양립할 수 없는 개념들을 하나로 비유한 것입니다. 영화의 내부세계는 청킹 맨션의 폐쇄적인 설정으로 상징되는 반면 외부세계는 음식 통조림에 표기된 유통기한과 냅킨에 그려진 가짜 탑승권에 의해 실체화된 추상적인 시간입니다.

왕가위의 영화 속 공간을 시간의 본질에 관한 어느 특정한 철학으로 해석한다면 앙리 베르그손에 의해 만들어진 프랑스어 'durée(지속성)'를 들 수 있겠습니다.[10] 이는 흘러가며 지속되는 시간을 의미하는데 특히 기억에 관련된 것으로 모든 인간의 삶과 경험을 의미합니다. 누구나 내면에는 추억의 그릇을 갖고 있습니다. 시간과 공간이 만나 함께 추는 춤은 추상적인 움직임의 탱고와도 같습니다. 오직 살아있는 공간만이 인간의 생생한 시간으로 채워져 독립적으로 존재합니다.

112

침사추이와 센트럴로 상징되는 〈중경삼림〉은 시간과 추억이 지나가는 시공간으로 왕가위는 침사추이에서 자랐기에 그곳을 정확히 알고 있었습니다. 이곳은 중국인들과 외국인들이 뒤섞인 홍콩 사회의 특징이 잘 드러나는 장소입니다.[11] 맨션은 이국적인 소리와 언어들로 둘러싸인 글로벌한 도시로, 다문화적인 모습을 나타냅니다. 왕가위에게 이곳은 홍콩의 진정한 상징으로 읽힙니다.

왕가위는 마마스 앤 파파스의 'California Dreamin', 디나 워싱턴의 'What a Difference a Day Makes', 데니스 브라운의 레게 비트 'Things in Life' 등 세계적으로 유명한 아티스트들의 명곡들을 선택합니다. 다양한 사운드트랙들은 공간을 넘나들며 시간의 파장을 만듭니다. 'California Dreamin', 'What a Difference a Day Makes'와 데니스 브라운이 부르는 'Things in Life'의 첫 두 가사('It's not every day we're gonna be the same way, there must be a change somehow')를 들을 때 우리의 감각은 먼저 특정한 공간을 떠올립니다('California Dreamin'에서는 미드나이트 익스프레스를, 'Things in Life'에서는 유명한 Bottoms Up 술집을 떠오르게 합니다).

서로 반대되는 공간인 듯 보이지만 침사추이와 센트럴의 불

완전한 개체들은 하나의 불가분한 통일성을 형성합니다. '중경삼림'이란 제목은 침사추이와 센트럴이 하나의 동일한 도시로 보이도록 의도적인 환각을 부여하는 혼란의 공간입니다.

이 영화의 전세계적인 인기는 홍콩에 가본 적 없는 관객들이 홍콩을 왕가위의 포스트모더니즘 스타일을 통해 볼 수 있도록 했습니다. 하지만 영화의 해외 버전은 홍콩의 버전들과는 다릅니다. 〈중경삼림〉은 전 세계에 배급된 왕가위의 첫 작품으로 특히 쿠엔틴 타란티노 감독을 매료시켰는데, 그의 영화사 'Rolling Thunder'는 이 배급권을 구매했습니다. 해외 버전이 더 길고 전형적인 발리우드 노래들과 함께 임청하가 청킹맨션에서 인도인들과 마약 거래를 주선하는 장면이 더 많이 포함되어 있습니다. 그리고 임청하가 어린 여자아이의 아버지로부터 소개업자들의 행방에 대한 정보를 얻어내기 위해 아이를 납치하는 추가 장면이 나옵니다. 몇몇 장면들은 홍콩 버전에서는 편집되었습니다.

해외 버전은 홍콩의 공간에 대한 더 추상적인 감성을 가지고 있습니다. 외국 관객들에게 청킹맨션과 미드나이트 익스프레스, 침사추이와 센트럴은 아마 서로 가까운 거리에 있는 것처럼 느껴질지도 모릅니다. 침사추이와 센트럴의 거리는

114

빅토리아 항구로 나누어져 있는데, 나이 많은 홍콩 시민들에게는 향수를 자아내는 곳입니다. 홍콩 버전에서는 금성무가 스타페리로 달려가서 항구를 가로지르고 유통기한이 5월 1일까지인 파인애플 통조림 30개를 구매하는 그의 독백을 들을 수 있습니다.

"그녀가 돌아오지 않는다면 내 사랑은 만료될 것이다."

해외 버전에서 이 장면은 편집되었고 이 독백은 금성무가 파인애플 통조림을 사는 편의점 장면으로 옮겨졌습니다. 이는 공간을 하나의 연결된 블록으로 보이게 하는 환영을 강화하는데, 〈중경삼림〉을 지리적으로 고정된 공간인 것처럼 보이게 합니다.

우연한 만남에서 영화의 두 번째 에피소드가 시작됩니다. 금성무는 (표면상으로는 또 다른 '100% 여자'인) 왕페이와 부딪히는데 왕가위는 이 장면을 정지시킵니다. 그리고 금성무의 나레이션이 들립니다.

"우리가 가장 가까이 스친 이 순간 서로의 거리는 단 0.01cm

시공간의 탱고: 〈중경삼림〉(1994)

였고 6시간 후 그녀는 다른 남자와 사랑에 빠지게 된다."

해당 장면은 페이드 아웃되고, 'California Dreamin'이 흘러나옵니다. 담당구역 순찰을 마친 경찰 양조위가 스크린 밖에서부터 카메라를 향해 걸어오고 모자를 벗은 뒤 샐러드를 주문합니다. 왕페이가 화면에 잡힙니다. 그녀는 검은 민소매 티셔츠를 입고 있습니다. 이어지는 대사와 함께 'California Dreamin'은 영화에서 실시간으로 끊기지 않고 계속 흘러나옵니다.

왕페이 : 포장이세요? 드시고 가세요?

양조위 : 포장이요. 새로 왔어요? 처음 보네요.

(왕페이는 머리를 끄덕이고 음악의 리듬에 맞춰 몸을 좌우로 흔든다.)

양조위 : 시끄러운 음악 좋아하세요?

왕페이 : 네, 시끄러울수록 좋아요. 다른 생각을 안 해도 되니까.

양조위 : 생각하는 게 싫어요?

(왕페이는 음악에 맞춰 머리를 흔든다.)

양조위 : 좋아하는 건 뭔데요?

왕페이 : 몰라요. 생각나면 알려 줄게요.

왕페이 : 당신은요?

양조위의 얼굴이 측면에서 클로즈업됩니다. 그녀에게 가까이 오라고 손짓하는 양조위의 손으로 장면이 넘어갑니다. 측면을 향하고 있는 두 사람의 얼굴이 클로즈업으로 전환되고 그들은 각각 왼쪽과 오른쪽에서 프레임 안에 들어옵니다. 양조위가 속삭입니다.

양조위 : 샐러드 주세요.

왕페이가 실망 어린 답을 듣는 장면이 미디엄 쇼트로 전환되면서 양조위는 샐러드를 가지고 걸어 나갑니다. 카메라는 왕페이에게 머무르며 해당 장면에서 실시간으로 흘러나오는 음악에 맞춰 흔들립니다. 음악의 흐름과 이미지는 갑작스러운 점프 컷으로 방해받습니다. 'California Dreamin'은 여전히 사운드트랙에서 흘러나오고, 왕페이는 라임색의 민소매 블라우스를 입고 카운터 뒤에서 음악에 맞춰 춤을 추며 케첩을 흔듭니다. 그리고는 점장이 등장하자 주방으로 걸어갑니다. 그는 테이프를 끄고, 양조위가 그에게 샐러드 한 개를 주문하는 장면으로 컷이 전환됩니다.

시간의 변화는 왕페이가 갈아입은 셔츠로 드러납니다. 앞선 장면에서 그녀는 검은 티셔츠를, 이어지는 장면에서는 라임 녹색의 블라우스를 입습니다. 최소한 두 번에 걸친 셔츠의 변화는 미드나이트 익스프레스에서 양조위와 왕페이의 만남 사이에 두 번의 시간 변화가 있었음을 암시합니다. 여기서 왕가위는 영화감독만이 할 수 있는 방식으로 무라카미 하루키의 소설 속 우연한 만남과 추억을 시공간으로 확장합니다.

왕페이가 검은 하트가 새겨진 티셔츠를 입은 장면에서 양조위는 시퀀스가 시작된 도입부 장면과 똑같은 방식으로 카메라를 향해 걸어오고 모자를 벗는데, 반복되는 이 장면에서 왕페이가 입은 옷과 양조위가 주문하는 음식은 이전과 달라집니다. 이번에 그는 여자친구에게 줄 샐러드 대신 피시 앤 칩스를 주문합니다.

양조위와 왕페이의 우연한 만남은 반복됩니다. 이는 사실상 완전히 왕페이의 주관적 시점에서 보이는 장면입니다. 일련의 쇼트들은 왕페이가 입은 옷들로 시간을 표현합니다. 양조위가 카메라를 향해 걸어올 때 그의 잘생긴 얼굴을 바라보는 관객들은 말 그대로 녹아내리고 그녀가 반한 모습에 반하게 됩니다. 그렇게 양조위가 피쉬 앤 칩스를 주문했을 때 우리는 그녀가 느낀 호기심을 공유하게 됩니다.

한편 왕페이는 양조위가 기대어 서 있는 흐릿한 유리창을(혹은 이미지를) 천천히 닦아냅니다. 그리고는 유리창 뒤에 있는 양조위에게로 컷이 넘어가는데 그는 왕페이(관객들)를 살짝 훔쳐봅니다. 이번에 왕페이는 흰색 점박무늬 티셔츠를 입고 부엌을 청소합니다. 카메라를 마주하는 왕페이의 시점에서 우리는 틈새를 통해 양조위를 바라보는데, 왕페이가 유리창을 닦는 비대칭적인 리듬은 서로 다른 시간과 공간에서 역동적인 반복에 의해 강조됩니다. 이 시퀀스의 반복을 통해 우리는 이제 양조위의 여자친구가 그를 떠났단 것을 알게 됩니다.

> "야식도 이렇게 선택할 게 많은데 사람이야… 샐러드도 괜찮았는데 무슨 피쉬 앤 칩스로 바꾼다고."

양조위가 묻고 왕페이는 청소하느라 바쁜 것처럼 보이지만 그 말에 귀 기울입니다. 약간 슬퍼 보이는 양조위는 커피만 주문합니다. 왕가위는 양조위가 커피를 마시는 다음 장면을 비행기가 이륙하는 밤 장면으로 전환합니다. 양조위의 나레이

119

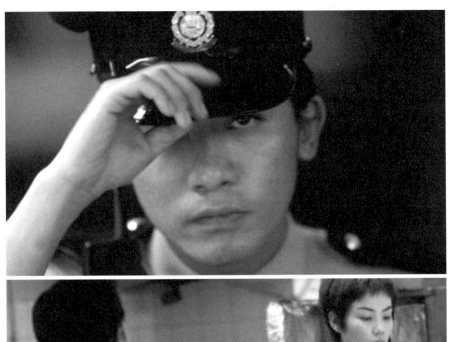

California Dreamin과 점프컷으로 구성된 〈중경삼림〉의 시공간

션이 나옵니다.

> "비행기를 타면 유혹하고 싶은 스튜어디스가 꼭 한 명씩 있
> 다. 작년 이맘때, 25,000피트 상공에서 그녀를 유혹하는 데
> 성공했다."

양조위의 플래시백에서 우리는 그의 아파트에 있습니다. 그가 침대에서 장난감 비행기를 가지고 노는 동안 승무원(주가령)은 브래지어와 스커트만 입은 채 부엌문 옆에 기대어서 맥주 한 캔을 마시고 있습니다. 디나 워싱턴의 'What a Difference a Day Makes'가 흘러나옵니다. 양조위는 장난감 비행기를 주가령에게 닿도록 날려 보내고, 카메라는 25,000피트 상공에서의 유혹을 모방하며 핸드헬드 기법의 비스듬한 각도로 비행기를 따라갑니다. 양조위가 주가령을 구석에 몰아넣고 뜨거운 키스를 할 때, 카메라는 배경의 공간에서 이를 암시합니다. 침대에 누운 양조위가 장난감 비행기로 주가령의 벗은 등을 건드리는 것을 카메라가 비추며 플래시백이 끝납니다.

위에서 설명한 일련의 쇼트들은 현대 시네마에서 가장 주목

〈California Dreamin〉, 티셔츠 및 점프 컷으로 구성된 〈중경삼림〉의 시공간

시공간의 탱고: 〈중경삼림〉(1994)

할만한 영화적 기술들을 보여주는데 왕가위는 상징적 의미와 우연한 만남 그리고 인간관계의 우여곡절에 관한 독특한 뉘앙스를 동시에 불러일으키는 시공간의 결합인 Durée(지속성)를 흠잡을 데 없이 마스터하였습니다. 그는 하루키로부터 영감을 받았을지 모르지만 여기에 자신만의 고유하고 독특한 시공간과 추억을 결합해서 그가 영감받은 것들을 재창조해내는 탁월한 독창성을 보여주었습니다. 그리고 네 명의 주연배우들은 기발하고도 모범적인 연기를 보여주었습니다. 임청하는 그녀만이 가능한 무표정한 연기를, 양조위는 제복입은 모습과 러닝셔츠와 사각팬티 차림의 잊히지 않는 모습을 보여줍니다.(양조위는 1995년에 홍콩 금상장 영화제 시상식에서 최우수 남자 배우상을 수상했습니다)

담가명이 〈동사서독〉의 작업으로 힘들어했기 때문에 〈중경삼림〉의 편집은 프로덕션 디자이너 장숙평이[12], 촬영은 크리스토퍼 도일이 맡았고 이들의 역할과 기여 역시 칭찬하지 않을 수 없습니다. 왕가위는 사실 〈중경삼림〉에서 두 명의 촬영감독을 고용하였습니다. 그들은 첫 번째 에피소드를 촬영한 유위강과 두 번째 에피소드를 촬영한 도일입니다. 영화에 전체적인 톤앤 매너를 입힌 사람은 유위강입니다. 왕가위는 〈중경삼림〉의 내부 장면들은 주로 푸른색을, 나이트클럽은 주로 금색을 사용함으로써 〈열혈남아〉 때의 색채로 회귀했습니다. 유위강은 카메라 워크와 속도 그리고 인상 깊은 핸드헬드 기법을 도일에게 건네주었습니다. 이들은 색을 최소한으로 줄이고 빛과 움직임에 집중함으로써 영화에 특유의 에너지를 불어넣었습니다.

이는 바로 미래파 예술가들이 1910년의 선언 중에 언급한 예술의 목표입니다. 예술 비평가 허버트 리드는 이 목표를 상세히 설명한 적이 있습니다.

> "1910년의 성명서는 진실에 대한 자라는 욕구들이 과거에서부터 이해돼 왔기에 더 이상 형식과 색감에 의해 충족되지 않는다고 선언하며 시작한다. 모든 것들은 움직이고 뛰어다니며 빠르게 변하고 이 보편적인 역동성은 예술가들이 표현하기 위해 분투해야 하는 것들이다.[13]"

미래파 예술가들은 고정된 캔버스 안에서 움직임을 달성하기 위해 시도합니다. 특정한 지점에서 도일과 유위강은 영화를 다시 근본으로 회귀시키고 재해석하기 위해 질 들뢰즈가

시공간의 탱고: 〈중경삼림〉(1994)

'특혜를 받은 순간' 혹은 '스냅샷'이라고 부르는 고정된 캔버스로 회귀합니다.[10] 슬로우 셔터 스피드 촬영과 스텝 프린팅은 중간 동작이나 정지된 동작에서의 일련의 고정된 쇼트들에 물체가 회귀하는 듯한 효과를 줍니다.[11] (〈열혈남아〉의 회상 장면들에서 이러한 슬로우 모션 효과가 현저히 두드러지는데 이는 사실 유위강의 작품입니다) 이런 기법들은 움직임의 왜곡을 통해 환각에 가까운 역동적인 속도를 불러일으킵니다.

영화는 금발 여성 임청하를 등장시키며 이런 기법을 적극 활용하는 것으로 시작합니다. 이는 아마추어 마약 밀매단이 등장하는 청킹맨션 장면에 지배적으로 쓰였습니다. 유위강은 입체파 화가처럼 이미지를 흩뜨리며 주목할만한 속도로 명료하게 이야기를 전개시킵니다. 마르셀 뒤샹의 계단을 내려가는 나체의 여인처럼 임청하의 신체는 은유적으로 말을 건넵니다. 그녀의 이야기에는 배신과 복수가 교차합니다. '빛과 움직임이 육체의 물질성을 파괴한다'는 미래파 화가들의 기조[15]가 유위강의 촬영에서 두드러집니다.

왕가위 영화에서 인물들의 육체는 서로 침투하기보다는 스쳐 지나가거나 맞닿아 있습니다. 금성무와 양조위는 다른 여성에 대한 관심을 키우며 서로의 실연으로부터 회복합니다. 그럼에도 양조위와 왕페이의 경우에는 이 관심이 더 깊은 것으로 발전되어 갈지 확실하지는 않습니다. 금성무도 그러한 느낌을 줍니다.

"사랑은 짧다."

왕가위는 영화에서 이렇게 말하는 것처럼 보입니다. 이것은 전작의 메시지이기도 한데 여기서는 좀 더 가볍게 다루어

127

집니다. 거절에 대한 두 경찰의 반응은 실연에 신경 쓰지 않는 병적인 무료함으로까지 발전했습니다. 금성무는 '57시간 안에 다시 사랑에 빠질 것'입니다. 양조위는 그의 전 애인이 오토바이를 탄 남자와 함께 등장했을 때 친절하게 웃으며 그녀에게 행운을 빌어줍니다. 'California Dreamin'과 크랜베리즈의 'Dreams'(The Man of My Dreams, 중국어로 '몽중인'으로 편곡된 노래입니다)가 흘러나오고 왕페이는 가볍게 춤을 춥니다.

다음 장에서는 〈동사서독〉을 다루면서 〈중경삼림〉과 왕가위 본인이 시간 여행에 어떻게 들어서게 되었는지를 생각해볼 것입니다. 왕가위는 시간의 흐름과 지속성, 그리고 끝나지 않은 시간을 표현하기 위한 장치로써 Durée(지속성)를 적극 활용합니다. 금성무는 여자친구 메이와 헤어진 기간을 파인애플 통조림의 유통기한으로 표현하고, 임청하에게는 실수를 바로 잡을 데드라인이 유통기한으로 설정된 정어리 통조림이 주어집니다. 여기서 시간은 파인애플 통조림과 비누 조각, 젖은 수건, 셔츠, 봉제 인형, 그리고 장난감 비행기 등으로 물체화되기 때문에 실재하는 것이 됩니다. 프루스트의 작은 마들렌처럼 이 물체들은 주인공들을 지나간 것에 대한 회상으로 이끄는 타임머신의 역할을 합니다. 이는 하루키의 공상과학

128

소설 〈세계의 끝과 하드보일드 원더랜드〉와 같습니다. 금성무와 양조위는 이 물건들에 말을 걸고 그들은 하루키 소설에 등장하는 두개골을 보며 꿈을 읽는 사람들과 비슷합니다.

〈중경삼림〉에서 시간은 인간의 삶이자 변화입니다. 5월의 첫째 날, 금성무는 한 살을 더 먹고 임청하는 죽을지도 모릅니다. 시간은 미드나이트 익스프레스에서도 흐르는데 이는 왕페이가 입은 티셔츠의 변화로 표현됩니다. 〈중경삼림〉은 시간의 캡슐로 미래의 어느 시점에 유통기한에 다다를지도 모릅니다. 미래세대는 이로부터 꿈을 읽고 추억을 회상할 것입니다. 그리고 이는 왕페이의 티셔츠처럼 누군가에게 입혀질 것입니다.

129

시공간의 탱고: 〈중경삼림〉(1994)

FESTIVAL DE CANNES
OFFICIAL SELECTION
OUT OF COMPETITION
東邪西毒
終極版
旗未動 風也未吹 是人的心自己在動 —— 導演 王家衛
A WONG KAR WAI FILM
ASHES OF TIME REDUX
春光映画 學者有限公司 出品 澤東製作有限公司 製作 北京電影製片廠 聯合製作
張國榮 林青霞 梁朝偉 劉嘉玲 梁家輝 楊采妮 張學友 主演 張曼玉 特別演出
蔡松林 陳以靳 出品人 王家衛 劉鎮偉 彭綺華 監製 杜可風(HKSC) 攝影指導 洪金寶 武術指導
張叔平 美術總監 陳勳奇 ROEL A. GARCIA 音樂 吳彤 新增原創音樂及編曲
馬友友 大提琴獨奏 張叔平 譚家明 剪接指導 金庸 原著 王家衛 編劇及導演 春光音樂 原聲大碟發行
BLK2
泽东
jettone
BLOCK 2 PICTURES SCHOLAR FILM CO. LTD. present a JET TONE PRODUCTIONS production In association with BEIJING FILM STUDIO a WONG
LESLIE CHEUNG BRIGITTE LIN TONY LEUNG CHIU WAI CARINA LAU TONY LEUNG KA FAI CHARLIE YOUNG JACKY CHEUNG Special Appearance by MA
"ASHES OF TIME REDUX" Executive Producers TSAI MU HO CHAN YE CHENG Produced by WONG KAR WAI JEFF LAU JACKY PANG YEE WAH Director of Photography CHRISTOPHER D
Action Choreographer SAMMO HUNG Production Design by WILLIAM CHANG SUK PING Music by FRANKIE CHAN ROEL A. GARCIA Additional Score and Re-arrangement

5

━━

협객의 역사에 관한 왕가위의
자전적 이야기

〈동사서독〉

Ashes of Time

東邪西毒

1994

재창조의 시간

마침내 〈동사서독〉은 1994년 9월 중순에 개봉했고 왕가위
는 그때까지 가졌던 것 중 가장 긴 분량의 인터뷰에서 이를 그
의 첫 세 작품의 완결이라고 불렀습니다. (그는 〈중경삼림〉을 4번
째로 제작하였음에도 불구하고 이를 3번째 작품이라고 불렀습니다) 〈동
사서독〉은 뚜렷한 자신감과 성취감을 풍겼습니다. 왕가위는
그의 모든 작품이 거절 혹은 거절에 대한 두려움에 관한 것이
며 〈동사서독〉은 이 주제를 극한으로 밀어붙인 영화라고 말
했습니다. 이 영화는 다른 방식으로 왕가위의 커리어에 새로
운 정점을 찍었습니다. 바로 〈아비정전〉의 흥행 실패 이후에
도 살아남은 왕가위의 능력을 보여주었던 것입니다. 〈동사서

135

협객의 역사에 관한 왕가위의 자전적 이야기: 〈동사서독〉(1994)

독〉은 또 다른 대규모 예산 영화였으며 완성하기까지 총 2년이 소요되었습니다. 〈동사서독〉의 포스트 프로덕션 과정 중에 왕가위는 〈중경삼림〉을 제작하여 개봉하는 신기록을 세웁니다. 〈동사서독〉의 작업이 다시 진행되었을 때 왕가위는 이를 〈중경삼림〉과 필연적으로 비교할 수밖에 없었는데 그것이 범위와 깊이 면에서 '더 풍부하였고', '더 무거웠으며', '더 복잡했다'고 결론 내렸습니다.

손쉽게 해외로 선판매가 가능한 '대중적인' 영화를 기대했던 그의 지지자들(주로 중국대만의 제작사 Scholar Films)로부터 오는 엄청난 중압감에도 불구하고, 이 영화에 대한 왕가위의 자긍심은 그야말로 대단했습니다. 모두가 액션 무협영화를 기대했지만 그는 스스로가 그 기대를 져버렸다고 말했습니다. 그는 〈아비정전〉과 〈중경삼림〉을 통해 그의 실험적인 스타일과 스토리텔링 기법들에 대해 폭넓은 이해를 하고 있는 관객들이 이번에는 한층 성숙한 단계에 도달한 작품인 〈동사서독〉을 받아들일 것이라고 기대하였습니다.

표면적으로 이 영화는 현재까지 왕가위 영화들이 보여주었던 그 어느 작품들과도 차원을 달리합니다. 세 편의 전작들에서 보여주었듯이 현대 장르(갱스터, 로맨스 멜로 드라마, 느와르)를 고수해 왔던 그의 경향은 〈동사서독〉을 더욱 특별하게 보이도록 했습니다. 이 영화는 시대극이자 무협 영화로 이와 같이 꽤나 다양한 형식의 레퍼런스를 동반하는 역사 장르의 카테고리에 포함됩니다. 무협 장르에 적용된 역사주의는 문학과 영화에 등장하는 협객과 무술에 관한 전반적인 역사라고 할 수 있습니다. 오랫동안 발전해 온 긴 역사적 관행은 과거에서부터 현재 그리고 미래로 이어집니다. 역사주의는 신화적 역사라는 장르에 대한 집착뿐만 아니라 장르에 대한 역사적 한계를 의미합니다. 예를 들어 등장인물들은 반드시 중국어로 '고장'이라 불리우는 고대 복장을 입어야 합니다.(〈동사서독〉의 시대는 12세기 북송과 금나라가 교체되는 시기에 대략적으로 걸쳐져 있습니다) 홍콩 영화에서 '고장' 영화(혹은 시대극 영화)는 무협과 비슷하게 볼 수도 있고 또한 별도의 장르로써 존재하는데 보통 액션보다는 역사적 일화에 집중합니다. 이런 장르는 1950년대에서 1960년대에 널리 퍼졌지만 무협과 쿵푸 액션 장르가 인기를 끌기 시작한 70~80년대에는 주류에서 벗어났습니다.

새로운 무협 영화의 순환이 시작된 1990년대에 시대극은 서극 감독의 〈소오강호〉, 〈소오강호2: 동방불패〉(1992), 〈동방불패 풍운재기〉(1993)를 통해 다시 주류가 되었습니다. 검객

협객의 역사에 관한 왕가위의 자전적 이야기: 〈동사서독〉(1994)

과 협객의 고전적인 신화들이 이러한 장르의 부활을 위해 의식적으로 노력해온 새로운 세대의 필름메이커들을 통해 비로소 20세기 후반 관객들의 기호에 맞게 재탄생했던 것입니다.

서극 감독의 〈소오강호〉 시리즈는 포스트모더니즘의 풍조를 도입하며 남성과 여성 주인공의 영웅적 이미지를 뒤엎습니다. 예를 들어 〈소오강호 2: 동방불패〉에서 등장인물 '동방불패'는 음(여성)과 양(남성)의 두 성별을 넘나드는데 그/그녀는 무림 세계의 지배자가 될 수 있게 해주는 〈규화보전〉을 마스터하였습니다. 동방불패에서 부각되는 성별의 모호함은 남성 영웅주의의 이미지를 위협하고 선과 악의 전형적인 역할을 흐릿하게 합니다. 그 결과 표면적으로 영웅 검객(이연걸)은 역사주의적 관행에 따랐다는 이유로 이성을 잃습니다. 동방불패의 캐릭터는 어둡거나 냉정하지 않고 그/그녀는 남자 주인공에 대한 사랑을 위해 영화 마지막에 자신을 희생합니다.

임청하에 의해 구현된 이 중성적인 캐릭터는 장르의 포스트모더니즘적인 진화에서 상징적인 인물입니다. 그리고 너무나도 성공적으로 홍콩 관객들의 심금을 울리는 데 성공합니다. 임청하는 이와 비슷한 장르의 거의 모든 영화들에 캐스팅되어 중성적인 협객/협녀의 변형이나 비슷한 역할을 맡았는데 가장 인상적인 것은 우인태 감독의 〈백발마녀전〉(1993)과 왕가위의 〈동사서독〉이 있습니다.

소오강호 시리즈는 무협 영화 장르에 깊은 영향을 끼친 작가 김용의 소설을 원작으로 하고 있는데 왕가위조차 그가 쓴 책을 원작으로 영화를 만들고자 할 정도였습니다. 그가 홍콩 영화의 주류 내에서 작업하며 트렌드에 민감하게 반응하기도 하였고 또한 담가명이 묘사하길 '김용의 것으로부터 가져와서 김용의 것과는 다른 것을 만듦으로써' 이 트렌드에 저항하고자 하였기 때문입니다. 왕가위는 아마 시대극 혹은 무협 영화를 만들고자 하는 의무감을 느꼈을지도 모릅니다. 그러기 위해서는 장르의 특정한 형식을 관찰해야만 했습니다. 이것이 시대극에 도전하는 그의 첫번째 여정이었고 그전에는 전혀 시도한 적 없던 정교한 액션 장면을 연출해야 했기에 한 무리의 스턴트 배우들과 일련의 특수효과들을 포함한 거대한 세트장이 필요했던 것입니다. 왕가위는 액션 장면을 연출하기 위해 유명한 배우이자 무술 안무의 달인인 홍금보 무술 감독을 고용했습니다. 이러한 방식으로 왕가위는 무술 영화를 연출하는 것에 대한 주변의 기대를 충족시킬 수 있었고 절묘한 검술로 적들의 군대에 대항해 싸우는 한 검객의 복잡하고

139

독특한 액션 장면들을 만들어냈습니다.

또, 왕가위는 전통적인 기사도의 주제에 존경을 표했습니다. 무협 영화는 억압과 폭압으로부터 사람들을 구하고 국가에 규율을 부여하고 정의를 쟁취하는 개인주의적인 영웅 중심적인 역사 판타지에 근간을 두고 있습니다. 중국의 협객은 기원전 104년 ~ 91년 한무제의 통치기간 동안 집필된 사학자 사마천의 '사기'(버튼 왓슨은 이를 영어로 '중국의 위대한 사학자의 기록'이라고 번역하였습니다)를 통해 높게 평가 받았습니다. 사기는 협객의 전기(유협열전)와 자객들의 전기(자객열전) 두 챕터로 구성되어 있는데 이는 전국시대와 진나라 시대에 '협'(혹은 협객으로)으로 광범위하게 묘사될 수 있는 주목할 만한 인물들의 기사도 정신과 충성심에 대한 가장 포괄적인 역사적 기록입니다. 요약하자면 사마천은 '협'을 다음과 같은 말로 묘사하였습니다.

> "그들은 항상 진심을 다해 싸웠고 하고자 했던 일들을 마쳤으며 약속을 지켰다. 그들은 본인의 안위를 생각하지 않았으며 곤경에 처한 타인을 돕기 위해 달려갔다. 그들은 본인들의 능력을 자랑하지 않았고 본인들의 선행을 자랑하

는 걸 수치스럽게 여겼다."

　'협'에 대한 역사적인 관점과 기사도(로빈 후드나 아서왕의 기사들 같은 영웅들)의 계보는 크게 현대의 영화감독과 작가들(예를 들어 호금전, 장철 감독의 영화나 김용, 양우생, 고용 작가의 소설들)에 의해 그 맥락을 이어오고 있습니다. 〈동사서독〉은 사마천이 묘사한 기사도의 주제를 다루지는 않지만 그럼에도 불구하고 전통적으로 중국 무협소설가들이 '연정'이라고 부르는 사랑에 빠진 영웅으로서의 협을 묘사하면서 그의 기사도적인 행동에 대해 이야기할 만할 무언가를 내포하고 있습니다.

　그러나 〈동사서독〉이 사마천에 의해 정의된 기사도에 관한 무협 영화인지에 의문을 표하는 비평가들도 있습니다. 예를 들어 담가명은 '이 영화가 협객이 된 여러 등장인물들의 사랑 이야기를 다룬다고 해서 대중들은 이 작품이 무협 영화라고 착각하는데 그렇지 않다.'고 말했습니다. 저 역시 왕가위가 무협 영화를 만들고자 하는 한편으로 현시점까지 해 온 것들을 통해 진심으로 영화의 원작이 되는 김용의 소설 〈사조영웅전〉을 본인의 언어로 재해석하고자 했다고 생각합니다.

　왕가위는 소설 속의 두 등장인물들인 황약사와 구양봉(각각 양가휘와 장국영이 역할을 맡았습니다)에게만 관심이 있었는데 두 사람은 각각 '동사(악한 동방인)', '서독(악의적인 서방인)'이라는 무서운 호칭을 가지고 있습니다. 본래 왕가위의 의도는 '동사'와 '서독'을 여성 캐릭터로 바꾸는 것이었지만 그가 이 이름에 대한 저작권을 구매하려 했을 때 그는 책에 대한 저작권을 통째로 사야하고 게다가 두 주인공들의 본래 성별을 유지해야 하는 법적 규율에 묶여야 한다는 사실을 알게 되었습니다. 작가와 접촉해서 등장인물들의 뒷이야기를 들을 수 없었기에 왕가위는 스스로 그것들을 창작했고 결과적으로 〈동사서독〉은 완전히 〈사조영웅전〉의 이전 시점을 다루는 이야기가 되었습니다. 그는 소설이 영화가 끝난 시점에서부터 시작한다고 말했습니다. (그럼에도 불구하고 〈동사서독〉의 등장인물들은 원작과는 유사점이 적기 때문에 비평가들에게 오해의 소지를 줍니다) 소설로부터 두 등장인물들을 가저와서 왕가위는 관객들에게 그들의 전사를 보여주고 다양한 여자관계(류자링, 임청하, 장만옥)와 비극적인 사건으로부터 발생한 그들의 젊은 날의 감정적인 컴플렉스를 살펴보게 해줍니다. 왕가위는 또 소설로부터 세 번째 등장인물을 갖고 나오는데 '북개' 혹은 '북쪽 거지들의 왕'으로 잘 알려진 후줄그레한 협객, 홍칠공(장학우)으로 그 역시 완벽히 독창적인 뒷이야기를 만드는 것에 찬성했습니다. 누군가는 〈동사서독〉을 김용의 팬들을 기만하는 하나의 복잡한 속임수라고 이해할 수도 있을 것입니다. 또 다른 누군가는 영화가 과연 원작이나 무협 장르 자체와 조금이라도 연관이 있을까 하고 의문을 품을 것입니다. 중국의 김용 연구자 첸 모는 이 작품을 '원작 소설과 비교할 필요도 없고 또한 비교할 수도 없다.'고 말했습니다. 그러나 왕가위 본인은 이렇게 말합니다.

> "〈동사서독〉은 원작과 전혀 관련이 없는 것은 아니다. 그리고 이것이 정확히 이 작품을 분석하면서 취할 나의 자세다."

〈아비정전〉과 〈중경삼림〉에서 왕가위의 나레이션 스타일은 그가 좋아하는 장르나 소설의 본질과 닿아 있습니다. 〈동사서독〉 역시도 원작의 본질과 어떻게 연관되어있는지를 생각해보는 것이 소설이나 장르와의 관계를 고려하지 않고 방치하는 것보다는 더 생산적이라고 생각합니다. 영화는 김용의 소설이 다루는 장르의 역사주의를 전복시킨 왕가위의 미묘한 속임수이기도 합니다. 이는 왕가위가 시간이라는 모티프 속에서 과거와 추억에 집착하는 패턴에 따라 김용의 소설을 각색(비록 극단적인 재작업이지만)한 관습에 얽매이지 않은 무협 영화로도 볼 수 있습니다. 〈동사서독〉은 영어 제목으로 표현되는 시간의 모티프를 통해 3편의 전작들-〈열혈남아(As Tears Go By)〉, 〈아비정전(Days of Being Wild)〉,〈중경삼림(Chungking Express)〉-과 연관을 맺고 있습니다. 하지만 먼지와 재가 되어 폐허로 남은 시간이라는 〈동사서독(Ashes of Time)〉의 상징적인 제목은 그 전작들보다 시간에 대한 더 극심하고도 진심 어린 향수를 느끼게 합니다.

어떤 이유로든 장르는 그 자체로 인해 과거로 더 깊이 들어가게끔 할 수도 있고 한편으로는 시간에 대한 왕가위 본인의 과거(〈아비정전〉의 1960년대나 〈중경삼림〉과 〈열혈남아〉의 시간과 공간에 대한)를 추억하게 하는 매개체입니다. 단지 왕가위가 〈동사서독〉에 창의적인 요소를 가미하였다는 것을 말하려는 것은 아닙니다. 그보다는 왕가위가 무협 영화의 시대적인 설정을 추상적인 과거와 역사적인 강호(문자 그대로 '강과 호수'로 협객들이 방랑하고 그들의 정의와 올곧음의 형태를 제공 받는 신화적이고 역사적인 시간이나 장소를 뜻합니다)의 영역으로 확장함으로써 시간에

145

협개의 역사에 관한 왕가위의 자전적 이야기: 〈동사서독〉(1994)

대한 그의 집착을 재작업할 기회로 보았다는 것입니다.

왕가위는 위대한 고대 사학자 사마천과 비슷한 방식으로 자신의 무협 전기를 '집필'했습니다. 그리고 〈동사서독〉은 잊혀진 시간의 형태를 잿더미에서 구해냈습니다. 'Ashes of Time'이라는 영어 제목은 역사라는 시간이 잿더미에서 불사조처럼 일어난다는 것을 뜻합니다.

●

추도할 시간

장르의 역사주의는 시간이라는 모티프에 자극을 줍니다. 여기서 역사는 사건의 결말을 이루는 목적론적인 과정으로 기능하는데 이는 영화를 소설의 시작으로 보게 하려는 왕가위의 의도에 개연성을 줍니다. 소설과 영화의 연관성은 기사도의 도덕적이고 정신적인 관점에서 비롯됩니다. 황약사와 구양봉은 서로가 무뚝뚝한 라이벌이면서 자신들의 앞길에 어떠한 것도 용납하지 않는 독단적이고 무자비한 원로들로 그려집니다. 소설에는 이에 대해 김용이 선호하는 묘사로 가득합니다. 그들은 언젠간 본인들의 무술 실력을 뛰어넘을 젊고 순박한 영웅들을 억누르거나 죽이고 싶어합니다.(소오강호 시리즈의 '동방불패'에서처럼)

반면 영화에서 황약사와 구양봉은 젊은 남성들로 등장하고 소설처럼 사악하거나 악의적으로 묘사되지는 않습니다. 왕가위는 그들을 이기적이고 비극적인 인물들로 보았는데 이는 본래의 묘사를 변형한 것입니다. 따라서 이 영화를 보면 우리는 등장인물들의 과거에 대한 약간의 힌트만 제공하는 원작 소설보다 황약사와 구양봉이 어떻게 그러한 사람이 되었는지를 더 이해할 수 있습니다.

소설에서 황약사는 외딴섬에서 살고 있는 어린 딸 황용을 가진 홀아비이고 구양봉은 사실은 친아들인 그의 조카 구양극(황약사의 딸을 연모하는 불쾌한 난봉꾼입니다)에 대한 비밀을 품은 나이든 미혼남입니다. 홍칠공(장학우)은 사소한 것에 구애받지 않는 괴팍한 미식가로 묘사됩니다.(구양봉과의 결투에서 치명상을 입고, '북개'라는 다른 이름을 넘겨준 황약사 딸의 요리를 굉장히 좋아합니다)

소설은 늙고 쓸쓸한 두 등장인물의 전성기를 다룹니다. 영화는 전성기 시절 젊은 검객이었던 황약사와 구양봉을 묘사

협객의 역사에 관한 왕가위의 자전적 이야기: 〈동사서독〉(1994)

하지만 동시에 이들이 우울한 회상과 추억을 그리워하며 쇠락기로 접어들어가고 있는 모습을 보여줍니다. 왕가위의 '추억과 끝나버린 사랑, 이 경우 더 정확히는 배신당한 사랑'에 대한 주제는 등장인물들의 행동들을 결정짓습니다. 황약사는 친구(양조위가 역할을 맡은 장님 검객)의 아내와 저질러버린 배신을 잊고 싶어하기에 기억을 지워줄 수 있는 술 한 병을 마십니다. 구양봉은 결국 술을 마시지만 여전히 형의 아내이자 자신의 옛사랑(장만옥)을 기억합니다. 구양봉은 말합니다.

> "잊으려고 할수록 기억은 선명히 살아난다. 누가 그랬다. 원하는 걸 가질 수 없을 때 가장 좋은 건 잊을 수 없게 하는 것이라고."

술은 구양봉의 기억을 지울 수 없었고 그저 기억을 뒤섞이게 할 뿐이었습니다.(장국영이 역할을 맡은 구양봉은 〈아비정전〉의 욱자의 거울상으로 그는 사실 수리진을 잊지 못하지만 그녀를 기억하지 못하는 척 합니다) 구양봉은 비극적인 협객이자 동양의 이든 에드워즈(존 포드 감독의 영화 〈수색자〉에 등장하는 인물로 〈아비정전〉에 주요한 영화적 영감을 주었습니다)입니다. 그는 끝내 결혼할 수 없는 여성을 그리워하며 추억 속에서 영원히 떠도는 운명입니다.

왕가위는 구양봉을 고향 백타산에서 장만옥을 떠나보내고 난 후 사막으로 도피한 냉소적인 검객으로 묘사했습니다. 그는 여관 주인이 되어 스스로가 용병 검객으로 활동하거나 다른 용병들을 이어주는 중개인 역할을 하였습니다. 구양봉과 사막의 여관은 영화의 한 축을 형성합니다. 황약사는 기억을 지워주는 술 한 병을 건네고 임청하의 모용언/모용연 캐릭터는 황약사를 죽이기 위해 그를 고용합니다.(황약사가 그녀를 바람 맞혔기 때문입니다.) 한 젊은 여성(양채니)은 그녀의 형제를 죽인 자에게 복수를 가해줄 이를 찾기 위해 그에게 도움을 요청합니다. 양조위가 역할을 맡은 눈먼 검객은 완전히 시력을 잃기 전에 복사꽃이 피는 것을 보기 위해 도화림으로 돌아갈 여행비를 벌고자 이곳을 찾아옵니다.('복사꽃'은 그의 아내 도화삼량의 이름을 나타내는 것으로 그가 진정으로 보고 싶어하는 것은 바로 그녀입니다) 홍칠공은 청부업자로서 이름을 알리기 위해 잠시 들르고 전투에서 손가락을 잃고 그가 강호를 떠도는 동안 계속 따라다닐 운명인 아내(백여)와 함께 떠납니다. 등장인물들은 정신적으로나 육체적으로나 모두 늙었습니다.

사막의 여관은 기억이나 시력, 손가락 혹은 형제나 연인, 심

협객의 역사에 관한 왕가위의 자전적 이야기: 〈동사서독〉(1994)

장국영: 영원히 잊혀지지 않고 기억된다

지어 자신의 목숨을 잃는 이들이 머무는 곳입니다. 이는 호금전 감독이나 장철 감독이 연출한 수많은 무협 영화들이 갖는 명백한 레퍼런스로 여관은 협객들이 지나가는 길목에 있어서 결투 도중 죽음을 맞이하면 자신의 표식이나 시신을 남기고 가는 역사의 장소로 등장합니다.

장르의 전통적인 역사주의적 관점에서 여관은 강호의 장소이기도 하고 아니면 이 추상적인 공간에 대한 구체적인 모습일 수도 있습니다. 왕가위는 이미 제가 말하는 무협 장르의

'격식(formality)'에 주목했습니다. 여관은 무협영화에서 강호에 대한 은유일 뿐만 아니라 그 자체로 무협 영화에 대한 암시를 줍니다. 〈동사서독〉에서 모용언/모용연이란 이름의 성별 구분이 모호한 임청하의 존재 자체는 무협영화의 포스트모더니즘적 진화에 대해 인정하는 것입니다.

이제 무협의 역사주의적 관념을 전복함으로써 고전의 반열에 들어선 〈동사서독〉의 또다른 상황을 이야기해야 할 필요가 있습니다. 포스트모더니즘적인 왕가위의 예술은 보르헤스 스타일의 미로로 흘러 들어가는 한 무리의 등장인물들과 미니 플롯, 혹은 푸익과 같은 '에피소드'들로 내러티브의 조각들을 모으는 그의 성향에 달려있습니다. 그는 영화적으로나 문학적으로 다양한 영향들을 받았는데 이것들이 한번 그의 손을 거치면 모호하고 거의 알아볼 수 없을 정도로 변형되고는 합니다.

포스트모더니즘이 그 자체만으로 체제 전복적이라면 이는 포스트모더니즘적인 왕가위의 〈동사서독〉이 장르를 전복하고 있다는 뜻도 될 것입니다. 예를 들어서 그의 전투 장면들은 지금은 그의 트레이드 마크가 된 움직이는 슬로우 모션 효과로 인해 전체적으로 인상적인 효과를 주는데 그 속도는 매우

151

빨라서 호금전 감독이나 이소룡의 영화에 나오는 사실적인
전투 장면을 볼 수 없게 되어 있습니다. 왕가위가 고의적으로
전투 장면을 혼란스럽게 만들어서 우리에게 전투의 감성만을
전달한다고 말할 수도 있겠습니다. 이는 회전하는 육체, 죽음
앞에서 클로즈업된 얼굴, 일대 다수의 대결에서 흐릿하게 처
리된 움직임 등입니다. 화각은 압축되어 있고 원근법은 상상
의 이미지 또는 광학적 환상을 나타냅니다. (주: 〈동사서독〉의 시
각적 특이성을 묘사한 것입니다) 그것은 시각적인 환각으로 흉포함

과 절박감을 통해 장르의 규범을 유지하고 있습니다.

아크바 압바스는 영화가 명백히 장르의 관습을 패러디하거나 무언가를 첨가하지 않았다고 말했습니다. 오히려 장르는 인물의 비극적인 결말을 따라갑니다. 왕가위는 장르에 대한 나름의 해석을 그대로 하고 있는 것입니다. 역사의 힘은 운명이나 규칙적인 매커니즘에 의해 조종당하지 않지만 무계획적인 갈등에는 반응합니다. 왕가위의 포스트모더니즘적인 감성은 장르를 전복시키면서 협객들의 역사적 전기를 집필하는데에 있어 역사의 큰 그림보다는 감정과 추억에 의해 결정되는 인간의 실제적 역사에 주목합니다.

결국 왕가위는 기사도의 주제와 강호의 개념이라는 두 가지 역사주의적 관념과 거리를 둡니다. 그의 영화 속 협객들은 그들의 과거와 교차되는 사랑의 추억이 깃든 강호의 장소인 여관을 지나갑니다. 검객들의 마음속에서 혹은 현실에서 존재하는 잊혀지지 않는 여인들의 존재는 기사도의 종말을 상징합니다. 협객들의 로맨틱한 꿈은 배신, 질투, 그리고 부정에 의해 약해집니다. 심지어 임청하의 경우 남성과 여성으로 인격이 분리되는 정신병(그리고 그녀는 이후 '독고불패'라는 물에 비친 자기 자신과 검술 수련을 하는 신비스러운 검객이 됩니다)이 이를 더 약

협객의 역사에 관한 왕가위의 자전적 이야기: 〈동사서독〉(1994)

화시킵니다. 이 강호에서 검객들은 저마다의 이기적인 동기로 떠돌아다닙니다. 더 이상 기사도나 정의의 이상을 위해서 싸우는 협객들은 없습니다.(몇 년 후 설산에서 구양봉과 싸워서 둘 다 죽음에 이르게 된다는 홍칠만이 유일한 예외입니다)

학계에서는 〈동사서독〉이라는 포스트모더니즘적인 무협 영화를 1997년 홍콩 반환에 따른 불안한 미래에 대한 우화로 보는 물결이 거세지고 있습니다. 홍콩의 학자 진청교는 〈동사서독〉에서의 기사도의 끝을 홍콩 반환 이전의 홍콩의 심리상태의 은유라고 보았습니다. 〈동사서독〉으로 우리는 일반적인 영웅주의의 세계가 아닌 전통적인 역사가 끝나고 모든 영웅주의적 가치들이 침식된 세계에 던져졌다는 것입니다. 다른 포스트 모더니즘적인 무협 영화들 역시 동시기에 개봉하였다는 점이 이를 뒷받침합니다. 서극 감독의 〈소오강호〉 시리즈와 〈서극의 칼〉(1995)의 리메이크 버전인 〈용문객잔〉(1993)은 홍콩 그 자체에 대한 비유입니다.

이 같은 학자들의 관점에서 〈동사서독〉은 순수하게 장르에 충실한 작품입니다. 영화의 주제-협의 복수, 기사도, 방랑-들은 장르의 관습과 일치합니다. 내러티브의 구조는 조각나 있는데 이는 그 자체로 포스트모더니즘적인 특징이며 또한 무협 문학의 특징이기도 합니다. 김용의 소설에는 무수히 많은 인물들이 등장하며 이들은 각자 사연을 가지고 있고 서로 연결되지 않은 것처럼 보이지만 각 에피소드들의 플롯은 모험 넘치는 액션들에 의해 지속적으로 방해를 받습니다. 왕가위는 이러한 소설 특유의 관습을 자신의 스타일로 활용하는 한편 자신의 취미를 이에 대응시킵니다. 예를 들어 음악은 합성된 스코어들과 무협 대하소설들을 원작으로 한 수많은 TV 시리즈들의 주제곡을 상기시킵니다. 왕가위 영화의 시작과 끝을 묘사하는 데에 있어서 몽타주의 활용은 TV 시리즈의 오프닝 장면과 유사합니다. 그런 이유로 진훈기의 전자 음악 소리가 최고조로 커지면서 장국영이 검을 들고 적들에게 돌진하는 마지막 장면은 유머러스한 포스트모더니스트가 시대에 뒤처진 관습과 맞붙는 것으로 보입니다.

〈동사서독〉은 무협소설에 대한 오마주로 볼 수 있습니다. 대부분의 홍콩 감독들처럼 왕가위 역시 어린 시절 보았던 소설과 영화의 기억에서 비롯된 무협 장르에 애정을 보내고 있습니다. 이러한 향수 어린 기억들은 〈화양연화〉에서 무협에 대한 애정을 공유하는 주인공들의 대사를 통해 상기되며 이런 소설을 쓰는 것을 매개로 해서 서로에 대한 마음이 더 깊

155

뒤얽혀서 나타나는 모호한 액션 장면

왕가위의 시간 AUTEUR OF TIME

협객의 역사에 관한 왕가위의 자전적 이야기: 〈동사서독〉(1994)

<동사서독>에서 양성적인 모습을 보인 임청하

어집니다. 그리고 <동사서독>은 다름 아닌 무협이라는 장르
와 김용, 호금전, 존 포드 감독 등 옛 거장들에게 바치는 헌사
이기도 합니다. 왕가위는 마치 장르를 재가동하고자 하는 감
독들은 무협소설의 주제와 형태를 온전히 유지해야만 한다
는 것을 시사하는 것처럼 보입니다. <동사서독>의 무엇이 새
롭고 신선하냐는 질문을 받았을 때 그는 추호의 망설임 없이
'전통적이면서도 이해하기 쉽고, 아주 솔직하다는 점'을 꼽았
습니다. 이렇듯 솔직한 왕가위의 대답은 우리에게 영화에 대

한 특정한 이해를 이끌어냅니다.

왕가위가 장르를 전복시키려고 했든 아니든 〈동사서독〉은 상상력이 빚어낸 승리의 산물입니다. 왕가위 본인과 프로덕션 디자이너 장숙평, 촬영감독 크리스토퍼 도일, 작곡가 진훈기, 의상 디자이너 룩하퐁, 사운드 에디터 정소룡, 그리고 그 외 사람들의 팀워크를 통해 달성한 것입니다. 〈동사서독〉은 그 모든 스텝들이 손발을 맞춘 왕가위의 가장 잘 만들어진 영화라고 할 수 있습니다. 그전까지 강호는 여기에서처럼 멋지게 보이지 않았습니다.

인물들은 1980년대 패션의 세계를 놀라게 한 일본 디자이너들(육체 그 자체보다는 육체의 움직임을 강조해 구겨지고 주름진 천으로 만들어진 질질 끌리는 단과 소매로 옷을 디자인하는 이세이 미야케와 같은 디자이너들)의 단색 옷들을 상기시키는 모호한 중국 전통 의상을 입고 있습니다. 인물들이 입고 있는 의상에서 천의 질감을 강조하는 것은 우연이 아닙니다. 이러한 질감은 영화에서 옷, 바구니, 전등, 모자, 우산, 슬리퍼에서도 반복적으로 쓰입니다. 또한 물결이나 사막의 덤불, 험준한 절벽, 구름의 형태, 말의 어둡고 윤기 나는 피부의 부드러움과 나무껍질의 거친 주름까지 이 모든 이미지들은 그 특유의 질감으로 우리의 오감을 자극합니다. 사실, 도화삼랑이 말을 품에 안는 장면과 임청하의 모용연이 비틀린 나무뿌리와 관계를 맺듯이 안는 장면 등은 별도의 나레이션 없이도 감각적으로 표현됩니다.

시각적으로 강호의 풍경은 〈The Land Beyond Time〉라 불리는 호주의 오지를 그린 호주의 예술가 존 올슨의 그림을 연상시킵니다. 이는 왕가위의 〈동사서독〉의 강호에 맞는 제목일 것입니다. 그곳은 상상에서만 존재하는 땅이고 마법 같은 일들이 일어나는 곳이기 때문입니다. 크리스토퍼 도일의 촬영은 그러한 장소를 어렵지 않게 상기시킵니다. 오직 강호에서만 음과 양을 모두 가진 임청하가 잔잔한 호수에 폭포와 급류를 생성하는 검을 들고 자신의 반사체나 아니면 (물에 비친) 거꾸로 말을 타며 풍경을 가로지르는 남자와 싸웁니다. 혹은 말을 탄 채로 검을 휘둘러 재주를 부리고 군대를 무찌릅니다.

텅 빈 강호가 위치한 사막의 평지는 왕가위 작품들의 좁은 통로나 계단이 그러했듯이 개인의 고독을 불러일으킵니다. 구양봉이 모래와 먼지로 가득한 외로운 풍경을 응시할 때 그는 자신의 영혼을 봅니다. 자연 세계의 물체에 의해 생성된 움직이는 그림자와 반사체는 인간의 것처럼 보이지 않는 움직임을 만들어 냅니다. 이 장면에서 가장 눈에 띄는 것은 구양봉

의 동굴 같은 여관입니다. 새장 바구니는 빛 속에서 흔들리고
자신의 감정과 싸우는 모용연의 얼굴에 움직이는 그림자를
형성합니다. 비슷하게 도화삼랑은 물 안에서 거의 움직이지
않은 채 서 있는 말을 타고 있지만 이 움직임이 없는 장면에서
물에 비친 그녀의 얼굴은 일렁입니다. 잔잔함 속에서의 움직
임이라는 모순은 영화에 선과 같은 분위기를 만듭니다.

　영화는 선종의 규율을 인용하는 것으로 시작합니다.

161

"바람이 불지 않으면 깃발은 흔들리지 않는다. 흔들리는 것
은 인간의 마음이다."

사실 시각적으로 영화에서는 정반대의 상황이 일어납니다.
자신의 삶을 위해 싸우지 않을 때 등장인물들의 기운은 저조
하고 꿈을 꾸는 듯 망연자실하며 심지어는 무감각해 보이기
까지 합니다. 그들은 낮은 모노톤으로 이야기합니다. 등장인
물들이 아무것도 하지 않고 먼 곳을 바라보기만 하는 장면들
이 많습니다. 그러나 외부 세계는 불안정합니다. 바람이 불고
깃발은 좀처럼 움직이지 않으며 급류는 들썩이며 돕니다. 황
약사의 장발 또한 가끔 바람에 휘날립니다. 이러한 방식으로
왕가위는 인간의 내적인 불안을 표현합니다. 피가 간헐적으
로 뿜어져 나올 때 바람과 같은 소리가 납니다.

〈동사서독〉의 음악은 왕가위의 3편의 전작들과는 다릅니
다. 〈중경삼림〉이후 왕가위와 두 번째로 작업하는 진훈기가
작곡한 〈동사서독〉의 스코어는 〈열혈남아〉, 〈아비정전〉, 〈중
경삼림〉에서 들었던(직전의 두 편의 전작에서는 인상 깊었던) 현대
팝음악들을 가져오는 관행들에 의지하지 않고, 혼합된 스타
일을 사용합니다. 음악은 장면마다 완벽하게 등장인물들의

연민을 고조시키는데 장만옥과 황약사와의 대화 장면에서
그녀의 절망의 깊이를 가늠하는 강렬한 음악이 흐르면서 장
만옥은 '우리가 만약 과거로 되돌아갈 수 있다면 얼마나 좋
을까.'라고 말하며 과거를 탄식합니다.

〈동사서독〉은 왕가위의 모든 영화 중 가장 많은 대사와 독백
(그리고 가장 많은 자막)을 포함하고 있기에 이전 작품들과는 다르
게 보입니다. 왕가위는 그가 어린 시절 처음 무협 소설을 접한
것은 라디오를 통해서였고 〈동사서독〉에서는 그때 접했던 대

협객의 역사에 관한 왕가위의 자전적 이야기: 〈동사서독〉(1994)

사들의 감성을 최대한 흉내내고자 했다고 말했습니다.

"이 영화는 듣는 것만으로도 이해할 수 있는 영화입니다."

〈동사서독〉은 구양봉이 사막을 떠나기로 결심하며 끝납니다. 그는 여관을 불태우고 불은 그 자체로 시간을 불태우는 것을 암시하는데 이는 〈조그만 입술〉의 마지막에 네네의 편지를 불태우는 것과 유사합니다. 불이 우리의 기억을 불태워버리고 시적인 문장들이 잿더미가 되어 영원 속으로 사라지기 전에 바람 속에서 마저 울립니다.

> "만약 과거로 되돌아갈 수 있다면 얼마나 좋을까…거절을 피할 수 있는 최선의 방법은 먼저 상대를 거절하는 것이다…기억은 근심의 원천이다…더 잊으려고 하면 더 기억하게 될 것이다…무언가를 잃는 확실한 방법은 이를 기억에 담아두는 것이다…인간의 가장 큰 문제는 무언가를 너무 잘 기억하는 것에서 비롯된다…모든 것을 잊는다면 좋지 않을까… 매일매일이 새로운 시작일 테니까…"

6

—

천사의 비애

〈타락천사〉

Fallen Angels

墮落天使

1995

영원한 귀환

왕가위는 〈동사서독〉의 박스오피스 흥행 참패에도 불구하고 다음 영화인 〈타락천사〉의 제작에 바로 들어갔습니다. 이는 그에게 국제적인 명성을 안겨 주었지만 홍콩 내에서는 충분한 실적을 내지 못했던 〈중경삼림〉에 이어 명백한 자기 면죄부의 성격을 가진 작품이었습니다. 〈타락천사〉는 〈동사서독〉보다 1년 늦은 1995년에 개봉하였는데 그 이야기의 기원은 사실 〈중경삼림〉으로부터 시작됩니다. 〈중경삼림〉은 그 분량의 한계 때문에 절대 상영될 일이 없었던 세 번째 작품이었습니다. 왕가위는 이 세 번째 이야기를 확장해 이를 또다른 독립적인 2부작으로 발전시켰습니다. 그 결과 〈타락천사〉

천사의 비애: 〈타락천사〉(1995)

는 〈중경삼림〉의 파생작품이자 동반작이 되었습니다. 왕가위는 그가 오래된 것들을 재포장한다는 뭇 대중들의 평가를 매우 의식하고 있었고 오래된 것들로부터 신선하고 새로운 것을 이끌어내는 그의 '특별한 비법'이 무엇인지에 관한 질문을 받자 이렇게 대답했습니다.

> "무언가를 새로운 것으로 포장하는가 아닌가는 더 이상 질문거리가 아닌 것 같고 그보다 이 작업은 이미 존재하는 것을 새로운 것으로 인식하는 것이며 이것은 다른 종류의 창의성이라고 할 수 있다. 세상에 수없이 많은 이야기들과 장르가 반복된다. 단지 지금 이 시대가 그 이야기를 필요로 한다면 적절한 때에 이를 새로운 영화로 만들면 되는 것이다. 인간의 경험은 곧 습관이 되는데 영화 감상도 그 중 하나다. 줄거리의 순서가 어긋나면 이상하게 생각할지 모르지만 익숙해지면 그것은 더 이상 문제가 되지 않는다. 우리도 그러한 방식으로 살아가고 있기 때문이다.[1]"

〈타락천사〉는 분명 형식적으로는 〈중경삼림〉으로 회귀하지만 그렇다고 두 작품이 같다고 할 수는 없습니다. 지금까지 왕가위의 모든 작품들은 같은 주제와 이미지로의 영원한 회귀를 배반해왔기에 단순한 반복과는 거리가 멀었습니다.

들뢰즈가 〈차이와 반복〉에서 설명하는 동일성의 철학적인 질문은 우리에게 회귀는 바로 존재이고 '오직 변화 속의 존재를 말한다'는 것을 표명하였습니다. 들뢰즈는 다음과 같이 썼습니다.

> "영원한 회귀는 '동일함'을 가져오지 않지만 회귀는 오직 영원한 회귀의 동일함만으로 구성되어있다. 따라서 영원한 회귀로의 반복은 다른 것을 근거로 같은 것을 품는 것을 의미한다.[2]"

〈동사서독〉은 〈아비정전〉으로 회귀하였으나, 둘은 완전히 달랐습니다. 〈타락천사〉는 두 작품을 일란성 쌍둥이로 만드는 방식으로 〈중경삼림〉으로 회귀하였는데 그 유사성은 깨진 거울을 통해 다시 튀어 오릅니다. 왕가위는 이가흔이 바쁘게 청소하고 있는 여명의 아파트 내부의 TV 스크린에 단어들-IBM 광고 문구-을 비추어 보여줌으로써 '무언가 다르다'는 신호를 일찍이 보냅니다. 〈동사서독〉과 〈타락천사〉에서 왕

천사의 비애: 〈타락천사〉(1995)

가위는 영원한 회귀의 중재자입니다.

왕가위는 〈타락천사〉가 다르게 보이도록 설정합니다. 그는 처음으로 새로운 스타들을 고용했는데 여명, 이가흔, 막문위는 모두 훌륭한 연기를 선보였고 왕가위와 두번째 협작하는 금성무와 양채니 역시 마찬가지였습니다. 영화에는 더 많은 색채가 있고 추가적인 핸드헬드 카메라 워크(비디오카메라를 사용하였다고 합니다)가 존재하지만 가장 중요하고 두드러지는 점은 시각적 원근법의 변화입니다. 왕가위는 영화를 거의 전체적으로 9.8mm 초광각 렌즈로 촬영하였습니다. 그는 이것을 영화의 '표준 렌즈'라고 불렀는데 이 렌즈가 관객에게 미치는 효과는 공간의 왜곡과 가깝고도 멀다고 느껴지는 거리감의 전달입니다.

이 광각렌즈로 포착한 원근법이 〈중경삼림〉과의 가장 큰 차이점입니다. 겉보기에 유사할 만큼 〈타락천사〉 역시 도시에 관한 영화이지만 왕가위는 〈중경삼림〉에서 보여주던 구룡과 홍콩의 나누어진 공간이 아닌 하나의 도시란 점을 더욱 부각시킵니다. 홍콩은 타락천사의 도시이고 왕가위는 이를 광각렌즈로 포착합니다. 그리고 이렇게 말하는 듯 합니다.

"우리는 모두 타락천사다."

　　이는 같은 도시에 살면서도 심리적으로는 멀리 떨어져있는 빽빽한 도시 환경에 사는 사람들의 관계를 보여주는 것이기도 합니다.[3]

　　〈타락천사〉에는 5명의 주요 등장인물들이 나옵니다. 전문 청부살인업자(여명), 여자 요원(이가흔), 그의 잊혀진 금발의 전 여친(막문위), 감옥을 제 집 마냥 드나들던 벙어리 하지무(금성무, 표면적으로, 〈중경삼림〉에서 연기한 동일한 이름의 등장인물로 추정됩니다), 그리고 자신의 애인이 곧 다른 여자랑 결혼한다는 사실을 알고 벙어리의 어깨에 기대 울던 어느 여성(양채니)이 이들입니다. 타락천사들은 도시의 지옥에 깊이 빠진 상태를 공유하지만 그럼에도 불구하고 몇몇은 삶에서 어떠한 기쁨을 간직하며 행복을 찾아다닙니다. 이렇게 〈타락천사〉는 완벽하게 〈중경삼림〉을 보완하는데 왕가위의 영화들 중에서 가장 낙관적임에도 불구하고 사실 그 분위기는 어둡습니다.

　　사람들은 이 영화의 제목에서 성서적인 추론을 읽습니다. 아담과 이브의 타락과 세계를 향한 신의 저주 혹은 지옥의 도시로 추락하여 어둠 아래에서 영원의 사슬에 묶여 심판의 날

천사의 비애: 〈타락천사〉(1995)

만 기다리는 묵시록적인 신약성서에 등장하는 천사를 말합니다. 또 〈타락천사〉라는 제목에는 잭 케루악의 〈다르마 행려〉와 코르타사르의 소설 〈팔방치기〉의 서펜트 클럽 일원에 대한 암시도 존재합니다. 이 두 작품의 주인공들처럼 타락천사들은 선하면서 동시에 악한 도시를 돌아다니며 서로가 이미 만난 적이 있다는 사실을 잊은 채 서로에게서 구원을 찾고 제자리를 찾지 못하는 영혼들입니다(이는 추억과 시간에 대한 왕가위의 주제를 다시 드러냅니다). '다르마 행려'이자 〈팔방치기〉 속 서펜트 클럽의 일원인 타락천사들은 서로 다른 대도시를 돌아다니며 로스앤젤레스, 샌프란시스코, 파리, 또는 홍콩의 어느 한구석에서의 어느 날 어느 죽음 아니면 어느 만남이 그들에게 열쇠를 줄 것이라고 기대합니다.

영화는 근본적으로 타락천사들을 광기와 정신붕괴 상태로 벼랑 끝에 몰아 사회적으로 고립시키는 다양한 에피소드들로 구성됩니다. 그리고 이들의 병적인 행동은 낙관적으로 보입니다. 영화가 시작되면서 관객들은 다음과 같은 장면들을 보게 됩니다. 첫 장면은 청부살인업자 여명과 그의 에이전트 이가흔이 술집에서 만나는 투샷으로 두 등장인물들은 서로 간의 거리감을 느끼며 카메라를 비스듬히 바라보고 있습니다.

라이더 금성무와 그의 천사

이가흔은 카메라 가까이에 있는 반면 여명은 배경에 물러나 있습니다. 광각 렌즈의 피사계 심도 효과가 여명의 원경과 이가흔의 클로즈업을 하나의 쇼트로 허락하는데 이는 가깝지만 여전히 먼 두 사람의 본질을 잡아냅니다. 이가흔이 입에 담배를 가져다대고 '우리 아직 파트너죠?'라고 물을 때 그녀의 손이 흔들립니다. 그리고 여명의 나레이션이 흘러나옵니다.

"155주나 함께 일해 온 그녀와 오늘에야 처음으로 마주 앉

천사의 비애: 〈타락천사〉(1995)

았다. 감정이란 것은 통제하기 어렵기 때문에 거리를 유지해 온 것이다. 파트너 사이에는 사적인 감정이 없어야 한다.”

둘은 대화를 계속하려고 하지만 서로가 소통하는 것이 아니라 관객들과 소통합니다. 한 명은 말하고 한 명은 듣습니다. 그들 사이의 심리적인 거리감은 카메라 렌즈로 강조됩니다. 이 대사 뒤에 이어지는 것은 이가흔의 내면에서 일어나는 회상입니다. 이가흔은 그녀의 고객의 아파트에 가서 청소를 하면서 찾은 내용물을 읽기 위해 방으로 가져갑니다. 그리고는 침대 위에서 자위를 합니다. 이가흔이 하는 모든 행동은 그녀의 파트너와 정신적으로 소통하기 위함입니다. 소통이 주제라면 이는 우리의 시간 감각을 왜곡시키는 감정적인 장면을 통해 표출됩니다.(청소하는 동안 이가흔은 시계를 되감는데 이는 시간이 멈췄거나 다시 시작되었음을 보여줍니다)

영화의 2/3 정도가 지난 후 다시 술집에서의 만남 장면으로 돌아가 여명이 이가흔의 ‘우리 아직 파트너죠?’라는 질문에 실제로 대답해주기 전까지는 두 사람은 서로에게 직접적으로 이야기하지 않습니다. 두 사람의 소통은 호출기와 팩스, 청소와 전화 메시지라는 의식 그리고 로리 앤더슨의 'Speak My Language'와 관숙이의 팝송 'Forget Him'을 통해서만 이루어집니다.

살인청부업자 여명은 무명의 배우처럼 보이는 연기를 펼칩니다. 그는 영화의 구조를 암시하고 있습니다. 여명의 첫 대사로 나레이션의 시작이 드러나고 이는 줄리아 크리스테바 바흐친이 언급한 '공허함의 경험'을 담고 있습니다.[4] 여명의 무미건조한 나레이션은 거리감을 강조하는데 이는 〈타락천사〉와 〈중경삼림〉을 구별하는 점이라고 할 수 있습니다. 왕가위는 〈타락천사〉를 〈중경삼림〉과 비교하며 관람할 관객들을 위해 그 스스로가 전작들과 거리를 유지하고 있음을 상기시키는 작가의 모습을 여명에게 투영합니다.

타락천사가 발을 딛는 곳

〈타락천사〉는 왕가위의 다른 영화들처럼 다양한 등장인물들의 관점에서 이야기를 전하고 여기에는 모두 작가로서의

177

천사의 비애: 〈타락천사〉(1995)

왕가위가 투영되어 있습니다. 그의 영화는 균형이 잘 잡혀있고 인물들은 예민하거나 신경질적이지 않습니다. 그러나 나레이션을 통해 드러난 왕가위의 시적인 언어는 구조적으로 매우 병리학적이고 모순적이기에 그 출처를 면밀히 검토할 필요가 있습니다.

이 책은 감독으로서의 왕가위는 시각적인 만큼 문학적이기에 그가 문학으로부터 받은 영향을 특히 이야기하고자 합니다. 또 그에게는 상반되는 특질이 충돌하는데 포스트모더니즘적인 비주얼 스타일리스트이자 시적인 언어 애호가로서의 각본가라는 사실이 그러합니다.

왕가위와 같은 방식으로 독백과 대사를 사용하는 홍콩 감독은 없으며 아무도 그처럼 각본을 쓰거나 연출하지 못합니다. 왕가위 영화의 독백은 그를 장 뤽 고다르와 함께 문학과 영화를 조화시키는 감독의 반열에 올려두지만 그럼에도 그는 자신의 대사들이 고다르 감독의 것만큼 시적이지 않다고 겸손하게 말합니다.[5]

왕가위 영화의 내러티브는 고다르의 독백과 대사, 그리고 다양한 문학들-소설, 노래, 시, 영화 등-을 인용합니다. 고다르의 영화처럼 끊어졌다 이어졌다를 반복하는 파편화되고 갑

사진 ⓒGreg Girard

작스러운 독백은 내러티브의 병리학적인 구조를 드러냅니다. 왕가위가 그의 주인공들을 묘사하는 데 사용하는 이러한 병리학적인 구조는 바흐친이 라블레를 연구하며 주목한 소설의 카니발적인 담론에 근간을 두고 있습니다. 운율 변화가 있는 그만의 글쓰기 스타일(대사와 독백의 집필뿐만 아니라 하나의 언어적 총체로써의 영화의 집필)은 고대 그리스의 철학자 메니푸스가 우리에게 설명했듯이 희극적이면서도 비극적입니다.

> "광기, 정신분열, 백일몽, 꿈과 죽음 등 정신의 병리학적인 상태는 내러티브의 일부분이 된다. 바흐친에 따르면 이 요소들은 주제적이기보다는 구조적인 특징을 가진다. 이들은 인간의 서사와 비극의 통일성 뿐만 아니라 정체성과 인과관계에 대한 믿음을 파괴한다. 그들은 그가 총체를 잃어버렸고 더 이상 그 자신과 일치하지 않는다는 사실을 암시한다. 동시에 그들은 간혹 언어와 글쓰기의 탐구로 등장한다. 메니푸스의 담론은 언어에서 가증스럽고 기이한 경향이 있다. 냉소적인 솔직함에 따른 부적절한 표현, 신성모독과 예절에 대한 공격은 꽤나 독특하다.[6]"

〈열혈남아〉에서부터 〈아비정전〉 그리고 〈동사서독〉까지 왕가위의 캐릭터들은 만성적으로 영혼의 병을 앓고 있습니다. 열혈남아의 '창파'(장학우)는 광기 직전에 있습니다. 〈아비정전〉의 아비는 그를 끊임없이 바람을 피우게 만든 오이디푸스 콤플렉스를 가지고 있습니다. 〈동사서독〉의 임청하는 음과 양으로 인격이 분열되어 있습니다. 그리고 임청하가 〈중경삼림〉의 마지막 에피소드에서 가발을 벗어 던지는 검은 선글라스를 쓴 여성을 연기함으로써 다중인격을 반복합니다. 죽음은 되풀이되고 꿈 역시 그러합니다. 〈열혈남아〉의 장만옥은 연약하고 〈아비정전〉과 〈동사서독〉에서는 상사병에 압도 당합니다(그녀는 〈아비정전〉에서 백일몽을 겪고, 〈동사서독〉에서는 사망합니다). 게다가 그녀에게는 기억상실증과 실어증도 존재합니다. 〈중경삼림〉과 〈타락천사〉가 더 가벼운 작품이고 외관상으로는 희극적임에도 불구하고 두 등장인물 역시 병을 앓고 있습니다. 사실 〈타락천사〉에는 왕가위 영화들에서 가장 병적인 에피소드와 카니발스러운 죽음 장면이 나옵니다(카니발스러움은 패러디의 한 방식으로, 심각하기보다 웃긴 방식으로 표현됩니다).

우리는 아마 이 병적인 에피소드들이 각각의 '타락천사'들과 연관되어 있다고 느낄지도 모릅니다. 살인청부업자 여

천사의 비애: 〈타락천사〉(1995)

명은 기억상실증에 걸렸습니다. 그의 냉정함은 인간적인 감정마저 숨기게 합니다. 이는 두개의 에피소드로 설명됩니다. (살인 직후에) 그를 '황지명'이라고 부르지만 모호하게만 기억나는 옛 동창을 만나는 미니버스 에피소드와 그가 완전히 잊어버린 전 여자친구 '금발 여인'을 만나는 에피소드가 그렇습니다. 이들은 모두 그의 의도적인 기억상실증의 병적인 상태를 묘사합니다. 살인청부업자와 연관된 노래의 원제 〈Karmacoma〉(그룹 매시브어택이 불렀고 왕가위의 음악 팀 진기훈과 로엘 가르시아가 편곡하였습니다)는 인물의 병적인 상태를 표현합니다. 왕가위 특유의 스탭프린팅 슬로우 모션 효과는 혼수상태에서 살인을 저지르는 좀비처럼 청부살인업자를 묘사하는데 그는 이것으로 스스로를 업보에 가둡니다. 그의 직업은 그가 자발적으로 받아들인 것입니다. 그것은 그가 가짜 신분(그의 동창에게 가짜 '가족'으로서의 역할을 하는 흑인과 어린아이의 사진을 보여줍니다)으로 살아가야 하고 여성들과 감정적인 거리를 두어야함을 의미합니다. 이 두 가지 고통은 결국 그를 지치게 하고 그는 죽음을 택하는 것으로 이를 해소합니다.(이것이 그의 업보를 풀어줄 유일한 수단이기 때문입니다)

벙어리 금성무는 5살 때 말을 못하게 되었지만 독백을 통해 우리와 '대화'할 수 있습니다. 그는 나이 든 아버지가 관리하는 아버지와 함께 청킹맨션 호텔의 문간방에서 살고 있습니다. 그의 독백으로부터 어머니가 아이스크림 트럭에 치여 사망하였다는 사실을 알 수 있습니다. 그의 실어증이 세상과의 소통을 피하려는 전략일 것이라는 우리의 의심은 어머니의 부재를 경험한 왕가위 영화 속 인물들의 반사회적인 행동을 오이디푸스 콤플렉스로 해석하도록 만듭니다(〈아비정전〉에서의 아비의 반항은 유순한 양상을 보입니다. 아버지와 아들의 관계는 정신적인 콤플렉스에서 자유롭고 그들의 에피소드는 유대와 동지애를 강조합니다).

중국대만의 팝 음악 'Thinking of You'(치친이 불렀습니다)와 함께 하지무가 아버지의 환갑을 기념하기 위해 비디오 촬영을 하는 에피소드는 감동적입니다. 중개업자 이가흔은 왕가위의 창조물 중 가장 흥미롭고 믿을만한 캐릭터입니다. 이가흔은 살인청부업자와 사랑에 빠졌지만 이것이 평범한 사랑은 아닙니다. 그녀는 말합니다.

> "누군가를 잘 아는 것은 곧 그를 따분하게 만드는 것이다. 나는 현실적인 사람이고 내 자신을 행복하게 만드는 방법을 안다."

183

천사의 비애: 〈타락천사〉(1995)

그녀는 먼 거리를 두고 사랑을 하는 쪽을 택합니다. 그 결과 사랑하는 사람으로부터 버림받고 페티시즘적인 사랑을 그 자리에 대신 채우는 왕가위의 가장 자아도취적인 캐릭터가 되었습니다. 그녀는 살인청부업자를 만나기 위해서가 아니라 그가 있었던 장소의 분위기와 기억의 흔적을 탐닉하기 위해서 자주 다녔던 술집에 갑니다. 한 에피소드에서 그녀는 주크박스를 향해 몸을 움직이고 그것이 자신의 애인인 듯 귀여워하는데 이는 임청하가 흥분한 상태에서 나무를 껴안는 〈동사서독〉을 떠올리게 합니다. 그러나 여기서 이는 사이버네틱의 영역으로까지 올라갑니다. 이상할 정도로 매력적인 장면입니다. 로리 앤더슨의 〈Speak My Language〉에 맞춰 그녀의 붉은 입술, 손, 타는 담배와 오르가즘적인 관능미를 풍기는 허벅지의 이미지들은 살인청부업자의 침대 시트에서 자위를 하는 것으로 끝납니다. 왕가위의 여성 캐릭터의 외로운 세계에서 나무, 말, 그리고 주크박스는 모두 실제 애인의 대체품입니다.

외적으로 이가흔의 캐릭터에는 왕가위 전작들의 캐릭터들과 같은 울적함이 나타나 있습니다. 그녀의 태연함과 종잡을 수 없는 외면은 내면의 절망을 숨기려는 것이었습니다. 이가흔은 살인청부업자로부터 동업관계를 끝내고 싶다는 메시지

왕가위의 시간 AUTEUR OF TIME

를 받지만 사람들은 그녀의 절망을 오직 담배를 들고 있는 손의 떨림으로만 알아차릴 수 있습니다. 이가흔은 영화 마지막에서 하지무와 함께 오토바이를 타면서 말합니다.

> "집까지 멀지 않아 곧 내려야 하지만 지금 이 순간은 무척
> 따뜻하다."

우리는 이것이 그녀가 단지 오토바이에서 내리는 것 이상의 것을 의미한다는 사실을 직감할 수 있습니다. 그녀의 암울한 정신상태는 어느 작은 식당에서 면을 먹을 때 뒤에서 벌어지는 싸움을 공허한 눈으로 무심하게 빤히 쳐다보는 이전 장면에서도 드러납니다. 그녀는 완전히 둔감해졌습니다. 이 지점에서 플라잉 피켓츠의 〈Only You〉-청부살인업자에게 그녀가 전하지 못한 사랑의 말-가 나오며 영화가 끝나는 한편, 그녀의 정신적인 상태는 로리 앤더슨의 〈Speak My Language〉와 더 가깝습니다.

> "아버지, 아버지…아버지가 말씀하신대로에요.
> 이제 살아있는 이들이 죽은 이들보다 많아요.

185

천사의 비애: 〈타락천사〉(1995)

내가 온 곳은 가늘고 긴 실을 따라가요.

바다 너머 붉은 강 아래로

이제 살아있는 이들이 죽은 이들보다 많아요."

하지무의 어깨에 기대어 우는 여자 양채니는 실연의 괴로움을 겪고 있는데 그녀 역시 정신상태가 불안정합니다(그녀는 전 애인 조니가 다른 여자랑 결혼한다는 사실에 기뻐하는 척하면서 그의 마음을 사로잡았을 '금발'에게 독설을 퍼붓습니다). 가령 그녀는 조니를 잊지 못하는데('그녀의 감정이 언제 유통기한을 넘길 수 있을까?' 하지무가 묻습니다) 왕가위는 잊지 못해 고통을 받는 인물들의 화랑에 그녀를 전시합니다.

이 증상과는 별개로 왕가위는 그녀와 금성무가 이 '금발'을 폐기된 리얼돌에서 찾아내도록 하는 병적인 에피소드를 통해 속임수와 대체라는 주제를 강조합니다.

'금발녀' 막문위는 의도적으로 〈중경삼림〉에서 금발 가발을 쓴 임청하를 상기시키지만 막문위는 냉정한 임청하와 비교하면 따뜻하고 감정이 있는 여자입니다. 임청하와 다르게 막문위가 금발을 하고 다니는 이유는 신분을 숨기기 위해서가 아니라 오히려 아무도 그녀를 잊지 못하게 하기 위함인데

청부살인업자 여명은 그녀가 머리를 기르자 그녀를 잊게 됩니다. 막문위는 사람들이 그녀를 기억하게 하는 것에 대해 병적인 충동을 가지고 있습니다. 여명이 그녀를 떠나기로 결정했을 때 그녀는 그의 손을 뭅니다. '무슨 짓이지?' 여명은 묻습니다. 그녀는 울음을 터뜨리며 말합니다.

"기념이다, 왜? 내 얼굴은 잊어도 내가 물었던 건 못 잊겠지. 사실 내 얼굴 기억하기 쉬울 거야. 얼굴에 점이 있으니깐. 지나가다 얼굴에 점 있는 여자를 보면 나라고 생각해."

왕가위의 세계에서 사랑은 질병이고 기억은 잊혀짐 만큼이나 고통스러운 것입니다. 하지만 〈타락천사〉는 더 광범위한 고통으로 인물들을 공격합니다. 위에서 이야기한 에피소드에서 등장하는 병적인 상태는 다음과 같습니다.

"실어증, 연기, 자기 강박, 반사회적 행동, 거짓된 반응, 신분위조, 폭력, 무단침입, 감정의 기복 그리고 외로움."

왕가위는 인간의 소외에 관한 주제를 〈중경삼림〉보다 현대

187

천사의 비애: 〈타락천사〉(1995)

적이고 미래적인 배경에서 더 포괄적으로 다루었습니다. 여기서 홍콩은 크리스테바의 말에 의하면 '몸, 꿈, 그리고 언어적 구조와 욕망'에 관한 하나의 거대한 은유입니다. 홍콩은 '어떤 욕망도 사라지지 않고 당신이 그 한 부분이 되며 당신이 즐기지 않는 모든 것을 즐기며 욕망에 따라 사는 것 외에는 아무것도 할 수 없는' 이탈로 칼비노의 보이지 않는 도시 중 하나입니다.[8]

이 도시에서 살인청부업자와 벙어리, 중개업자와 '금발녀'의 노동은 욕망의 형태를 창조하였고 욕망도 '노동의 형태'를 창조하였습니다.[9] 욕망은 병적이고 그들의 노동은 도시의 병리학을 설명합니다. 감정을 느끼고 눈물을 흘리는 〈중경삼림〉속 양조위의 아파트처럼 왕가위의 홍콩은 타락천사가 발을 딛고 신이 저주를 내린 땅입니다. 홍콩의 구석구석은 눈물을 흘리며 말합니다. 여기서 비가 시각적인 모티프로 작용하는 것은 우연이 아닙니다.

〈타락천사〉는 왕가위가 홍콩에게 바치는 가장 뜨거운 영화입니다. 여기서 홍콩은 관탕(청부살인업자의 아파트가 있는 곳)과 청킹맨션 그리고 구룡 사이에 있습니다(기차, 미니버스, 금성무가 오토바이를 타고 터널을 가로지르는 장면에서 이는 더욱 강조됩니다). 이

때까지 왕가위는 〈타락천사〉에서만큼 도박장, 싸구려 호텔, 뒷골목, 술집, 음식점, 식도락, 노점상, 아파트, 축구경기장, 지하철역 등의 지역을 다룬 적이 없었습니다.

그러나 전작들에서 매번 특정한 지역에 집중하였던 그의 성향을 고려한다면(〈열혈남아〉 몽콕과 란타우섬, 〈중경삼림〉의 침사추이와 란콰이펑), 왕가위는 이번에는 완차이에 집중하기로 결정하였습니다. 그는 특히 완차이의 더 오래된 지역인 퀸스 로드의 동쪽 지역을 선택했는데 '식당과 오랜 서점, 잡화점이 머지않은 미래에 사라질 홍콩 시민들의 라이프스타일을 반영하기 때문'이라고 말했습니다. 그는 처음에는 오래된 완차이 지역을 신경 쓰지 않았으나 곧 생각을 바꾸어 이를 영화에서라도 보존하기로 하였고 같은 방식으로 늦은 밤 TV에서 틀어지는 옛 영화들이 홍콩의 '사라진 공간'들을 보존한다고 주장하였습니다.[10]

'사라진 공간'이란 단어를 만든 아크바 압바스는 왕가위의 영화를 '가장 정치적'으로 보이지만 그럼에도 영화가 공간과 정서를 묘사하는 데 치중하였기에 '확실히 정치적인 내용물'은 없다고 언급하였습니다.[11]

〈타락천사〉는 영화의 '언어적인 구조'의 양면성이 숨겨져

천사의 비애: 〈타락천사〉(1995)

있다는 점 때문에 가장 사회적이고 정치적인 작품입니다. 이는 크리스테바가 정의한 '역사(사회)가 글에 삽입되는 것과 이 글이 다시 역사에 삽입되는 것'으로부터 떠오르는 양면성[12]으로, 양면성은 영화의 구조 내에 내재되어있고 일련의 상호적인 상징주의로 나타납니다. 벙어리와 말하는 이들, 금발과 흑발, 거짓과 진실, 기억상실증과 기억, 친밀함과 거리, 기회와 숙명론, 죽음과 삶 등등. 왕가위의 도덕적 메시지는 '최소 하나의 언어가 읽힐 수 있는' 언어의 교차로에 근간을 두고 있습니다.[13] 또한 양면성은 옛 완차이와 홍콩에 대한 향수에서 비롯됩니다.

역설적이게도 우리에게 홍콩을 더욱 상기시켜줄수록 왕가위의 홍콩은 세상으로부터 더욱 이탈하는 것처럼 보입니다. 시각적, 정신적인 거리감을 설명하기 위한 왜곡된 광각 렌즈의 사용은 장르의 혼합과 도시의 묘사라는 두 가지 측면에서 영화의 양면성을 구조화합니다. 크리스토퍼 도일의 실감 나는 도시 풍경 촬영은 느와르 장르의 외견과 홍콩의 공상과학적인 분위기를 만들어냈습니다. 전작의 인물들처럼 영화의 주인공들은 오직 밤에만 살아있습니다. 늦은 밤 지하철역은 휑하고 금성무가 장난을 치던 가게들과 노점들은 텅 비어있습니다. 심지어 맥도날드조차 사람들이 없습니다. 또다시 사람들이 없는 풍경은 타락했지만 자유로운 천사들의 사회적인 고립을 시사합니다.

관탕구의 고가 철도를 지나가는 MTR 열차의 할로겐 조명 빛은 별처럼 쏟아져 내리고 늦은 밤의 빌보드 간판과 네온 조명, 기계 부품에서 나오는 움직이는 불빛들의 클로즈업과 주크박스에서 나오는 빛들은 모두 랭의 〈메트로폴리스〉나 하루키의 〈하드보일드 원더랜드〉를 상기시키는 몽환적이고 미래적인 분위기를 빚어냅니다. 흔들리고 기울어진 핸드헬드 카메라는 우리가 현실이 아닌 세계를 내려다보는 비행기 안에 있는 것처럼 떠다니는 느낌을 유발시킵니다. 금성무가 위험할 정도로 빠르게 오토바이를 타고 가로지르는 푸른 항구의 터널은 외부 공간으로 나가는 계단과 유사하고 금성무는 망가진 헬멧 너머로 우주비행사처럼 세상을 바라봅니다. 환경의 부자연스러움은 이전 영화들에서의 내부 조명 스타일과 (완전한 파란색, 금색, 붉은색) 선명히 두드러지는 물체들(플라스틱 커튼과 이가흔이 선호하는 플라스틱 드레스)로 강조됩니다. 영화는 크리스토퍼 도일의 색감과 장숙평의 프로덕션 디자인이 만나 에너지 넘치는 또다른 시너지 효과를 이루어냅니다.

191

천사의 비애: 〈타락천사〉(1995)

왜곡된 렌즈효과는 프랜시스 베이컨의 시각적인 영향을 받았는데 이는 이가흔과 청부살인업자가 술집에 있는 각각 다른 장면에서 특히 명확히 나타납니다. 이가흔은 카운터에 앉아 청부살인업자의 기억의 흔적을 탐닉합니다. 그녀의 이미지는 몇 초 동안 연기 낀 유리나 왜곡된 거울을 통해 보는 것처럼 겹쳐 보입니다. 이 기이한 효과는 청부살인업자가 술집을 재방문해 같은 장소에 앉았을 때 다시 나타납니다.(그는 바텐더에게 동전을 건네주고, 1818번 음악을 주크박스로 연주하라는 메시지를 이가흔에게 보내라고 부탁합니다). 이는 베이컨의 기형적 얼굴의 그림들에서 볼 수 있는 효과와 같습니다. 그 왜곡은 역으로 현실을 잡기 위한 수단입니다. 베이컨은 움직임의 효과를 잡아내기 위해 형체를 흐릿하게 분열시킨 것이 아니라 내재된 특징을 끌어내기 위한 수단으로 사용하였습니다. 따라서 왜곡된 얼굴의 초상은 물리적인 유사성을 흉내 내는 것보다 더 진짜같이 보일지도 모릅니다. 이는 이가흔이 살인청부업자의 쓰레기를 찾는 것과 같이 형체의 기억의 흔적을 잡아내기 위한 시도이며 영화는 전체적으로 홍콩의 흔적을 잡아내고자 하는 것입니다.

포스트모더니즘적인 느와르의 연출 방식은 하루키의 흔적

과 살인청부업자 여명과 중개업자 이가흔 간의 관계를 알려주는 청사진이라고 할 수 있는 스즈키 세이준 감독의 〈살인의 낙인〉(1967)의 영향을 받았습니다. 스즈키 감독의 영화는 '하나다'라고 불리는 '3번째 살인청부업자'(시시도 조)와 그를 고용한 '미사코'라 불리는 팜므파탈 여성(안느 마리)을 중심으로 펼쳐집니다. 하나다는 바로 미사코에게 끌렸으나 그녀는 남자들을 증오했고 그녀는 '난 이미 시체에요'라고 선언한 순간에 죽기를 희망하고 있었지만 이를 숨겼습니다. 미사코는 하나다에게 살인을 요청했지만 그녀는 하나다로 하여금 그녀를 죽일 수 없는 성적인 욕망 같은 것을 불러일으켰습니다. 그리고 이는 전문 살인청부업자로서 그의 몰락을 나타냅니다. 그는 말합니다.

> "난 살인청부업자로서 실패했다. 내가 죽여야 하는 사람을 죽일 수 없으니 말이다."

왕가위는 이러한 관계를 변화를 주어서 컴플렉스로 고통받는 대상을 반전시킵니다. 성적인 욕망에 의해 무너져내리는 것은 이가흔이며 여명은 오히려 약간 '여자를 증오'하는 경향

천사의 비애: 〈타락천사〉(1995)

을 가지는 산송장과 같이 그려집니다. 스즈키의 팜므파탈 여성은 죽은 새와 나비와 연관되어 있고 하나다와 관계를 나눌 때 아무 느낌도 갖지 못합니다. 왕가위의 이가흔은 플라스틱 드레스가 잘 어울리고 살인청부업자와의 기억에 스스로를 묶는 여성입니다. 스즈키의 도쿄와 왕가위의 홍콩은 같은 느와르적인 슬픔을 공유합니다.

마지막 장면의 레퍼런스들은 왕가위 본인의 영화에서 비롯됩니다. 여성 캐릭터들의 좌절은 전작 〈동사서독〉과 〈아비정전〉과 한 쌍을 이룹니다. 중개업자 이가흔은 장국영의 구양봉을 상기시킵니다. 그리고 여명의 허무주의는 아비를 연상시킵니다. 한편 금성무의 중독성 있는 엉뚱한 행동은 〈열혈남아〉, 〈아비정전〉, 〈동사서독〉에서의 장학우의 깊은 감정 연기와 일맥상통합니다. 또 한편으로 금성무의 존재는 '차이가 있다고는 해도' 〈타락천사〉와 〈중경삼림〉과 영원히 연결될 것이란 사실을 상기시킵니다.

양채니는 승무원 제복을 입고 새 애인을 찾습니다. 금성무는 서로 스쳐지나가는 사람들에 관해 언급합니다. 이가흔은 살인청부업자가 없는 동안 그의 아파트를 청소하며 시간을 보내는데 이는 왕페이가 양조위의 아파트에서 하는 행동과

194

같습니다.

그리고 아파트에는 흔히 볼 수 없는 커다란 시계가 있습니다. 이는 왕가위가 그의 영화 제작의 역사를 새겨놓기 위해 우리에게 남긴 이정표일까요, 아니면 그저 관객들에게 짓궂은 질문을 던지려는 필름메이커의 직업병일까요?

195

천사의 비애: 〈타락천사〉(1995)

196

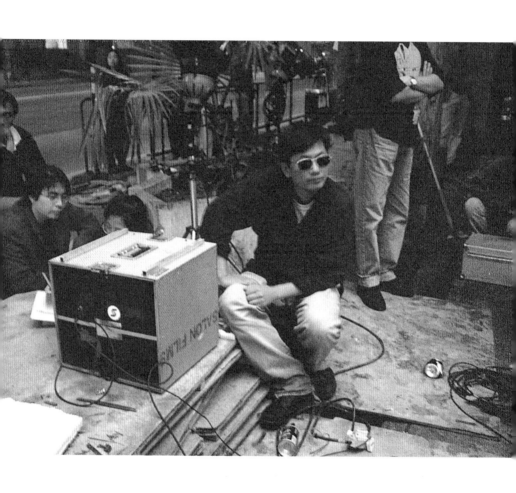

천사의 비애: 〈타락천사〉(1995)

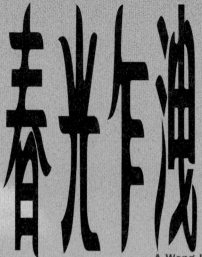

A Wong Kar Wai Film

a **BLOCK 2 DISTRIBUTION** presentation **BLOCK 2 PICTURES INC.** in association with **SEOWOO FILM CO., LTD. PRENOM H CO., LTD.** present a **JET TONE FILMS** production a **WONG KAR WA**
LESLIE CHEUNG / TONY LEUNG CHIU WAI / CHANG CHEN "HAPPY TOGETHER" executive producer **CHAN YE CHENG** producer **WONG KAR WAI** associate producers **HIROKO SHINOHARA / T.J. CH**
co-producer **JACKY PANG YEE WAH** director of photography **CHRISTOPHER DOYLE (H.K.S.C.)** production designer **WILLIAM CHANG SUK PING** editors **WILLIAM CHANG SUK PING / WONG MING**
music by **DANNY CHUNG** written & directed by **WONG KAR WAI** © 1997 BLOCK 2 PICTURES INC. © 2019 JET TONE CONTENTS INC. ALL RIGHTS RESERVED

happy together

A Story About Reunion
cast **Leslie Cheung Tony Leung Chiu Wai Chang Chen**

7

—

부에노스아이레스에서의 한때

〈해피투게더〉

Happy Together

春光乍洩

1997

잊지 못할 정사

　많은 사람들에게 〈해피투게더〉는 왕가위 영화의 새롭고도 기념비적인 작품으로 기억됩니다. 〈해피투게더〉는 '방랑'에 관한 영화이며 이것은 그의 영화에서 처음으로 등장한 주제이기 때문입니다. (〈아비정전〉 중에 필리핀으로 모험하러 떠나는 욱자와 〈동사서독〉 중에 서부 사막으로 퇴각하는 구양봉을 여기에 포함시키지는 않겠습니다. 엄밀히 말해 '방랑'을 두 영화의 메인 테마라고 할 수 없기 때문입니다.) 〈해피투게더〉의 배경은 홍콩에서 아주 멀리 떨어져 있는 아르헨티나이기 때문에 이는 오히려 먼 곳으로 추방된 듯한 느낌을 자아냅니다. 그리고 이 영화는 왕가위가 홍콩이 아닌 곳에서 촬영한 첫 번째 영화이기도 합니다.

부에노스아이레스에서의 한때: 〈해피투게더〉(1997)

"아무도 모르는 완전히 낯선 곳에서 비로소 처음부터 다시 시작할 수 있다.[1]"

영화에서 후렴구처럼 반복되는 장국영과 양조위의 이같은 대사는 곧 왕가위의 생각이라고 보아도 무방할 것입니다. 장국영과 양조위는 아르헨티나로 건너가 사랑을 시작하고 티격태격하다가 다시 만나는 두 명의 동성애자를 연기합니다. 영화의 중심인물인 양조위가 연기한 아휘는 아버지의 돈을 훔쳐 아르헨티나로 도망간 것에 대한 죄책감으로 아버지와 사이가 멀어진 인물입니다. 그는 장국영이 연기한 하보영이 근심걱정 없이 되는대로 살아가는 것보다 더 냉철하면서도 신중한 캐릭터로 그려집니다. 하보영과의 여행으로 인해 저축한 돈을 모두 탕진한 아휘는 그와 이별 후 홍콩으로 돌아갈 여비를 벌기 위해 탱고바에서 아르바이트를 하게 됩니다.

한편 하보영은 동성애자 배시가 되어 밤새 춤을 추며 반성이나 후회 없이 지냅니다[2]. 그러던 중 아휘와 하보영은 우연히 재회하고 자주 만나게 됩니다. 하보영이 시계를 훔치다가 손을 다친 채로 아휘의 아파트에 나타나자 아휘는 사실상 그가 건강을 회복할 때까지 그를 돌봅니다. 만남이 다시 시작되

202

자 아휘는 그와의 관계가 좀더 안정되기를 기대하며 하보영의 여권을 숨기지만 오히려 역효과가 납니다. 하보영이 작별 인사도 없이 떠나버린 것입니다. 아휘는 남은 시간을 중국집에서 요리사로 일하는 등 여러 아르바이트를 하며 보내던 중, 중국대만에서 온 젊은이 장첸과 친구가 됩니다. 그 사이 아휘는 결국 타이페이를 경유해 홍콩으로 돌아가고 그로 인해 하보영은 정신적인 우울감에 빠집니다.

왕가위의 말대로 아휘와 하보영이 함께 아르헨티나에 머문 것은 '현실로부터의 도피'를 의미하는 것이었습니다.[3] 왕가위는 한 인터뷰에서 이렇게 말했습니다.

> "나는 영화 속 인물들과 마찬가지로 홍콩이 중국에 반환되던 1997년 7월 1일 이후 홍콩이 어떻게 변할지에 관한 질문을 계속해서 받는 것에 지쳤다. 하지만 홍콩을 떠나 세계 저편에 있는 아르헨티나로 와서 현실을 도피하려 할수록 우리는 홍콩으로부터 떨어질래야 떨어질 수 없게 되었다. 홍콩은 어느 곳에서나 존재했다.[4]"

때문에 '방랑'이라는 주제는 수많은 홍콩인들의 삶에 그림

부에노스아이레스에서의 한때: 〈해피투게더〉(1997)

자를 드리웠던 1997년이라는 세기말과 연결되어 있습니다. 두 주인공을 동성애자로 설정하고 먼 나라로 추방하면서 왕가위는 1997년이 갖는 사회적·정치적 의미에 주목하고 있었습니다. 개인과 시민의 자유라는 측면에서 홍콩 내에서 가장 많은 불안을 느끼고 잃을 것이 많았던 집단이 바로 동성애자들이라는 점을 지적한 것이었습니다. 왕가위는 '1997년이 다가오기 전까지 진정한 동성애 영화를 찍어야 한다'[5]며 동성애자라는 소문이 있던 배우 장국영에게 주연을 맡아줄 것을 설득했습니다.

따라서 방랑이라는 주제에 더해 〈해피투게더〉가 하나의 이정표로써 갖는 의미는 이러합니다. '진정한 동성애 장르 영화'를 시도했던 왕가위의 노력은 홍콩의 현실에서 의도적으로 탈출해 새로운 시공간에 인물들을 위치시킴으로써 1997년의 시대적 상황을 구체적으로 묘사한 데 있습니다. 역설적이게도 왕가위가 더 먼 곳으로 여행할수록 1997년과 홍콩이라는 시공간은 더욱 뚜렷이 다가옵니다. 마치 이탈로 칼비노의 〈보이지 않는 도시들〉에서 마르코 폴로가 쿠빌라이로부터 들은 상상 속의 도시들에 대한 묘사가 사실은 베니스에 대한 묘사였던 것처럼 말입니다.

그러나 홍콩과 1997년이 실재하는 동안에도 영화 속 공간은 부에노스아이레스입니다(영화 끝 무렵에 가서야 홍콩은 위아래가 거꾸로 몇 번 나타났다 사라지는 것이 고작입니다). 계절이 뒤바뀐 탓에 시간은 사라진듯 하고 흑백으로 된 과거의 추억들이 현재로 채색된 에피소드와 뒤섞입니다. 영화는 주인공이 아르헨티나로 처음 건너가는 1995년 5월에 시작해서 아휘가 타이베이의 한 호텔에서 TV에 보도된 덩샤오핑의 서거 소식을 들으며 잠에서 깨어나는 것으로 끝납니다.

왕가위는 아휘와 하보영이 중국 대륙과 홍콩 지역과의 관계를 상징하는 '기호'로 해석되는 것을 부인하지만 그는 '해피투게더'(Happy Together-누군가는 영화 말미에 삽입된 노래 제목을 떠올릴지도 모르겠습니다)라는 영어 제목을 사용한 것에 대해 이렇게 말한 적이 있습니다.

> "1997년 이후 우리 모두가 행복했으면(해피투게더) 좋겠지만 실제로 1997년 7월 1일 이후 어떤 일이 일어날지에 대해서는 그 누구도 단정지을 수 없다.[6]"

왕가위가 정치적인 영화를 만든 적이 없다는 점을 고려했을

부에노스아이레스에서의 한때: 〈해피투게더〉(1997)

'우리 다시 시작하자': 장국영과 양조위

때 아마도 〈해피투게더〉가 현재에 이르기까지 그의 가장 정치적인 영화라고 볼 수 있겠습니다. 영화는 1997년이라는 세기말의 상황 속에 있으며 이것이 두 홍콩인에게 끼치는 정신적 쇠약의 모습을 강조합니다. 왕가위가 결국 1997년 7월 1일 전까지 동성애 장르 영화를 만들려고 했던 노력 또한 이를 뒷받침합니다(본편은 1997년 4월 말에 홍콩에서 상영되었습니다). 〈해피투게더〉는 다가오는 세기말의 시간에 저항하는 영화로 주인공들이 방랑하는 동안 시간은 리셋됩니다.

"사람은 각자 저마다의 달력이 있다."

왕가위는 이 말을 여러 자리에서 자주 인용했습니다. 어쩌면 〈해피투게더〉 속 주인공들의 시간은 피할 수 없는 비극적인 결말을 예견하는지도 모릅니다. 〈해피투게더〉는 역시 왕가위만의 방랑의 산물로도 볼 수 있습니다. 상하이 사람인 그는 광둥어를 구사하는 홍콩에서는 아웃사이더와 같은 존재였으며 홍콩 영화계에서도 그의 명성에는 '범상치 않은 무서운 젊은이'라는 꼬리표가 따라붙었기 때문입니다.

부에노스아이레스가 왕가위 자신의 방랑감을 일깨운 도시라는 점은 흥미롭습니다. 영화를 시작했던 초창기부터 이는 영화 속 주제로 그의 창작에 내재돼 있었다고 할 수 있습니다. 예를 들어 〈열혈남아〉에서 유덕화가 맡은 캐릭터가 대서산으로 서둘러 되돌아가는 것도 바로 이 주제의 첫 번째 징표일지 모릅니다. 왕가위는 부에노스아이레스를 시적인 언어로 이렇게 표현합니다.

"섭씨 0도의 땅, 동쪽도 서쪽도 아니고 낮이나 밤도 아니며 춥지도 따뜻하지도 않은 곳[7]"

부에노스아이레스에서의 한때: 〈해피투게더〉(1997)

이곳에서 그는 '방랑하는 느낌에 대해' 배웠다고 밝혔습니다. 부에노스아이레스가 촬영지로 선택된 것은 왕가위가 애초에 마누엘 푸익의 소설 〈부에노스아이레스 어페어(The Buenos Aires Affair)〉를 원작으로 한 영화를 원했기 때문입니다. 제작과정의 어느 시점에서 왕가위는 이 계획을 포기했으나 영화는 촬영 내내 〈부에노스아이레스 어페어〉라는 원작 소설의 이름으로 알려졌습니다.[8]

왕가위가 어째서 푸익의 소설을 각색하려는 생각을 포기했는지는 알 수 없지만 어쩌면 이 소설 자체에 그에 대한 답이 있을지 모릅니다. 소설은 두 명의 고통받는 개인들의 성적인 심리를 묘사합니다. 청소년 시절부터 성기능 장애에 시달렸던 예술가 그래디스(Gradys)는 한쪽 눈만 멀쩡하다는 사실을 숨기기 위해 짙은 선글라스를 끼고 다닙니다. (그녀는 뉴욕에서 유학 생활 도중 강간을 당해 머리에 총을 맞고 한쪽 눈을 잃었습니다) 그리고 미술 비평가 레오(Leo)는 유년 시절과 청년기에 커다란 음경 때문에 고통받았던 과거를 갖고 있습니다. 끊이지 않던 괴로움 속에서 그는 몇 년 전 그에게 환심을 사려 했던 양아치 한 명을 죽이게 됩니다. 살인사건의 수사가 종결되지 않은 것이 그를 내내 불안하게 하며 이는 그의 성생활(그는 정상적인 성

관계를 통해서는 발기가 되지 않고 창녀들과의 관계에서만 만족을 느낍니다)에 영향을 끼칩니다.

레오와 그래디스는 각각 자신의 방식대로 죄책감과 성적 초조함을 겪고 있습니다. 이러한 〈부에노스아이레스 어페어〉 속 두 사람의 연애에 대한 묘사는 히치콕 영화 같은 초현실적인 차원에 이릅니다. 레오는 죄책감을 해결하기 위해 그래디스를 죽일 기발한 계획을 세우는데 이처럼 두 인물은 결국 이상하고 비뚤어진 방식으로 서로 단단히 연결되어 있습니다. 둘은 모두 오랜 기간 수음을 해 왔고 레오는 심리 치료를 통해서 두려움을 떨쳐내려 합니다.(그래디스는 '타락천사'에서 미셸 라이스가 맡은 캐릭터의 원형일지도 모릅니다.)

두 사람의 성적인 병리에 대한 수위는 왕가위의 표현 잣대를 넘어섭니다. 왕가위에 대한 평가가 어떻든 본질적으로 그의 예술적 특징 중 하나는 그가 성적인 장면을 다루는 데 있어 다소 주저한다는 것입니다. 그는 인간관계를 육체적 깊이로 묘사하기 보다는 이지적으로 상세하게 그려내는 데 초점을 맞추는 감독이기 때문입니다. 왕가위의 손을 거쳐 〈부에노스아이레스 어페어〉는 결국 두 명의 홍콩인에 대한 이야기로 바뀌게 되었습니다. 즉 일반적인 기준에서 벗어난 성적인 결함

부에노스아이레스에서의 한때: 〈해피투게더〉(1997)

(특정 성적인 행동들은 비정상적이라고 규정하는 사회적 관념)을 공유하는[2] '두 사람 사이의 이루어질 수 없는 애욕'이라는 원작의 광범위한 주제에 바탕을 두게 됩니다.

소설은 때로 외설 작품에 가깝게 보일 정도로 생생한 성적 묘사로 가득 차 있습니다. 왕가위라고 하더라도 이 소설이 불러일으키는 성적 에너지를 완전히 배제할 수는 없었을 것입니다. 그리고 아마도 소설에 바치는 헌사였는지 〈해피투게더〉는 주인공들이 정사를 나누는 장면으로 시작합니다. 이는 그의 모든 작품들 가운데 가장 노골적인 섹스 장면으로 남아있습니다. 하지만 이 장면은 딱 한 번 등장할 뿐 영화가 전개되는 동안 두 연인은 더 이상 그런 모습을 보여주지 않습니다(적어도 연속적인 성애 장면은 나타나지 않습니다). 영화는 소설 〈부에노스아이레스 어페어〉가 중점적으로 보여준 병적인 성욕에 대한 관심을 초월하여 두 주인공이 어떻게 소통하거나 소통하지 못하는지를 왕가위 자신만의 이야기 서술방식을 통해 보여줍니다.[10]

〈해피투게더〉는 푸익의 또 다른 소설 〈거미여인의 키스 (Kiss of the Spider Woman)〉를 떠올리게 합니다. 폐쇄적인 환경 속에서 두 남자의 성별을 초월한 사랑을 그렸다는 점에서 어쩌면 이 소설이 〈해피투게더〉에 더 적절한 모델일지도 모르겠습니다. 동성애와 이성애가 다르지 않다는 것은 왕가위의 관점이기도 합니다.[11]

반면 원작소설 〈부에노스아이레스 어페어〉의 경우 〈해피투게더〉와 직접적인 상관은 없다고 할 수 있습니다. 이는 〈동사서독〉의 경우와 유사한데, 왕가위는 〈동사서독〉 역시도 김용의 원작소설 〈사조영웅전〉과 연관성이 거의 없도록 만들었기 때문입니다. 왕가위는 〈부에노스아이레스 어페어〉를 원작으로 한 영화를 만드는 데 심혈을 기울였는지 모르지만 그의 궁극적인 목적은 이 소설을 시작으로 해서 주요 작가들의 작품을 영화화하는 방법을 터득하는 것에 있었습니다. 결국 〈해피투게더〉 촬영 중에 이같은 방법으로 원작과는 다른 스토리가 파생되었습니다. 이는 그가 완성된 대본에 의존하지 않고 이야기의 전체 스토리를 촬영 환경의 변화에 따라 즉흥적으로 만들어 나감으로써 마지막 순간까지도 결말을 알 수 없게 했습니다. 그리고 소설과 영화의 이러한 연관성은 원작의 줄거리보다 더 중요한 비중을 차지했습니다.

그런 의미에서 아르헨티나와의 또 다른 연결고리를 빼놓을 수 없겠습니다. 〈해피투게더〉를 중국어 제목으로 쓰려던 왕

211

가위는 이것이 안토니오니의 〈블로업(Blow Up)〉(1966)의 홍콩 개봉 당시 중문 제목이었다는 것을 알게 됩니다. 게다가 〈블로업〉은 아르헨티나 작가 훌리오 코르타사르의 단편소설을 원작으로 각색한 것이었습니다. 이러한 우연의 일치 속에서 그는 '무엇이든 연관성이 있다. 영화라고 다를 바 없다.'며 영화의 중문 제목을 〈해피투게더〉로 확정했습니다.[12]

운명적인 설정처럼 〈해피투게더〉는 또한 코르타사르의 〈팔방치기(Rayuela)〉와도 깊은 연관성을 갖고 있습니다. 〈팔방치기〉는 파리에 있는 아르헨티나 작가 호라티우스 올리베이라가 라틴아메리카계 연인 라 마가와의 관계로 인해 정신적 고민에 시달리는 이야기입니다. 마가는 그녀의 아이가 죽은 후 행방불명되었고 올리베이라는 그녀의 죽음에 깊은 죄책감을 느낍니다(또한 그가 이 소설의 가장 잊을 수 없는 대목으로 꼽은 것은 아이가 죽은 것을 먼저 발견했지만 마가에게 이를 숨겼던 것입니다). 그는 파리의 거리를 수없이 거닐며 방랑하다가 세느 강 기슭에서 우연히 만난 어느 노숙자 여자를 추행한 혐의로 체포된 뒤 부에노스 아이레스로 돌아옵니다. 파리에서의 삶은 올리베이라를 정신적으로 위태롭게 했고 타국에서 접한 조국의 소식은 그녀를 분노와 합병증에 시달리며 끝없이 방황하게 했습니다.

올리베이라와 마가의 관계에서 사랑과 각박함의 정도도 이와 비슷합니다.[13] 서로 화합하지 못하는 둘의 모습은 사랑을 혼란스럽게 하는 육욕에 대한 복종에서 비롯됩니다. 둘의 관계는 사랑하고 휴전을 하는 등 같은 방식으로 반복됩니다. 파리에서의 올리베이라의 독백처럼 부에노스아이레스는 홍콩의 대역입니다. 아휘와 하보영의 부에노스아이레스는 마치 올리베이라와 마가의 파리와 같은 의미를 갖는 것처럼 보입니다. 부에노스아이레스와 파리 모두 두 연인의 사랑을 허락하는 도시인 동시에 공허와 상실을 내포하고 있습니다.

〈해피투게더〉 속 인물들에게 행복은 좀처럼 손에 잡히지 않는 듯합니다. 왕가위는 아휘와 하보영이 영화 초반에 사랑을 나누는 장면을 아휘의 시각에서 흑백 플래시백으로 보여줍니다.[14] 곧 여행자로 분장한 채 중고자동차를 몰고 아르헨티나와 브라질의 국경에 있는 이과수 폭포로 향하는 아휘와 하보영의 모습이 보입니다. 이때가 그들의 '아르헨티나 어페어'의 절정이었던 셈입니다. 둘은 폭포를 둘러본 뒤 홍콩으로 돌아가야 합니다. 그러나 그 둘은 길을 잃었고 곧 싸움에 휩싸입니다. 하보영은 아휘와 함께 있는 것이 지겹다며 '다시 만난다

부에노스아이레스에서의 한때: 〈해피투게더〉(1997)

면 그때 처음부터 다시 시작할 수 있을지도 모르겠다'고 말합니다. 둘은 헤어지기로 합니다.

자동차를 버린 이들은 썰렁한 고속도로 갓길에서 히치하이킹을 합니다. 둘은 이과수 폭포에 함께 가지 못했지만(영화의 엔딩 무렵 아휘는 폭포에 혼자 찾아옵니다) 왕가위는 우리에게 그 웅장한 경관을 보여줍니다. 플래시 포워드로 보여주는 이 색채 영상이 아휘와 하보영을 둘러싼 서사의 진실된 시간을 알려주는 것입니다.

크리스토퍼 도일이 이과수 폭포의 독특한 경관을 담아낸 카메라 틸팅 장면을 배경으로 흘러나오는 음악은 브라질 가수 카에타 노펠로조가 감미로운 목소리로 부른 〈비둘기의 노래(Cucurrucucú Paloma)〉입니다. 물줄기가 흘러내리는 질감과 안개가 피어오르는 장면은 비현실적이고 환상적인 느낌을 자아냅니다.

하보영과 아휘는 약속했던 폭포를 보지 못합니다. 이는 헛된 희망의 상징으로, 이 둘이 함께 즐거움을 찾지 못할 운명임을 암시합니다. 영화 크레딧이 올라가면서 이 장면은 관객들의 마음에 오래도록 여운으로 남습니다. 그런 의미에서 폭포에서의 플래시포워드 장면은 미래로 나아가지 못하고 영원히

답보하는 무한의 고통을 상징합니다.

한 남자와 또 다른 (여성스러운) 남자

이국땅에서 일어나는 사랑이 곧잘 허무함으로 끝나며 여간해서는 행복을 찾기 힘들다는 것은 코르타사르 소설이 내포한 장치이기도 합니다. 이는 푸익의 소설에서 성적 행동과 정체성이 인물의 개성을 결정하는 것과는 대조됩니다. 영화의 영문 제목에서는 '행복'이 강조되지만, 아휘와 하보영이 행복한 시간을 함께 보내는 일들은 적고 둘은 헤어지고 다시 만나기를 반복할 때가 더 많습니다. 그러나 여전히 행복은 영화의 가장 주요한 테마이고 이는 푸익보다 코르타사르와 더 큰 연관성을 지닙니다.

'성별을 초월한 사랑'이라는 테마를 다루는 왕가위의 시선이 꽤나 극단적임에도 불구하고 일부 동성애 성향의 평론가들은 〈해피투게더〉가 동성애를 소재로 한 영화이지만 동성애와는 무관한 사랑을 다루고 있다고 이야기합니다. 홍콩의 평

부에노스아이레스에서의 한때: 〈해피투게더〉(1997)

론가이자 작가, 그리고 연극연출가인 임혁화(그는 동성애 권리를 주창하는 것으로 알려져 있습니다)가 대표적입니다. 〈전영쌍주간〉에 실린 한 영화평에서 임혁화는 〈해피투게더〉를 '동성애 영화'가 아닌 철저하게 '이성애 이데올로기가 주도하는' 영화라고 평하며 자신은 이 영화가 동성 연인 간의 사랑에 관한 영화라는 견해에 동의하지 않는다고 썼습니다.[15] 임혁화는 양조위와 장국영이 연인 역할로 캐스팅된 것을 비판하기도 했습니다. 왕가위가 정형화된 패턴에 따라 배역을 꾸몄다는 것이 그 이유였습니다. 관객들이 장국영을 전형적인 '게이'로, 양조위를 '이성애자'가 연기하는 동성애자로 바라보게 될 것이라면서 임혁화는 양조위에 대해 이렇게 말합니다.

> "양조위(아휘)는 게이 하보영의 희생양에 불과하다. 그가 하보영을 기다리고 보살피고 참고 양보하며 충직하게 대하는 모든 행동들이 대중들로 하여금 익숙한 연인관계의 사랑을 떠올리게 하기 때문이다. 그는 고상해 보이는 한편 동정심을 자아낸다. 남성스러운 외모에다 능동적인 섹스 모델을 선택한 것에 더해 그는 전형적인 이성애 관계에서의 '남편' 역할을 상징하고 있는 것이다. 그래서 바람을 피

운 장국영이 이불 속으로 들어가 스스로를 주체하지 못하며 울 때 자업자득으로 고통스러운 결말을 맺는 것은 당연한 것처럼 보인다. 같은 시각 양조위는 폭포에 도착해 자유를 얻은 모든 싱글 '남자'가 그러하듯이 심지어는 장첸의 애모의 대상이 되기에 이른다. 〈해피투게더〉는 우리가 (남자) 동성애자를 선택할 수밖에 없다면 최소한 '정상적인' 남자를 그 본보기로 내세워야 한다는 것을 알려주는 것 같았다. 예를 들자면 양조위 같은."

임혁화는 왕가위 영화에 남성과 여성의 원형이 존재한다는 관념을 비판하며 장국영은 '여성스러운' 반려자로서의 정형화된 캐릭터에 지나지 않으며 이는 대중들이 가진 배우의 인지도를 기반으로 한 것이라고 말했습니다. 장국영의 동성애 캐릭터에 대한 대중적 친숙함은 첸 카이거의 〈패왕별희〉(1993)에서 장국영이 연기한 건단(乾旦) 역을 통해 이뤄진 측면이 큽니다.

그러나 저는 장국영과 양조위의 연기가 정형화된 여성과 남성 캐릭터를 한층 더 강화시켰다면 그것은 여성 프로타고니스트의 완벽한 부재 때문이 아닌가 생각합니다. 〈해피투게더〉는 왕가위 영화에서는 최초로 주연 혹은 조연으로 여자

219

부에노스아이레스에서의 한때: 〈해피투게더〉(1997)

배우들이 출연하지 않는 영화입니다. 1999년에 제작된 다큐멘터리 〈부에노스아이레스 제로 디그리〉는 〈해피투게더〉의 촬영과정(영화에서 편집된 장면들을 포함한)을 담고 있는데 이 다큐에는 여성 캐릭터 두 명(가수 관숙의 첫 스크린 데뷔 작품이었습니다)이 등장하지만 결국 왕가위는 그들이 출연한 장면 전부를 완전히 삭제합니다. 결국 세 명의 남자 배우가 주연을 맡게 되었고 그중 세 번째 남자 역할을 맡은 중국대만 출신 배우 장첸이 요리사 잡일을 하며 만난 아휘와 친분을 쌓는다는 설정으로 바뀌게 됩니다. 그는 '목소리가 마음에 들지 않는다'는 이유로 같은 식당에서 일하는 한 동료 소녀의 데이트 신청을 거절하는데, 왕가위 영화에서는 다소 생소한 '여성 혐오'의 느낌을 자아내기도 했습니다. 여성의 부재 때문이라도 왕가위는 관객들로 하여금 여성의 대역을 어쩔 수 없이 영화 속 남성 캐릭터들 중에서 찾게끔 만들었던 것입니다. 〈부에노스아이레스 제로 디그리〉에는 장국영이 여자로 분장한 짧은 장면 하나가 나옵니다. 이는 왕가위가 하보영의 캐릭터를 이끌어내려고 아이디어를 구상하는 창의적인 과정에서 감독의 원래 의도를 반영한 것처럼 보이는 매력적이고 흥미로운 장면입니다. 이것은 또한 장국영이 '여성' 역을 맡는다는 단서를

정형화된 남성 및 여성 캐릭터. 〈해피투게더〉에서의 장국영과 양조위

주었습니다.[16]

　여기서 푸익의 〈거미여인의 키스〉를 하보영의 여성 역할에 가장 큰 영감을 준 원천으로 언급하고 싶습니다. 소설의 말미에 이를수록 마초 성향의 이성애자인 발렌은 경범죄로 수감된 교도소 친구 몰리나와의 관계에서 전환을 겪습니다. 몰리나는 여자 역할을 자처합니다. 그녀는 발렌틴이 '집안의 남자와 여자가 대등한 위치에 있어야 해. 그렇지 않으면 그 관계는 착취와 마찬가지야.'라고 하자 이를 이해하지 못합니다. 몰리

부에노스아이레스에서의 한때 : 〈해피투게더〉(1997)

나가 '남자가 여자를 안아줄 때 여자는 조금 두려워해야 해.'라고 말하자 발렌틴은 이를 재미있어하며 '아니야, 그건 옳지 않아. 여자는 굳이 그래야 할 필요가 없어. 남자라고 해서 명령을 내릴 아무런 권리도 없어.'라고 대답합니다. 발렌틴은 '남자답게 행동하라며' 몰리나에게 여자 흉내를 그만둘 것을 공개적으로 선언하라고 요구합니다.

몰리나가 출소했을 때 발렌틴은 '그 누구도 너를 학대할 수 없어. 그 누구도 너를 나쁘게 대하거나 착취하도록 내버려두지 마. 왜냐하면 누구도 다른 누군가를 함부로 대할 권리가 없기 때문이야.'라고 조언합니다. 발렌틴은 푸익의 작품세계에서 동성애 권리를 쟁취하는 대변자의 역할을 합니다.

임혁화의 비평에서처럼 장국영은 정형화된 동성애자로 양조위의 남성 캐릭터와는 대조되는 여자 역할을 맡습니다. 그러나 임혁화는 왕가위가 밝히려는 요점을 간과했을지도 모릅니다. 왕가위는 자신의 방식으로 남자가 된다는 것이 특권을 부여하지 않는다는 점을 강조합니다. 실제로 아휘가 아파트에서 폭행을 당한 하보영을 돌보는 장면은 '여자 역할'과 '남자처럼 행동하는 것'에 대한 고정관념을 패러디합니다. 영화의 핵심을 이루는 이 장면은 두 남자 사이의 흥미롭고 감동적

222

인 순간을 담아냅니다. 붕대를 감은 채 상처가 낫지 않은 하보영은 침대에 누워있고 아휘는 소파에서 잠들어 있습니다. 아휘는 소파 앞으로 건너가 하보영를 끌어안습니다.

양조위: 왜 좁은데 끼어들어?

장국영: 내 맘이야.

양조위: 소파라 둘은 비좁잖아.

장국영: 아니, 아주 편한데?

(장국영, 양조위를 깨문다)

양조위: 왜 깨물어?

장국영: 배고파.

양조위: 소파에서 자고 싶어?

장국영: 뭐?

양조위: 내가 침대에서 잘게.

장국영: 그냥 잠자코 자.

양조위: 침대 가서 자. 난 여기서 잘 거니까.

장국영: 뭐 이렇게 말이 많아?

(양조위는 일어나 침대로 돌아간다. 장국영이 따라와 또다시 양조위를 꼭 껴안는다)

224

장국영 : 왜 이렇게 인정머리가 없어?

양조위 : 좁아서 그래.

장국영 : 좁기는!

(장국영이 양조위의 몸 위로 올라온다)

장국영 : 그럼 네 위에서 자면 안 좁겠네. 이렇게 자자.

(장국영은 양조위의 몸에 엎드려 얼굴을 양조위의 목 밑으로 파고든다)

양조위 : 침대에서 잘 거야?

장국영 : 정말 이럴래?

(양조위는 그를 한쪽으로 밀어내고 일어나려고 한다)

장국영 : 왜 그래? 그냥 이렇게 자자.

양조위 : 그래, 알았어. 나 건드리지 마.

장국영 : 널 건드려? 나나 건드리지 마.

(그는 재빨리 양조위 얼굴에 뽀뽀한다)

장국영 : 뽀뽀, 잘 자!

양조위와 장국영의 정형화된 남성과 여성 캐릭터에 대한 임혁화의 의견을 참조한다면 하보영이 아휘 몸에 올라가 아휘가 약간 당황하는 듯한 위의 장면은 남성과 여성 역할에 대한 패러디라고 볼 수 있을 것입니다. 양조위가 열이 나면서도 장

부에노스아이레스에서의 한때: 〈해피투게더〉(1997)

국영에게 밥도 지어주고 아파트도 청소해주는 장면들은 양조위의 남성 캐릭터를 반전시키며 그를 여성적으로 보이게 합니다. 임혁화는 이 장면을 '양조위가 장국영의 피해자로 전락했다'고 해석하지만 왕가위는 분명 〈거미여인의 키스〉를 패러디하려고 했을 것입니다. 소설에서 몰리나는 동성애자로, 발렌틴은 동성애를 변호하는 사람으로 나옵니다. 〈해피투게더〉는 남성 캐릭터와 여성 캐릭터를 가정한 관념이 이미 시대에 뒤떨어졌다고 가정한다는 점에서 포스트모던적 영화라고 할 수 있습니다. 왕가위가 강조한 바와 같이 성적인 관계는 성별과 무관하게 그려집니다. 그리고 시간이 흐를수록 아휘와 하보영의 관계에서의 성별 개념이 무의미해집니다.

〈해피투게더〉는 1997년의 세기말을 예고하며 홍콩 사람들에게 경종을 울렸습니다. 그런 의미에서 왕가위의 영화는 프레드릭 제임슨이 그의 포스트모더니즘에 관한 논문에서 언급한 '반전의 밀레니얼리즘'이라는 시간의 종말을 떠올리게 합니다. 이는 〈부에노스 아이레스 어페어〉 속의 하보영과 아휘의 개인적 위기로 표현되었습니다.

하보영과 아휘가 맞닥뜨린 위기를 마주하기 위해 영화 오프닝에 컬러 장면으로 나타난 이과수 폭포로 돌아가 보겠습니다. 폭포는 영화 속 실재하는 시간의 매개체입니다. 왜냐하면 이는 하보영과 아휘가 폭포로 향하던 중 길을 잃었던 흑백의 회상장면을 침범하기 때문입니다. 왕가위에게 폭포는 성적 에너지[17]를 의미합니다. 앞서 지적했듯이 폭포는 쾌락의 상징이고 빠르게 흐르기 때문에 종잡을 수 없습니다. 빨리 잡지 않으면 놓칠 수 있다는 것입니다.

코르타사르의 〈팔방치기〉에 있는 '그래서 즐거움은 희망이 없다'는 문구를 빌려 오고 싶습니다. 영화 속 인물들은 시간의 끝자락에 갇혀 미래가 없는 것처럼 결코 즐겁지 않아 보입니다. 오늘날의 눈으로 본 이 영화의 힘은 1997년 홍콩 반환에 대한 불안을 기록한 작품이라는 데서 기인합니다. 또한 운명의 장난처럼 장국영이라는 배우를 추억하는 영화로 남았습니다. 영화의 말미에 그는 높은 곳에서 투신하는 것처럼 절망감에 빠져 인도에 주저앉습니다. 장국영의 현실 속 절망을 가장 잘 포착한 감독은 결국 왕가위였던 것입니다.

영화 내내 폭포는 상징적 의미로 나타납니다. 무드등이 켜지면 큰 폭포의 형상이 굴절되는데 이처럼 밤의 무드등은 희망뿐 아니라 환상까지 대표합니다. 영화는 여러 방식으로 환각적인 촬영 스타일을 통해 시간의 종말을 보여줍니다. 크리

부에노스아이레스에서의 한때: 〈해피투게더〉(1997)

스토퍼 도일의 촬영은 인물의 내면세계와 그 정신적 에너지를 나타내고 여기서 색은 가장 주된 표현 수단입니다. 채도는 고조되며 금색은 공격적인 오렌지색과 붉은색 그리고 밝은 노란색으로 변합니다. 수술 후 마취에서 회복할 때 보는듯한 환각을 일으키는 파란색도 사용됩니다. 야수파(Fauvist) 방식으로 색채를 구사하는 크리스토퍼 도일은 감각적으로 인물의 감정에 맞는 색상을 선택합니다. 붉은 색상을 테마로 삼은(특히 도살장에서 아휘가 바닥에서 도살된 가축의 핏자국을 씻어내는 장면과 부엌에서 아휘가 탁자 위에 놓인 붉은 액체가 담긴 대야를 들어 올리는 장면) 것은 왕가위가 원래 계획했던 아휘의 자살에 더욱 개연성을 주었습니다.(《부에노스아이레스 제로디그리》에서는 아휘의 팔목에서 피가 그치지 않고 흐르고 있는 무삭제 장면이 남아있습니다). 붉은색은 아휘와 하보영의 관계의 특징인 분노와 좌절감을 대변합니다.

크리스토퍼 도일은 심지어 흑백 화면에서도 관객들의 감정을 불러일으키려고 노력합니다. 아휘가 하보영에게 시계를 돌려주는 컷이 그러합니다. 즉, 하보영이 아휘의 손을 잡고 들고 있던 담배로 자신의 담배에 불을 붙이는 과정에서 도일은 화면에 과도한 노출을 주어 담배 연기가 흡연을 하는 두 배우를 삼키는 듯한 느낌을 주기도 했습니다. 이 장면은 문자 그대로 억압된 감정과 잘 맞아떨어집니다. 아휘와 하보영이 피아졸라의 음악에 맞춰 부엌에서 탱고를 추는 장면 역시 인상적입니다. 자연광에서 촬영한 이 장면에서 두 연인은 마치 무대 위 스포트라이트를 받는 댄서들처럼 서로에게 집중합니다. 아휘와 하보영이 바에서 재회하는 흑백장면에서 장숙평의 세트는 흥미로운 기하학적인 패턴을 강조합니다. 하보영이 입은 자켓의 체크무늬는 바닥의 타일과 인도 위에 놓인 조약돌, 그리고 벽돌과도 어울립니다. 아휘는 길에서 서성거리며 하보영이 안에서 무엇을 하고있는지를 살펴보고 있습니다. 하보영이 택시에 올라 멀어질 무렵 아휘를 돌아보자 그의 체크 재킷은 더욱 선명하게 보이고, 화면 밖에서는 프랭크 자파가 일렉트릭 기타로 연주하는 〈Chunga's Revenge〉가 울려퍼집니다.

바로크 스타일로 꾸며진 아휘의 아파트 세트는 반 고흐의 〈나이트 카페〉의 실내 풍경만큼이나 눈길을 끌지만 마티스 그림에서의 풍성한 배경 패턴만큼 안정감을 주지는 않습니다. 아휘의 방 벽에는 화려한 장식과 어지러운 색감의 벽지 조각들이 걸려 있습니다. 타일의 배합 역시도 어울리지 않습니

부에노스아이레스에서의 한때: 〈해피투게더〉(1997)

다. 머리 위에는 선명한 파란 등불이 걸려 있고 침대 협탁 위에는 이과수 폭포 무드등의 신비한 빛이 밝게 번득입니다. 이 결과로 활기 넘치는 바로크적인 분위기가 생겨났고 여기서 두 연인은 다투고 부딪히며 감정적으로 싸웁니다.

'우연한 사고'마저 창작으로 받아들이는 것을 좋아하는 여느 예술가들과 마찬가지로 크리스토퍼 도일과 장숙평은 거울에 비친 먹물 흔적, 오점, 얼룩, 그리고 기타 소품들을 충분히 활용해 창작했습니다. 주방 동료들이 축구를 하는 장면에서 도일은 카메라가 태양을 향하게 촬영해 카메라 렌즈에 햇빛이 굴절되어 백반을 만드는 효과를 냈습니다. 거대한 태양 아래 보이는 양조위의 얼굴은 기묘한 효과를 자아냈습니다. 또, 아휘가 이과수 폭포를 방문했을 때 카메라 렌즈에 맺힌 폭포의 물안개는 마치 물에 잠기는 느낌을 자아냈습니다. 도일의 촬영은 데쿠닝[18]이나 잭슨 폴락[19]의 필법이나 기교와 함께 왕가위의 실험적이고 즉흥적인 연출에 힘을 실어주었습니다. 이는 단순한 자아적 탐닉도 아니었고 감독의 창작 의도에서 벗어나지도 않은 것이었습니다.

〈해피투게더〉에 도일이 바친 시간과 재능은 왕가위와 어깨를 나란히 할 만합니다. 결국 이 영화는 왕가위 영화 중 가장 아름다운 영화라 불리기 때문입니다. 〈부에노스아이레스 제로 디그리〉에서 왕가위가 아르헨티나를 떠난 뒤에도 도일이 촬영지에 남아서 추가적인 커버 장면들을 촬영했던 일화는 이 촬영감독의 헌신적인 직업정신을 보여줍니다. 왕가위의 불참은 이 방랑지에서 작가의 부재를 뜻했습니다. 이때 왕가위는 홍콩의 현실과 1997로 되돌아가 '다시 시작해야 한다'고 말했습니다.

왕가위는 이 영화의 결말을 정해두고 촬영에 임하지 않았습니다. 처음에 그는 아휘가 아르헨티나에 남아 있는 것으로 마무리를 하려고 했지만 뒤이어 홍콩으로 돌아가는 것이 더 타당하다고 판단했습니다. 촬영이 예상보다 길어지면서 왕가위 본인을 포함해 영화 현장에서 제작진들의 향수병이 커지자 영화의 결말을 조율하게 된 것입니다. 이를테면 그는 어떠한 스토리 전개의 논리적 단서를 바탕으로 하기보다는 영화에 참여한 사람들의 개인적 감정들을 바탕으로 영화 결말을 찾아냈습니다. 그 결과로 장국영은 부에노스아이레스의 더러운 구석에 남아 절망에 빠졌고 장첸은 세상 끝까지 여행했으며 양조위는 홍콩으로 돌아오게 됩니다.

영화는 종정일이 부르는 〈Happy Together〉를 배경으로 타

부에노스아이레스에서의 한때: 〈해피투게더〉(1997)

이페이를 경유한 열차 안에 양조위가 앉아 있는 장면으로 끝납니다. 그리고는 열차가 고가도로 위를 달려 역에 정차하는 장면이 나옵니다. 시간은 마치 움직이는 열차로 변한듯 아휘를 따라붙어 홍콩까지 도달합니다. 왕가위는 〈부에노스아이레스 제로디그리〉에서 〈해피투게더〉는 종착점이며 삶에서 어떤 특정한 시기의 종결이라고 말했습니다. 그때만 해도 그의 말은 오늘처럼 가슴 저미게 들리지도 않았던 것 같습니다.

〈해피투게더〉 이후 왕가위는 과거(화양연화)를 거슬러 미래(2046)로 나아갑니다. 시간은 마치 1997년 7월 1일 이후 멈춘 것만 같습니다. 하지만 이과수 폭포의 이미지는 관객의 가슴 속에 남아 끊임없이 출렁거리고 있습니다. 현실 속에 실재하는 이미지이던지 혹은 렌즈에 반사된 상이던지, 왕가위의 시간은 진실과 환상 속에서 흘러갑니다.

8

—

장만옥의 배신

〈화양연화〉

In the Mood for Love

花樣年華

2000

●

로맨스의 시작

왕가위의 모든 영화 중에서도 〈화양연화〉의 서사는 가장 복잡하며 매혹적인 방식으로 전개됩니다. 그는 각종 인터뷰를 통해 〈해피투게더〉에 이은 차기작 제목이 〈베이징에서의 여름(Summer in Beijing)〉이 될 것이라고 공개했습니다. 1997년 4월 초에 〈전영쌍주간〉에 실린 〈해피투게더〉의 개봉 관련 인터뷰에서 그는 처음으로 촬영 계획에 대해 언급하며 1997년 7월 1일 홍콩이 중국으로 반환되기 전에 영화를 완성할 계획이라고 밝혔습니다.[1] 이는 그가 (심지어 〈해피투게더〉를 제작하는 와중에도) 이미 한창 촬영 중임을 그리고 97년 홍콩 반환 전에 〈해피투게더〉와 궤를 같이하는 새로운 작품을 구상 중임을

장만옥의 배신: 〈화양연화〉(2000)

대변하는 것이었습니다. 하지만, 왕가위는 예정된 1997년 7월 1일까지 작품의 촬영을 마치지 못할 가능성이 높다고 흘리면서 이 영화가 97년 이후의 홍콩과 중국의 관계를 언급하는 작품이자 그의 창작 인생에 있어 새로운 전환점이 될 것임을 암시했습니다.

왕가위는 곧 베이징에서 로케이션을 찾기 시작했습니다. 그 과정의 어느 시점에서 영화는 베이징의 미래에 관한 이야기로 바뀌며 〈2046〉이라는 새로운 제목을 갖게 되었지만 1997년의 홍콩 반환과 관련된 의제는 여전히 간직하고 있었습니다 (〈2046〉의 2046년은 홍콩 고유의 자본주의 제도와 생활 방식을 50년간 유지하겠다는 약속이 끝나는 시점을 의미합니다). 〈서머 인 베이징〉의 촬영은 뒷전으로 밀렸지만 〈2046〉의 촬영 여부 역시 그때까지만 해도 여전히 잠정적으로 보였는데, 이는 그가 베이징에서의 촬영을 허가받지 못했기 때문이었습니다. 1998년 중반 무렵, 그는 마카오로 로케이션을 옮겼습니다. 그리고 양조위와 장만옥의 연애 스토리가 담긴 〈음식에 관한 이야기(A Story about Food)〉라는 3부작을 촬영했습니다. 식당과 국수집들이 배경인 이야기였습니다.[2] 이후 〈화양연화〉로 발전한 이 영화의 각본을 쓰고 있었을 무렵,[3] 왕가위는 결국 영화의 최종 촬영지를 방콕으로 결정했습니다. 〈화양연화〉는 애초에 계획했던 3부작 중 하나로 시작했으나 그는 나머지 두 이야기를 포기하기로 했습니다. 이로써 〈화양연화〉는 〈베이징에서의 여름〉, 〈음식 이야기〉, 그리고 〈2046〉 등의 프로젝트로부터 완벽하게 독립적인 작품으로 거듭났습니다.

왕가위는 〈화양연화〉를 촬영하던 와중에도 그가 만들기로 약속했던 〈2046〉의 촬영을 준비하고 있었습니다. 그는 〈화양연화〉를 촬영하던 15개월 동안 틈틈이 〈2046〉의 일부 장면을 연이어 촬영했습니다. 그리고 이제는 유일무이한 촬영 스타일로 자리 잡은 방식으로 그는 두 영화를 합치기로 했습니다. 그는 '〈2046〉에서 〈화양연화〉의 그림자를 볼 수 있을 것이고, 〈화양연화〉를 볼 때 그 속에 〈2046〉의 흔적도 있을 것'이라고 말했습니다.[4]

2000년에 〈화양연화〉를 개봉한 이후 왕가위는 〈2046〉에 굉장한 집념을 보이며 방콕에서 촬영했던 원래 촬영 소스들에 더해 베이징, 상하이, 홍콩 그리고 중국 마카오에서 촬영을 추가로 이어갔습니다. 이러한 제작 환경의 변화로 인해 〈화양연화〉는 그 자체로 자족적인 이야기라기보다는 마치 확장된 스토리 클립과 같다는 주장도 있습니다. 이에 대해서는 후에 서

239

술하기로 하겠습니다. 하지만 왕가위의 즉흥적인 영화제작 방식은 푸익과 코르타사의 소설 속 파편화된 구조와 꽤 어울립니다. 일종의 생략적이고 간략한 서사 스타일을 낳은 이러한 창작 방식은 단편소설의 패턴에 따라 이야기를 구상하고 쓰는 왕가위만의 방식이 굳혀진 것으로, 그의 영화들을 특별하게 만드는 요인이기도 합니다(왕가위의 영화들은 상호적으로 연결된 일련의 단편소설로 보는 것이 가장 좋습니다. 심지어 한 편의 영화 안에서도 그렇습니다. 챕터들은 단일하거나 독립적인 이야기가 아닌 인물들에 의해 구분됩니다).

〈화양연화〉는 왕가위가 이미 〈아비정전〉에서 아주 잘 묘사한 바 있는 1960년대의 홍콩으로 돌아갑니다. 그래서 〈화양연화〉를 〈아비정전〉의 비공식 속편으로 보려는 시각도 있습니다. 〈화양연화〉와 〈아비정전〉 사이의 연관성은 장만옥의 출연으로 더욱 강화됩니다. 그녀는 〈아비정전〉에서 맡은 역할과 똑같은 이름을 가진 수리진이라는 기혼 여성을 연기합니다. 왕가위는 그녀들이 하나의 인물로 보이길 의도했을까요? 그렇다면 수리진은 〈아비정전〉의 사랑을 애태우는 젊은 미혼 여성에서, 〈화양연화〉의 여전히 여리지만 좀 더 성숙한 감정선을 가진 여자로 성장한 것인지도 모릅니다. 이 두 영화가

10년이라는 간격을 두고 제작되었던 것을 감안하면 〈화양연화〉 속 여전히 아름다운 장만옥의 얼굴에는 새로운 역할과 어울리는 침착함과 원숙함이 깃들어 있습니다. 두 영화는 2년의 시간차를 두고 벌어집니다. 〈아비정전〉은 1960년에, 〈화양연화〉는 1962년에 시작되는 것입니다. 수리진이 어린 새에서 우아한 백조로 변모한 것은 어찌 보면 믿기 어려워 보입니다. 얽히고설킨 상관관계에도 불구하고 이 두 편의 영화들은 독립적으로 보는 것이 가장 좋을 것입니다. 테마와 소재가 다르다는 점이 두 영화를 사실상 구분 짓기 때문입니다. 하나는 젊은 미혼 여성의 무모함과 불안감을, 다른 하나는 중년을 향해 가는 기혼 여성의 성숙한 내면을 보여줍니다.

〈화양연화〉는 결혼과 배우자에 대해 아마도 '환상에 가까운 정절'을 소재로 이야기합니다. 사실상 이 주제는 〈화양연화〉를 〈동사서독〉과 비슷하게 만드는데, 왕가위는 후자에서 진실되거나 거짓된 결혼생활이 주인공들에게 끼치는 심리적인 영향을 묘사했습니다. 이는 모두 연인이 만나고 헤어지는 중심 주제라는 점에서 〈해피투게더〉와도 결부되어 있습니다. 수리진과 주모운(양조위)은 같은 아파트에 이웃해 사는 세입자들로, 동시에 일본에 장거리 여행을 다녀온 서로의 배우자

장만옥의 배신: 〈화양연화〉(2000)

공동의 의심으로 사랑이 시작되었다.

242

를 각각 의심합니다. 주모운이 수리진에게 차를 마시러 오라
고 초대했을 때 그들의 의심은 사실로 확인됩니다.

양조위 : 물어볼 게 있어서 보자고 했어요. 오늘 멨던 가방 어디서 사

셨어요?

장만옥 : 그건 왜요?

양조위 : 너무 예뻐서 아내에게 선물하려고요.

장만옥 : 남편한테 물어봐야겠네요. 남편이 해외 출장 갔다가 사다 준

거라서요. 홍콩에는 없대요.

장만옥의 배신: 〈화양연화〉(2000)

양조위: 그럼 됐습니다.

장만옥: 실은 저도 물어보고 싶은 게 있어요.

양조위: 뭔데요?

장만옥: 그 넥타이 어디서 사셨어요?

양조위: 글쎄요. 넥타이는 전부 아내가 사 줘서요. 한번은 출장 갔다
오면서 사 왔는데 홍콩에는 없는 거래요.

장만옥: 이런 우연이 있네요. 실은요 남편한테 같은 넥타이가 있어요.
사장이 선물해 줬다며 매일 하더라고요.

양조위: 아내한테도 같은 가방이 있어요.

장만옥: 알아요, 봤어요. 하고 싶은 말이 뭔가요?

(양조위는 대답이 없다)

장만옥: 저 혼자만 아는 줄 알았어요.

이렇게 주모운과 수리진의 관계는 시작되지만, 왕가위는 이
은밀한 정을 전형적인 중국식 소심함과 억압된 욕망으로 다
뤄냅니다. 이는 윤리나 도덕적 차원을 다룬 멜로드라마 걸작
들의 긴 행렬을 떠올리게 합니다. 데이비드 린(David Lean)의
〈밀회(Brief Encounter)〉(1945), 무페이의 〈작은 마을의 봄(Spring
in a Small Town)〉(1948), 더글러스 서크(Douglas Sirk)의 〈순정

에 맺은 사랑(All That Heaven Allows)〉(1955), 〈슬픔은 그대 가슴에(Imitation of Life)〉(1959), 혹은 그레이엄 그린(Graham Greene)의 소설 〈사랑의 애수(The End of the Affair)〉 그러한 예들입니다. 일본 멜로드라마 작품들로는 나루세 미키오의 〈리패스트(Repast)〉(1951), 〈부운(Floating Clouds)〉(1955), 그리고 〈여자가 계단을 오를 때(When a Woman Ascends the Stairs)〉(1960) 등이 있습니다.

왕가위 본인은 가수 겸 배우 저우 쉬안(周璇) 주연의 〈장상사(长相思)〉(1947)와 〈가녀지가(歌女之歌)〉(1948)의 초기 홍콩 가요 음반에 특별히 감명을 받았습니다. 사실 〈화양연화〉라는 중국어 제목은 저우쉬안이 〈장상사〉에서 부른 〈화양의 연화〉에서 따온 것인데, 그는 이 노래를 자신의 영화에 그대로 등장시킵니다.

하지만 〈화양연화〉는 줄거리와 스타일 면에서 〈작은 마을의 봄〉(텐좡좡이 리메이크한 동명의 영화로, 2002년에 개봉했습니다)에 가장 가깝습니다. 〈작은 마을의 봄〉은 독창적인 작품으로, 〈화양연화〉가 일깨운 멜로드라마의 미학적, 도덕적 기준을 설정했습니다.

여인의 아픈 남편을 찾아온 한 친구가 있었습니다. 공교롭

245

장만옥의 배신: 〈화양연화〉(2000)

게도 그는 아내의 옛 연인이었습니다. 두 사람의 옛정은 되살아났지만 결국 둘은 이 불륜 관계로부터 한 발씩 물러섭니다. 하지만 이 상황을 알게 된 남편이 자살을 시도하게 되고 극적으로 살아남아 아내의 애정을 다시금 되찾습니다. 결국 친구는 떠납니다. 그와 아내의 연정은 강렬했지만 일시적인 것이었습니다. 주모운과 수리진처럼 결국 관계를 맺지는 않았습니다.

왕가위는 〈작은 마을의 봄〉에 대해서는 인터뷰에서 거의 언급하지 않았습니다. 오히려 외국 기자들에게 그는 〈화양연화〉를 '서스펜스에 관한 영화'로 묘사하면서 히치콕의 〈현기증(Vertigo)〉(1958)으로부터 받은 영향에 대해 언급했습니다. 자신은 브레송과 안토니오니의 영향을 받았지만[2] 어쩌면 가장 많이 참고했던 것은 히치콕의 영화들이라고 말입니다. 이 부분은 왕가위가 주모운과 수리진의 사랑을 다루는 방식에서도 분명히 드러납니다. 그는 그들의 외도를 '수리진은 과연 주모운과 잠자리를 할 것인가', '그들은 서로의 배우자와 결별하고 결혼할 것인가'와 같은 서스펜스의 기초 위에 두었습니다. 그러나 이러한 서스펜스는 끝내 해결되지 않고 왕가위는 우리를 또 다른 극적인 차원의 드라마로 인도하면서 히치콕의 파장을 더욱더 매혹적이고 흥미롭게 만듭니다. 〈현기증〉에서 스코티(제임스 스튜어트)는 주디(킴 노박)를 친구의 죽은 아내 마들린으로 위장하려 하고, 주디는 마들린 역을 맡아 연애를 즐깁니다. 상상 속에서 벌어지는 이들의 연애는 현실이 개입하자 비극적으로 끝납니다.

〈현기증〉과 마찬가지로 왕가위는 주모운과 수리진의 연애에 역할극을 더했습니다. 어느 한 장면에서 수리진은 남편과 대치하는 아내 역을 맡아서 남편이 다른 여자와 바람을 피우는지를 알아내려고 실제 상황을 예행연습 합니다. 또 다른 장면에서는 주모운이 수리진을 사랑하게 된 것을 참회하고 헤어지는 모습을 예행 연습까지 하는데, 이는 수리진이 남편 곁을 떠나지 않는다는 것을 전제로 합니다. 그러나 이 역할극이 수리진이 감당하기 힘들 정도로 리얼해지자 그녀는 무너져 내리며 주모운의 어깨에 기대어 흐느낍니다. 그런 그녀를 바라보며 주모운은 '이건 리허설일 뿐이야'라고 위로합니다.

두 연인은 각자의 바람 피우는 그들 배우자를 흉내내지만 실제로 연인이 되려는 시의적절한 찰나에 뒤로 물러섭니다. 몇 번의 짧은 만남으로 가까워진 그들의 관계는 서로에게 연민을 느끼며 비밀스럽게 진행되면서 친밀함으로 향하고 있었

장만옥의 배신: 〈화양연화〉(2000)

습니다. 그러나 두 사람은 사회적 시선을 의식하며(심지어 단둘이 방에 있을 때도) 단지 이웃과 친구에 불과하다는 인상을 유지하려고 합니다. 왕가위는 아래의 두 장면에서 두 사람 사이의 다층적인 관계를 강조합니다. 두 번째 장면은 첫 장면의 반복이지만 인물의 행동에 있어서는 주요한 차이가 있습니다. 레스토랑에서 첫 데이트를 한 뒤의 첫 만남에서 둘은 각자 배우자의 부정에 관해 의심되는 부분을 서로에게 물어봅니다. 이들이 어둠 속에서 집으로 돌아가는 장면에서 냇 킹 콜(Nat King Cole)이 부른 〈사랑한다고 말했지요(Te Quiero Dijiste)〉, 일명 〈매직 이즈 더 문라이트(Magic is the Moonlight)〉가 흘러나옵니다. 수리진은 생각에 잠겨 '그들의 만남이 어떻게 시작됐는지 궁금해요'라고 말합니다. 그들은 달빛과 그림자로 뒤덮인 정원으로 들어가 이곳에서 역할극을 이어갑니다.

장만옥: 이렇게 늦게 들어가면 아내가 뭐라고 안 해요?

양조위: 익숙해진지 오래라 신경도 안 써요. 남편은 아무 말 안 해요?

장만옥: 아마 자고 있을 거에요.

양조위: 오늘은 들어가지 말아요.

장만옥의 배신: 〈화양연화〉(2000)

(장만옥의 손을 만지지만 그녀는 가볍게 손을 내치며 한쪽 구석으로 피한다)

장만옥: 우리 남편은 그런 말 못 해요.

양조위: 그럼 뭐라고 했을까요?

장만옥: 절대 그럴 사람 아니에요.

양조위: 누군가는 먼저 말했을 텐데 남편이 아니면 누구죠?

왕가위는 수리진과 주모운이 빛과 그림자의 정원으로 걸어 들어가는 서막으로 돌아가 이 장면을 이어서 반복합니다.

장만옥: 이렇게 늦게 들어가면 아내가 뭐라고 안 해요?

양조위: 익숙해진지 오래라 신경도 안 써요. 남편은 아무 말 안 해요?

장만옥: 아마 자고 있을 거에요.

(이 장면에서 장만옥은 양조위에게 여지를 줍니다. 그녀의 모습은 마치 유혹을 하는 것 같습니다. 그러나 그녀의 웃음은 눈깜짝할 사이에 사라지고 그녀는 양조위에게서 등을 돌립니다. 방금 전과는 전혀 딴 사람 같습니다.)

장만옥: 저는 못 하겠어요.

양조위: 이해해요. 지금 누가 먼저 말한 게 뭐가 중요해요?

이 반복되는 장면은 몇 가지 이유에서 굉장히 절묘합니다. 영화는 이들이 왜 이러한 역할극을 하기로 결정했는지에 대해 별다른 해명을 하지 않습니다. 이것이 감독의 장난인지도 확실치 않습니다. 이들의 모든 연정은 한낱 환상이었을까요?

다른 한편으로 만약 우리가 이 반복된 장면을 있는 그대로 받아들인다면, 단지 놀이에 불과한 수수께끼 같은 역할극은 끝내 빗나갈 것입니다. 왜냐하면 그것이 실제 연모의 정으로 변하면서 더 이상 허구가 아닌 게 되기 때문입니다. 그들 각자가 배우자의 부정을 마주할 준비가 되어 있는 것처럼, 각자의 배우자들을 의식해 외도를 시작하려는 것이었을까요?

어떤 해석이 따르던지 이 역할극에는 장만옥과 양조위가 각각 상대의 배우자를 연기하며 우리를 연정의 핵심으로 이끄는 측면이 있습니다. 예를 들어 이어지는 레스토랑 신에서 수리진은 아내가 뭘 먹고 싶은지 알고 싶어서 주모운에게 주문을 시킵니다. 주모운도 같은 일을 수리진에게 차례로 시킵니다. 그리고 주모운이 수리진에게 주문한 스테이크에 고추냉이를 발라주며 "먹기에 너무 뜨겁나요?"라고 묻는 장면이 나옵니다. 그녀는 한입 맛보고는 "당신 아내는 매운 것을 잘 먹는군요."하며 익살스러운 표정을 짓습니다.

251

역할극의 모티프는 배우들에게 어려운 임무입니다. 왕가위의 말에 따르면 그는 양조위, 장만옥과 연기에 대해 '격론'을 벌인 적이 있다고 합니다. 양조위가 아래에 묘사한 것과 같이 그와 장만옥은 '이중역할'을 하고 있었습니다.

> "우리는 한쪽에서는 남편과 아내를, 그리고 또 다른 한쪽에서는 정부와 그의 애인 역할을 연기해야 했습니다. 처음에 자신의 반려자가 혼외정사가 있는 것을 몰랐을 때 우리의 관계는 그저 누군가의 남편이자 아내였지만, 관계가 진전되면서부터는 원래 배우자들의 역할이었던 정부와 그의 애인이 되어갔습니다. 우리는 동시에 두 배역을 맡았던 것인데 이는 이전에 했던 모든 역할들로부터 차별화된 경험이었습니다.[6]"

그럼에도 역할극은 배우자의 부정을 그려낸 일상적인 이야기에 복잡한 차원을 더해주었고, 새로운 도전이었음에도 불구하고 배우들은 임기응변으로 인물들의 심리를 아름답게 잘 전달했습니다. 양조위는 〈화양연화〉로 2000년 칸 국제영화제 남우주연상과 홍콩 금장상 영화제 남우주연상을 모두 거머쥐었고 장만옥의 연기 역시 긍정적인 평가를 받았습니다. 장만옥은 주모운에 대한 연모의 정에 굴복하지 않고 결혼에 충실하려 했던 수리진의 도덕적 딜레마를 포착했습니다.

"우리마저 그들과 같아질 수 없었다."

연기자에게 연기를 지도할 때 왕가위는 배우들에게 단순히 배역의 '반쪽'으로 머무는 것이 아닌 '네 자신을 드러내라. 스스로를 연기하라'고 요구했는데 이는 배우들에게 과제였던 것이 분명해 보입니다.[7] 왕가위가 원했는 것은 인물의 이중적인 역할이었습니다. 그리고 배우자의 부정은 주모운과 수리진이 그들 자신의 어두운 면을 드러내어 있는 그대로의 자신들을 연기하게 하는 계기가 되었습니다.

하지만 두 주연 배우 모두 '어두운 면'을 보여주기에는 지나치게 우아했는지 아니면 그들이 감독의 비전을 어느 정도 실현했는지에 관해서는 논란의 여지가 있습니다. 양조위는 수리진과의 불륜을 통해 아내의 부정에 복수하려던 남자를 연기했으나[8] 주모운이라는 캐릭터는 오히려 동정받을 패배자로 그려지기 때문입니다. 이는 중국 멜로드라마의 전통에

장만옥의 배신: 〈화양연화〉(2000)

서 약한 남성 영웅의 원형을 보여주는 것입니다(그 선구적인 인물이 〈작은 마을의 봄〉에서 아픈 친구의 아내와 애정 도피행각을 벌이지 못한 장지성입니다). 주모운은 몰래 바람을 피우다 아내와 수리진에게 이중 배신을 당하는 남자입니다. 이 인물 역시도 〈해피 투게더〉 속 아휘가 하보영의 '희생양'으로 전락했던 상황을 떠올리게 합니다.

장만옥은 단지 본래의 모습을 드러내는 것만으로 캐릭터의 '어두운 면'을 표현해냅니다. 아름다운 그녀는 차갑고 뜨거운 자신의 욕망을 침묵 속에 영원히 억누릅니다. 장만옥의 개성이 수리진을 이렇게 가학적인 인물로 만드는 것인데, 그녀는 마르셀 프루스트가 〈잃어버린 시간을 찾아서〉에서 묘사했던 예민한 여인입니다.

> "그녀는 지독히도 센티멘털하며 도덕적으로도 고결함을 가지고 있다. 감각적인 만족조차 그녀에게는 나쁜 사람들의 특권으로 비춰진다. 가끔은 잠시의 환각 속에서 근심 많고 따뜻한 영혼을 떨쳐버리고 무자비한 세상에서 감각적으로 마음껏 즐기는 것을 꿈꾼다. 그녀를 매력적으로 보이도록 향락을 허용한 것은 결코 악이 아니었다. 그녀의

마음 속에서는 감각적 향락 그 자체가 곧 악이었다.[2]"

　수리진은 주모운과의 성적 쾌감을 거부함으로써 '정숙하지 못한 여인'이라는 오명에서 벗어나려는 욕망이 있습니다. 남편은 자신을 배신했지만 그녀는 남편을 절대 배신하지 않습니다. 이 모든 모순이 그녀가 입는 치파오(만다린어로 치파오라 불리는 긴 전통 치마의상이며 청삼으로도 불립니다)를 통해 드러납니다. 치파오는 목과 가슴을 가릴 수 있지만 옆쪽이 트여 허벅지가 살짝 보입니다. 바꿔 말하면 치파오를 입는 여성은 단정한 동시에 유혹적입니다. 또한 치파오는 수리진의 숨겨진 욕망을 겉으로 드러내는데, 이는 남편의 배신과 혼외정사로부터 싹튼 것입니다. 물론 왕가위는 페이무의 방식대로 〈작은 마을의 봄〉과 같은 도덕적 우화를 촬영할 생각은 없었습니다. 그는 "차라리 배우를 연정의 양쪽으로 넘나들게 하고 싶다"고 말했습니다. 이러한 그의 원칙은 합리적인 역할극으로 구현되었습니다. '자신을 연기하라'고 주문했던 왕가위의 연출은 배우들에게는 치파오처럼 바짝 조이는 의상을 입은 것과 같았을 것입니다.

255

장만옥의 배신: 〈화양연화〉(2000)

배신 속의 동정

왕가위는 이 영화에서 처음으로 깊이 있게 역할극의 소재를 다룹니다. 이는 〈중경삼림〉(양조위의 여자친구로 분장한 왕페이), 〈타락천사〉(여러 옷차림으로 야간에 남의 가게를 들락날락하는 금성무)는 물론이고 심지어 〈해피투게더〉('여성' 이미지를 연기하거나 모방하는 장국영)에서의 작은 모티프가 되었습니다. 〈화양연화〉에서 왕가위는 배우들에게 대단히 난해한 역할을 주문했는데, 바로 남편과 아내로써, 연인과 정부(情夫)로써 배우들로 하여금 "그들 자신"을 연기하게 한 것이었습니다. 왕가위는 이러한 테크닉을 리오 코르타사르로부터 참고했다고 밝혔습니다.[10] 여러가지 정체성들이 뒤섞인 연정은 그 자체로 "형이상학적인" 성격을 지니고 있습니다. 영화의 마지막 부분에서 주모운이 폐허가 된 앙코르와트 벽에 뚫린 구멍을 향해 중얼거리는 모습은 이 모든 것들의 시너지 효과를 자아내며 은밀한 수수께끼와 진실처럼 보이는 비밀을 만들었습니다. 이를 왕가위라는 인물이 이때까지 겪어온 인생 역경에 비추어 해석하는 이도 있을 것입니다. 그러나 이는 동시에 한 편 이상의

장만옥의 배신: 〈화양연화〉(2000)

영화를 만드는 제작과정이 낳은 결과물에 더 가까운 것이었습니다. 〈화양연화〉는 왕가위의 독특하고 창조적인 제작방식을 총망라했는데, 막다른 골목으로 직행할 뻔했던 영화의 위급한 사정을 은연중에 드러냈습니다.

〈화양연화〉DVD(프랑스판과 미국 '크라이테리온' 회사 버전)에 수록된 삭제 장면은 호텔 2046호에서 수리진과 주모운이 잠자리를 하는 모습입니다. 이는 감독이 이 연정을 어떻게 구상했는지를 더욱 또렷이 보여줍니다. 이 장면은 영화의 기조뿐 아니라 수리진이라는 캐릭터를 다르게 보이도록 합니다. 그리고 영화의 또 다른 엔딩은 두 연인이 4년 후 캄보디아에서 우연히 만나 그들의 사랑이 이미 끝났다는 현실을 받아들인 후 주모운이 벽에 난 구멍에 대고 자신의 생각을 이야기하는 장면입니다. 이번에 왕가위는 주모운을 벽에 난 구멍에 대고 달콤한 말을 건네는 실연자 캐릭터로 바꾸었습니다.

1972년을 배경으로 한 장면들은 인물들의 변화를 암시했습니다. 싱가포르에서 홍콩으로 돌아온 주모운은 콧수염을 기른 채 방탕한 모습으로 향락에 탐닉합니다. 수리진은 평범한 주부가 되어 아이를 기릅니다. 애초에 왕가위는 여기서 영화를 끝내려 했습니다. 하지만 영화 속에 이 장면들을 살려두는

것이 자칫 영화를 덜 신비롭게 보이게 하거나 정서적으로 낯설게 할 수도 있었기에 그는 소박해 보이는 이 장면들을 걷어 냈습니다. 이 장면들을 삭제한 것은 현명한 선택이었던 것 같습니다.

왕가위는 구도와 미장센을 통해 신비로운 분위기를 연출합니다. 〈화양연화〉에서 우리는 인물의 뒷모습을 자주 보게 되는데, 주모운의 부인과 수리진의 남편은 한 번도 모습을 드러내지 않습니다. 그들은 가끔 카메라 앞을 스쳐 지나가거나 소리만 낼 뿐입니다. 우리가 주인공을 보는 방식은 마치 창밖에서 커튼을 통해 집 안을 들여다보거나 방관자가 되어 사적인 대화를 몰래 훔쳐 듣는 것에 가깝습니다. 우리는 그들이 모퉁이에서 사라지거나 황급히 복도와 계단을 내려가는 것을 봅니다. 타원형의 창문 너머로 주모운의 아내가 일하는 호텔 안내데스크가 눈에 띄지만 우리가 볼 수 있는 것은 정작 팜플렛과 엽서뿐입니다. 바람에 흔들리는 붉은 커튼은 주모운이 여관에서 수리진과의 데이트를 기다리고 있음을 암시합니다.

이는 곧 왕가위 미스터리의 미학적 경계라고 할 수 있습니다. 인물을 그림 액자 가장자리에 두는 촬영 구도와 과감한 점프 컷을 이어 붙이는 편집 스타일은 피에르 보나르

(Pierre Bonnard)와 에두아르 뷔야르(Edouard Vuillard)의 그림을 떠올리게 합니다. 이 두 예술가는 19세기 말 폴 고갱의 영향을 받은 인상주의 화가들의 모임인 나비파에서 적극적으로 활동하였는데, 폐쇄된 실내 공간에 놓인 인물들을 신비롭게 그려냈습니다. 이들 그림의 시선들은 뷔야르의 〈인테리어(Interior)〉(1889)와 〈엄마와 아이(Mother and Child)〉(1899)처럼 등 뒤에서 혹은 다른 방으로부터 멀찍이 거리를 두고 인물을 바라봅니다. 보나르의 〈남자와 여자(Man and Woman)〉(1900)에서 실내공간은 괴상하게 반으로 쪼개져 있습니다. 심지어 〈누드 인 배스(Nude in Bath)〉(1935)에서는 목욕하는 여인의 다리와 하반신만이 유독 강조되어 보입니다. 왕가위 영화에서도 이와 마찬가지로 종종 인물의 단면만이 보입니다. 한 지붕 아래 여러 명이 함께 사는 홍콩의 좁은 공간은 큰 혼잡함을 줍니다.

전체적으로 말하자면 〈화양연화〉의 미학적인 성취가 눈부신 이유는 미술 디자인과 강력한 레트로 감성 때문인 것을 부인할 수 없습니다. 왕가위는 〈화양연화〉에서 과거를 소환하며 이를 사람들이 아직도 사랑을 믿는 시대로 재탄생시켰습니다. 양조위와 장만옥이 1960년대 홍콩(실제로는 방콕에서의 세트 촬영이었습니다)에서 텅 빈 골목을 따라 걷는 모습은 〈아비정

장만옥의 배신: 〈화양연화〉(2000)

전〉 속 유덕화와 장만옥이 안토니오니식 산책을 재연한 것과 비슷하지만 그 정서는 다릅니다. 마냥 황량하고 쓸쓸하다기보다는 옛 감성의 낭만이 있기 때문입니다.

사실 옛 정서를 연출하는 일에 있어서 왕가위는 소설가 류이창(刘以鬯)의 이야기를 그 미학적 모델로 삼았습니다. 1918년 상하이 출생인 류이창 역시 1948년에 홍콩으로 이주하였는데, 류이창과 왕가위 사이에는 최소 두 세대의 격차가 있습니다. 왕가위는 〈화양연화〉에 류이창의 소설집 〈뛔이다오(对倒)〉(1972년 중문 초판)에 나오는 몇 구절을 인용했습니다.

> "두 명의 주인공이 있다. 하나는 젊은 홍콩 여자, 다른 하나는 나이 든 상하이 이민자. 자신의 생각과 꿈에 젖어 1970년대 초 홍콩 거리를 배회하는 이들의 길은 평행선을 달린다. 이 젊은 여자는 미래에 대한 백일몽을 꾸고 있고 그 남자는 자신의 상하이 생활을 회상하고 있다. 결국 이들은 우연히 한 극장에서 마주 앉게 되지만, 각자의 꿈과 운명으로 인해 서로에게 다가가지 못하고 남남으로 남게 된다."

왕가위는 류이창의 이야기에서 여러 문장을 인용하는 방식으로 인서트 자막을 활용했습니다. 남자 주인공의 상하이에 대한 그리움 그리고 그가 말레이시아의 어느 레스토랑에 앉아 싱가포르에서의 삶과 함께 지난날에 대한 소회를 밝힌 글들이 그러합니다. 류이창의 소설은 특별한 줄거리 없이 의식의 흐름과 정서만으로 인물의 추억과 향수를 따라가는데, 다루는 주제는 바로 '시간'입니다. 류이창의 초기 소설 〈술꾼(酒徒)〉(1962년)을 보면 시간관념에 관한 실마리를 발견할 수 있습니다.

> "시간은 잃어버린 사랑과 행복을 실현할 기회를 의미하지만, 아무리 써도 고갈되지 않는 향수의 원천이기도 하다. 시간은 영원히 지치지 않고 시침은 절망 속에서 초침에 쫓긴다. 행복은 떠돌이처럼 방정식 등호 뒤에서 맴돈다.[11]"

류이창의 견해에 따르면 사람들로 하여금 변화를 인식하게 하고 정서적 요소를 갖게 하는 것은 시간일 뿐 그밖에 어떤 인간 활동도 아닙니다. 소설 속 주인공의 생활 환경은 상하이에서 다시 싱가포르, 그리고 홍콩으로 바뀝니다. 모든 것이 시간에 따라 변화합니다. 그동안 홍콩에는 거대한 변화가 있었습니다. 낡은 집이 헐리고 고층 빌딩이 우뚝 솟고 대량의 인구가

263

264

유입되어 법과 사회 질서가 흔들리고, 트렌드와 유행도 끊임없이 변화했습니다.

　왕가위는 류이창으로부터 받은 시간에 대한 옛 정서를 변화의 기준으로 삼았습니다. 왕가위가 처음 생각한(하지만 나중에 그가 포기한) 것은 1962년부터 1972년까지 10년간의 변화를 담아내는 것이었지만, 그는 이야기를 1966년에 종결하기로 결심했습니다. 당시 홍콩은 중국 대륙의 "문화대혁명"의 영향을 받고 있었습니다. 왕가위는 인물 자체의 변화를 통해 변화를 보여주는 데 관심이 있다고 말했습니다.[12] 왕가위는 이것을 매번 다른 식으로 반복했습니다.

　　"영화 속 음악이나 우리가 어떤 공간, 예를 들면 사무실이나 시계, 복도를 보는 방식도 항상 똑같다. 그래서 우리는 장만옥의 치파오⋯음식의 디테일한 부분 등 사소한 변화들을 통해 변화를 보여주려 했다. 상하이 사람들은 특정 계절에 특정한 음식을 먹어야 하기 때문이다. 음식만으로 지금이 5월, 6월인지 혹은 7월인지를 알 수 있다⋯[13]"

　〈화양연화〉에는 양조위와 장만옥이 밥을 먹으며 음식에 대

장만옥의 배신: 〈화양연화〉(2000)

해 토론하는 장면이 많이 나옵니다. 꽤나 중국적인 이 장면은 이는 류이창의 또 다른 영향에서 비롯된 것입니다. 함께 밥을 먹거나 누군가를 위해 밥을 짓는 것은 둘 사이의 따뜻함과 친밀함을 주기에 왕가위는 일부러 이를 지나치게 강조했을지도 모릅니다. 하지만 음식 뒤에 있는 진짜 주제는 옛 감성입니다. 다른 시간에 다르게 먹는 식사는 시간에 대한 그들 고유의 기억을 의미합니다. 스테이크, 돼지갈비, 보온통에 담긴 죽과 완탕면, 검은깨 죽, 전기밥솥 등 옛 추억을 되살리는 음식들과 밖으로 드러난 벽돌담과 조약돌, 곰팡이가 핀 벽, 항상 지나가면 보이는 콘크리트 기둥에 붙어 있는 산산이 조각난 포스터 등의 반복된 이미지가 옛 감성의 본질입니다.

　하이힐에 치파오, 핸드백, 그리고 흐트러짐 없는 헤어스타일을 한 장만옥의 이미지는 아내와 연인, 정부, 심지어는 어머니의 역할까지 상징적으로 대변합니다. 치파오의 옷깃이 받쳐주는 늘씬한 목덜미와 풍성한 헤어스타일을 한 그녀의 모습은 고대 미인 네페르타리 왕후[14]와 견줄만 합니다. 특히 옆모습이 더욱 그렇습니다. 장만옥이 입은 치파오는 소박한 것부터 화려하고 눈부시게 아름다운 것까지 다양한데 이는 영화에서 볼 수 있는 가장 아름다운 세월의 상징이었습니다. 왕

266

가위는 이처럼 황홀한 방식으로 시간을 잊게 만듭니다. 사실상 그의 모든 영화 중에 〈화양연화〉에 시계의 이미지가 가장 많이 사용되었는데도 그렇습니다.

장숙평의 우아한 세트는 사람을 도취시킬 정도입니다. 컬러는 정교하고 부드러웠습니다. 그러나 영화가 우아하게 과거를 재구성하고 옛 정서를 포착해 "시간이 흐르면 모든 것이 변한다"고 강조하는 와중에 장만옥의 마음 역시 변합니다. 앙코르와트 벽에 대고 중얼거리는 주모운의 비밀을 수리진은 아는 듯 합니다. 자신에 대한 초조함과 주변의 유언비어에 짓눌린 수리진은 주모운 뿐만 아니라 자신까지 배신한 셈입니다. 그러한 억눌림은 연정의 상공을 맴돌며 집안 가득 차 있습니다. 집주인인 부인이 느닷없이 집으로 돌아와 밤새 마작을 할 때 수리진은 어쩔 수 없이 주모운의 방에 숨어 있어야 했습니다. 그녀가 일하는 곳에서도 이러한 두려움이 포착됩니다. 사장은 자신과 정부의 관계를 숨기려 하지만 장만옥은 그것을 눈치 챘기에 이것은 그들 사이에 알고 있어도 밝히지 않는 비밀이 되었습니다.

마누엘 푸익의 소설 〈리타 헤이워즈의 배신〉과 〈조그만 입술〉의 배경이 된 소도시 팔레호는[15] "하나의 유언비어가 구역

장만옥의 배신: 〈화양연화〉(2000)

질날 정도로 자욱한 도시"로 묘사되는데, 이는 홍콩에 있는 상하이 사람들의 커뮤니티와 매우 닮아 있습니다.

〈리타 헤이워즈의 배신〉에서 젊은 주인공 토토(푸익의 또 다른 자아)는 자신이 스캔들과 배신, 루머가 난무하는 세상에 있음을 발견합니다. 소설은 9~11세의 토토의 시점이 담긴 다양한 시각으로 전개됩니다. 토토가 영화를 좋아하는 젊고 예민한 소년이라면 여배우 리타 하이워즈는 뭇 남성을 배신하며 사춘기 소년들에게 성적 환상을 제공하는 여자입니다. 이 여인이 얽힌 중심 사건에서 토토는 빠져나오기가 힘들어집니다.

주모운을 배신한 수리진을 동양판 리타 헤이워즈로 생각한다면 우리는 수리진의 좌절어린 감정의 본질에 도달할 수 있을 것입니다. 유언비어로 가득찬 사회에서 수리진은 자신이 루머의 대상이 되지 않기를 바랬습니다. 그녀의 배신에는 공감할 수 있는 점이 분명 있습니다.

수리진은 주모운과 데이트를 즐기던 호텔(붉은 색이 수놓아져 있는 커튼)의 계단을 오르면서 의구심과 공포에 떨었습니다. 우리는 그녀가 계단을 오르락 내리락하며 복도로 내려와 계단을 내려가는 모습을 봅니다. 이 장면 전에 정지된 화면에서 양조위는 방에서 노크 소리가 나기만을 기다리고 있었습니다.

비록 이런 장면들은 저우쉬안이 주연한 〈장상사〉의 비슷한 장면들의 영향을 받은 것처럼 보이지만 장만옥의 오르내리는 동작은 더욱 가볍고 끊김이 없어 마르셀 뒤샹의 〈계단을 내려오는 누드〉 혹은 게르하르트 리히터의 〈계단을 내려오는 여자(Woman Descending the Staircase)(1965)〉를 떠올리게 합니다.

왕가위는 수리진의 긴장과 갈등을 시청자들에게 전달하기 위해 계단을 오를 때 점프컷과 하이힐의 '또각' 소리로 이 장면의 편집 효과를 강조해 그녀의 뒤틀린 마음을 사실적으로 구현해냈습니다.

우리는 결국 그녀가 2층으로 올라가는 것을 볼 수 없었습니다. 어쩌면 기대가 너무 컸던 것인지 모릅니다. 반면 이번에는 방 안에서 문을 두드리는 소리를 기다리는 주모운이 우리를 또 다른 심정으로 이끕니다. 수리진이 방을 나와 빨간 커튼이 흔들리는 복도에 나서자 둘은 이런 대화를 주고 받습니다.

양조위 : 당신이 올 줄 몰랐어요.

장만옥 : 우린 그들하고 다르니까요. 내일 봐요.

수리진은 복도를 따라 걸어나갑니다. 이때, 카메라는 뒤로

장만옥의 배신: 〈화양연화〉(2000)

빠져 빨간 커튼을 강조합니다. 그리고 그녀가 멈춥니다. 왈츠 곡이 흘러나오고 우리는 두 사람이 2046호 방 안에 있는 장면을 봅니다. 어쩌면 이때가 그들이 행복한 선택을 할 수 있는 유일한 기회였습니다. 하지만 행복은 왔다갔다하며 방정식 등호 뒤에서 끊임없이 맴돕니다.

점프컷 속에 뒤틀린 공간과 '또각' 소리 나는 하이힐: 약속 장소로 가는 장만옥

장만옥의 배신: 〈화양연화〉(2000)

TONY LEUNG ZIYI ZHANG

Oriental Hotel 店酒方東

A **WONG KAR WAI** FILM

2046

BLOCK 2 DISTRIBUTION presentation

BLOCK 2 PICTURES INC. in association with PARADIS FILMS ORLY FILMS CLASSIC SRL SHANGHAI FILM GROUP CORPORATION present
JET TONE FILMS production production supervised by CHINA FILM CO-PRODUCTION COMPANY a WONG KAR WAI film
TONY LEUNG GONG LI FAYE WONG TAKUYA KIMURA ZIYI ZHANG CARINA LAU CHANG CHEN DONG JIE
special appearance by MAGGIE CHEUNG BIRD THONGCHAI MCINTYRE "2046" executive producers CHAN YE CHENG REN ZHONGLUN
producers WONG KAR WAI ERIC HEUMANN REN ZHONGLUN ZHU YONGDE co-producers JACKY PANG YEE WAH ZHUO WU
associate producers ZHONG ZHENG FU WENXIA LI XIAOJUN in association with ARTE FRANCE CINEMA FRANCE 3 CINEMA ZDF ARTE
directors of cinematography CHRISTOPHER DOYLE (H.K.S.C.) LAI YIU FAI (H.K.S.C.) KWAN PUN LEUNG production designer WILLIAM CHANG SUK PING
art director ALFRED YAU WAI MING original music PEER RABEN SHIGERU UMEBAYASHI film editor supervisor WILLIAM CHANG SUK PING
sound designers CLAUDE LETESSIER TU DUU CHIH visual effects BUF written and directed by WONG KAR WAI

In Competition
Cannes Film Festival '04

4K

BLK2 泽
DISTRIBUTION jetto

9

왕가위 감독의 시간의 오디세이

〈2046〉

2004

276

과거와 그 이후

　왕가위의 8번째 작품인 〈2046〉의 놀라운 제작 과정은 전설로 회자됩니다. 그는 이 영화를 만드는데 대략 5년의 세월을 투자했습니다. 이는 제작 기간을 초과해 자유롭게 사유하고 다소 즉흥적인 그만의 영화 제작 방식에 있어서도 새로운 기록인 셈이었습니다.

　왕가위는 이 프로젝트를 이미 1997년부터 생각하고 있었다고 강조하였는데 홍콩의 반환과 '시간이 지나도 바뀌지 않고 남아있는 것들'에 관한 영화를 의도하였다고 말했습니다.[1] 이는 〈2046〉을 가장 노골적으로 1997년을 그려낸 〈해피투게더〉와 함께 엮습니다. 왕가위는 영화의 제목인 2046년이 1997년 7월

1일 이후 홍콩의 정치적, 경제적 체계의 변화가 없을 것이라고 중국이 약속한 50년이라는 기한의 마지막임을 암시했습니다. 이에 대해 그는 어떠한 정치적인 의도도 없다고 말하며 그의 주된 관심사는 오직 인물의 개인적인 여정이라고 강조했습니다.

〈2046〉의 스토리라인은 〈화양연화〉와 가깝게 얽혀 있는데 이는 마지막 챕터에서 자세히 묘사할 것입니다. 2046은 주인공 주모운(양조위)과 수리진(장만옥)이 비밀스러운 만남을 가지는 호텔의 객실 번호로써 그 자체로 영화에 상징적 연관성을 부여합니다. 〈화양연화〉를 찍으며 왕가위는 그가 동시에 〈2046〉을 작업 중인데 이제 막 개봉을 앞두고 있다고 투자자들에게 말했습니다. 그는 이 영화를 〈아비정전〉으로 시작해서 〈화양연화〉로 이어지는 1960년대 3부작의 마지막 작품이라고 언급합니다.[2] 그러므로 〈2046〉의 씨앗은 왕가위의 이른 필모에까지 심어져 있는 셈인데 정확히는 그가 〈아비정전〉을 2부작으로 나누어진 서사시로 기획했던 1990년부터 시작한다고 할 수 있습니다. 그리고 시간과 상황은 3부작과 다름없는 〈2046〉의 제작을 허용했습니다.

왕가위는 '1960년대의 사랑에 관한' 영화는 이제 더 이상 만들지 않을 것이라고 덧붙였습니다.[3] 연대순으로 본다면 〈2046〉은 3부작을 합산한 만큼의 시간을 다룹니다. 〈아비정전은〉 1960년에서 1962년 사이를, 〈화양연화〉는 1962년부터 1966년을, 그리고 〈2046〉은 1966년부터 1970년까지의 기간 동안 펼쳐지며 남은 10년의 절반을 아우릅니다. 그러나 왕가위는 관객들이 세 내러티브 간의 연결성에 주목하기보다는 영화를 각자 다른 작품으로 볼 것을 조언하면서 3부작의 수수께끼를 남겨둡니다.

"나는 〈2046〉을 〈화양연화〉의 속편으로 본다."

왕가위는 이렇게 말하면서 '이는 인간이 특정한 과거로 인해 어떻게 자신의 미래와 마주할 수 있는지에 관한 또 다른 이야기'라고 주장하였습니다.[4] 〈2046〉이 필름메이커로서 그의 과거를 반영하는 한, 영화는 감독 본인의 자전적 이야기일 수 있습니다.

〈2046〉의 제작이 지연되며 영화를 2004년 칸 영화제 경쟁 부문에서 공개하는 것을 마지막까지 늦춤으로써 왕가위는 확실히 자신의 방식으로 제작을 밀어붙였습니다. 아마 그는 과

279

거에 〈화양연화〉에서 제작 기간 내에 11시간의 추가 작업만으로 이뤄낸 칸에서의 성취를 다시 원했을지도 모릅니다(그는 두 개의 칸 영화제 심사위원 상을 받았습니다). 하지만 이번에 제작 기간의 지연은 수상에 실패하면서 비판을 낳았습니다. 작품이 개봉했을 때조차 영화가 여전히 작업 중이란 사실이 확실시되었는데 이는 그가 9월에 홍콩과 중국 본토에서 개봉할 때까지 홍콩에서 계속 영화를 계속 작업하였다는 사실로 증명되었습니다. 홍콩의 현대적이고 미래적인 이미지에 사로잡혀서 그는 영화를 재편집했던 것입니다. 홍콩 언론은 8월 직전에 왕가위의 촬영 방식에 대해 불만을 표했고 그가 하차 루머까지 돌던 일본 배우 기무라 타쿠야와 추가 촬영을 진행하려 한다는 소식을 보도하였습니다.

영화의 늦춰진 제작에도 불구하고 홍콩에서 129분 버전으로 최종 개봉한 감독판[5]은 홍콩 영화계의 같은 세대 감독들 중에서 왕가위의 탁월한 입지를 재확인시켜주었습니다. 〈2046〉이 시네마스코프 포맷으로 촬영된 첫 영화이며 제작비가 가장 많이 들었고 러닝타임이 제일 길며 대사 또한 가장 많다고 하더라도, 인물들이 끌고가는 매혹적인 미장센을 가진 영화라는 점에서는 왕가위의 초기작들과 유사합니다. 그럼에도 〈2046〉은 그의 작품 중 가장 잔잔하며 화려함을 최소화하였습니다.(CGI를 통해 재창조된 미래적 느낌의 메트로폴리스도 실제로 영화에서는 아주 약간의 부분만 차지합니다.) 영화에는 애달픈 분위기와 슬픔 속 체념 어린 감정이 생생히 드러나며 그 본질은 시간이 지날수록 드러나는 지연된 반응에 있습니다.

지연된 반응이라는 모티프는 헤어짐과 실연의 고통을 천천히 극복하는 등장인물들을 반복적으로 보여줌으로써 영화 내내 유지됩니다. 안드로이드는 지연된 반응을 보이며 인간의 감정을 가장하는데 '울고 싶어도 내일이 될 때까지 눈물이 흐르지 않는다.'라고 경호원들이 설명합니다. 주모운을 제외한 모든 주요 등장인물들은 눈물을 많이 흘립니다. 주모운은 〈아비정전〉의 아비로 대표되는 무정한 인물의 역할을 물려받았음이 분명합니다. 하지만 왕가위는 주모운이라는 인물에 변화를 가했고 이는 미래로 갈수록 지연된 감정을 더욱 강하게 하였습니다.

주모운은 결국 살아남았고 아비는 그렇지 못했습니다. 냉철한 감정의 소유자로 대변되는 주모운은 그저 그의 감정이 자유롭게 흘러나오기에는 내면에 지나치게 깊숙이 묻혀 있었던 것입니다. 그는 모두를 유혹하고 울리는데, 이는 왕가위가 〈아비정전〉에서처럼과 마찬가지로 주모운에게 푸익의 메타포를 적용했음을 알 수 있게 합니다.

〈아비정전〉과의 연관성은 등장인물들을 통해 알 수 있습니다. 〈아비정전〉에 등장한 유가령의 루루(미미)는 〈2046〉에서 재등장하고, 장만옥의 수리진은 주모운의 흑백 회상 장면에서 카메오로 잠시 나옵니다. 하지만 〈2046〉에는 또다른 수리진이 등장합니다. 공리가 연기한 프놈펜에서 온 검은 옷을 입은 여자로, 그녀의 이름 역시 수리진입니다. 수리진과의 만남과 이름의 우연한 일치는 주모운으로 하여금 과거를 상기시킵니다. 공리는 수리진에게 장만옥의 수리진 이야기를 하게 만듭니다. 서로 관련이 없는 두 인물이 동명이인이라는 우연의 일치로 연결되었고 주모운에게 같은 감정을 느끼게 됩니다. 주모운 본인은 〈아비정전〉의 마지막에 양조위가 연기한 미스터리한 도박꾼과 동일한 인물일까요?

홍콩의 어느 영화 평론가는 이에 동의한다며 이것으로 10년 동안 그에게 수수께끼였던 왕가위의 3부작에 내재된 비밀을 풀었다고 주장합니다. 그의 말에 의하면 〈2046〉의 이야기와 등장인물의 대사는 〈아비정전〉과 〈화양연화〉에서 유래했다고 볼 수 있습니다.[6]

　주모운이 〈아비정전〉의 등장인물이든 아니든 그가 〈화양연
화〉의 등장인물과 동일인임은 분명합니다. 그가 자신의 비밀
을 앙코르와트의 유적지 벽의 구멍에 대고 말하면서 영화는
주모운의 이야기에 집중하기 시작합니다. 〈2046〉은 검은 구
멍이 등장하는 장면으로 시작하는데 이를 관음하던 카메라는
뒤로 물러나 화려하고 페미닌한 고양이 줄무늬 천 덮개를 비
춥니다. 그는 공상과학의 판타지 세계로 우리를 이끌고 미스
터리한 기차가 통로로 하강하는 쇼트에서 장면을 전환합니다.
기차의 탑승객은 기무라 타쿠야(탁)로, 우리는 여기서 왕가위
영화의 전형적인 독백으로 그의 목소리를 처음 듣습니다. 그
는 화면 밖에서 일본어로 2046에 대해 이렇게 설명합니다.

기무라 타쿠야, 비밀을 품은 시간여행자

"아무것도 바뀌지 않기에 사람들이 기억을 회복할 수 있는
장소다."

탁은 사실 2046에서 돌아오는 중이었습니다. 아무도 2046
을 떠난 적이 없기에 기차 승무원은 탁에게 '왜 떠났는지 말
해줄 수 있습니까?'라고 묻습니다. 그는 구멍에 대한 모호한
답변을 합니다-어떻게 예전에 사람들이 산을 오르고 나무를
찾아 구멍을 파내어서 그들의 비밀을 속삭인 후 흙으로 묻어
다시는 찾지 못하게 하였는지를 말합니다. 그럼에도 이 답변
은 시적으로 난해합니다. 그는 일본 작가 다자이 오사무의 소
설 〈사양〉 속 이야기를 빌려서 이것이 사회통념에 어긋나는

284

일과 관련된 비밀이라는 암시를 보냅니다.

> "중심인물이 그의 누나에게 '비밀'을 고백하는 유서를 남긴
> 채로 자살을 한다. 비밀은 그가 화가의 아내와 사랑에 빠
> 졌다는 것이다. 누나는 자신만의 '비밀'(유부남 작가와 불륜
> 관계를 맺고 있었습니다)을 가지고 있고 비밀을 가지는 것이
> 야말로 인간을 동물들과 구별되게 하는 것이라고 믿는다."

주모운이 불륜의 '비밀'을 구멍에 속삭이는 것은 수수께끼
를 키웁니다. 탁 역시도 왕페이의 캐릭터와 정사를 가지며 같
은 대사를 되풀이합니다.

> "나도 한 때는 사랑을 했었고 그녀가 나를 사랑하든 아니든
> 떠돌아다녔다."

주모운은 수리진과의 정사를 연상시키는 오리엔탈 호텔
2046번 방에 매료된 손님이기에 탁과 왕페이와 연결되어 있
습니다. 그의 공상과학 소설로부터 왕가위는 우리를 주모운
의 기억, 싱가포르에서 홍콩으로 같이 가자는 주모운의 제안

2046에서의 만남

을 거절한 수리진과의 마지막 만남에서도 존재하는 현실 세계로 돌려놓습니다. 도박사로서 그녀의 거절 방식은 주모운과 카드 뽑기를 하는 것이었습니다.

"당신이 더 높은 숫자 카드를 뽑는다면 당신과 가겠어요."

그녀는 에이스를 뽑았고, 그는 홀로 홍콩으로 돌아갑니다. 때는 1966년 말로, 홍콩에서 폭동이 일어났던 시기였습니다. 영화의 대부분은 주모운이 무협, 섹스, 공상과학 등 다양한 장르의 펄프 픽션들을 집필하며 분투하는 작가로서의 삶을 여러 여성과의 관계를 통해 보여줍니다.

주모운은 원래 2046호에 머무르고 싶었음에도 불구하고 2047호에 자리를 잡습니다. 그가 홍콩에서 1966년 크리스마스 이브에 만난 여성은 루루입니다. 나이트클럽에서의 그들의 우연한 만남은 향수를 환기합니다.

유가령: 정말 날 알아요?

양조위: 64년에 싱가포르에서 공연했지?

유가령: 그래요.

양조위: 이름은 루루.

유가령: 그때는 루루였죠. 지금은 아니에요.

양조위: 지금 이름은 뭔데?

유가령: 그걸 왜 말해야하죠?

(그녀는 걸어가지만 멈추고 뒤돌아본다)

유가령: 정말 우리가 만난 적 있어요?

양조위: 어떻게 잊을 수 있지? 죽은 애인과 내가 닮았다며? 차차차도 가르쳐줬잖아.

유가령: 계속 얘기해 봐요.

양조위: 날 늘 카지노에 데려갔지. 자긴 돈을 잃고 빚을 많이 졌었어. 홍콩 여비도 친구들과 내가 대줬지. 옛날 애인 얘기도 많이

287

했어. 부유한 가문의 중국계 필리핀인이고 결혼하려고 했는데 그가 일찍 죽었지. 그 사람만을 사랑한댔어. 괜히 슬픈 얘기 꺼냈군.

여기서 왕가위가 상기시키는 향수는 세 가지로 압축됩니다. 그것은 루루의 죽은 애인, 싱가포르에서 루루를 만난 주모운, 그리고 〈아비정전〉 속 장국영의 아비에 대한 우리의 향수입니다. 주모운의 루루의 이야기에 대한 언급은 시간의 모티프로 만들어진 영화 〈아비정전〉과 직접적으로 연결되는 첫 번째 단서입니다. 〈해피투게더〉에서 '우리 다시 시작하자'는 대사 역시도 그저 한낱 에피소드로 머물지 않습니다.

〈2046〉은 '시간의 모티프'를 다루는 3부작의 종착지인 한편, 그전까지 만들어진 왕가위의 7편의 작품들의 총체라고도 볼 수 있습니다. 이 작품들은 모두 왕가위의 과거에 대한 향수와 미래에 대한 불안을 아우르기 때문입니다. 2046의 시간을 앞뒤로 왕복하는 미스터리한 기차뿐만 아니라, 〈해피투게더〉 마지막 장면에서의 기차와 〈타락천사〉에서 터널을 통과하는 금성무의 오토바이 라이딩 장면 등이 이를 상징합니다.

왕가위가 〈2046〉의 내러티브에 〈아비정전〉을 배치

한 것은- '배신'의 주제를 환기시키는 사운드트랙과 음악 'Siboney'를 통해서- 〈2046〉이 1960년대를 다루는 3부작의 마지막 작품임을 암시한 것입니다. 그러나 루루 본인은(영화 마지막에 등장하는 양조위의 캐릭터를 제외하고는) 영화의 다른 중심 인물들의 이야기와 특별한 연결점이 없습니다. 왕가위는 인물들을 연결된 듯 연결되지 않은 것처럼 그려냅니다. 주모운은 이 전략을 내면화한 인물입니다. 그는 3부작을 연결하는 사슬의 열쇠처럼 보이는데 여기서 그는 다른 등장인물들로부터 분리된 자신만의 공간과 중심을 소유하고 있는 것 같습니다. 무엇보다 그는 1960년대의 홍콩을 대표하는 이 3부작의 주인공이라고 볼 수 있습니다.

도시는 영원한 비애를 드러내고 1997년으로부터 50년의 세월이 확장된 홍콩의 감성은 홍콩의 그 어떤 변화도 보장하지 않는 것처럼 보입니다. 〈2046〉을 지배하는 시간이 1997년부터 50년 후로 정의됨에도 불구하고 영화는 확고히 1960년대에 근간을 두고 있습니다. 그러므로 영화는 미래부터 과거까지 시간을 탐험하며 1960년대의 어느 적절한 지점에서 미래를 바라보는 시간의 오디세이입니다.(몇몇 비평가들이 오판하듯이 이는 단순한 스페이스 오디세이가 아닙니다.)

왕가위 감독의 시간의 오디세이: 〈2046〉(2004)

1960년대 홍콩에 대한 왕가위의 묘사는 근본적으로 비극적입니다. 호주의 저널리스트 리차드 휴즈는 이 시기를 일컬어 '빌려진 시간'이라고 했습니다. 시민들을 방황하고 떠돌게 만든 특정한 공포와 불안감은 1997년 이전부터 존재하고 있었습니다. 다만 왕가위는 1997년 이후에도 이러한 불안이 변함없이 홍콩을 에워쌀 것이라는 사실을 암시하였는데, 이러한 메시지를 〈2046〉에 숨겨놓았습니다.

"홍콩은 2046년 이후 찾아올 거대한 변화를 본인과 본인의 역사-홍콩에게 변함없는 시간을 준 과거에 뿌리내린 역사-를 투영할 기회로 삼아야한다."

〈2046〉에서 1960년대는 싱가포르로 향했다가 다시 돌아온 뿌리가 없는 남자 주모운을 낳은 혼돈과 불안의 시대로 보여집니다. 주모운에게서 우리는 사랑, 영구성, 충실함, 그리고 안정감을 발견하게 될 수 없으리라는 사실을 압니다. 그리고 이는 바로 홍콩이 겪고있는 아픔이기도 합니다.

육체의 판타지

〈화양연화〉에서 〈2046〉으로 변모한 주모운에 대한 왕가위의 묘사는 꽤나 인색합니다. 그는 댄디한 콧수염을 자랑하는 상습적인 바람둥이이며 호색가로 〈화양연화〉에서의 주저하는 모습과는 꽤나 대조됩니다. 그는 〈2046〉의 중심에서 네러티브를 이끌어 나갑니다. 주모운은 시간 속에서 분명 변했습니다. 수리진이라는 동명이인의 두 여인들과의 정사는 그에게 흔적으로 남았고 그가 홍콩에서 여성과 맺는 관계를 방어적으로 만들었습니다. 〈2046〉에서의 다양한 정사 장면은 육체의 판타지입니다.

주모운과 루루의 만남은 굉장히 간결합니다. 루루가 하룻밤 놀다 쓰러졌을 때 주모운은 그녀를 호텔 방으로 데려다줍니다. 그리고 방을 나서며 익숙한 숫자를 알아챕니다.

> "그녀를 안 만났다면 그 숫자도 보지 못했을 것이고 〈2046〉이란 이야기도 없었겠지."

291

다음날 주모운이 열쇠를 돌려주려고 하자 호텔 관리자 왕 씨는 그에게 말합니다.

"루루요? 그런 분은 안 계세요. 미미라는 분이 있었지만 며칠 전에 퇴실하셨고요."

주모운은 방을 옮기려고 했으나 왕 씨가 2046호를 수리한다고 했기에 2047호로 옮기게 됩니다. 그리고 그의 독백이 보이스오버 형식으로 흘러나옵니다 (호텔 주인이 피를 치워야 했기에 방을 내주는 걸 꺼려했단 사실을 설명해 줍니다).

"나중에서야 그 전날 밤 나이트클럽에서 드러머로 일하는 루루의 애인이 그녀를 칼로 찔렀단 사실을 알게 되었다."

루루는 이렇게 영화에서 퇴장하지만 -왕가위의 전형적인 수수께끼인 영원한 귀환의 방식으로- 분명히 회복을 하고, 여전히 자신의 이상인 발 없는 새를 필사적으로 찾으며 영화에서 재등장합니다. 그녀는 불굴의 의지 혹은 낙관주의를 상징합니다.

　루루 혹은 미미는 여성 주모운(애인을 끊임없이 바꾼다는 점에서)과 같으며 그녀의 분명한 회복은 주모운이 루루가 떠난 이후 각각 2046호에 거주하였던 무도회 여자 백령(장쯔이) 뿐만 아니라 호텔 소유주의 딸 왕정문(왕페이)과 정사를 나누는 장면들을 통해 나타납니다. 왕정문과 주모운과의 관계는 수리진과의 정사를 상기시키는 정신적인 사랑이었습니다. 수리진처럼 왕정문도 주모운이 무협소설을 쓰도록 돕고 실질적으로 그의 대필작가가 되어 능숙하게 그의 외설스러운 필력을 받아들입니다.

　하지만 그녀는 탁과 사랑에 빠져있었습니다. 그들의 정사는 탁이 홍콩에서 일본 회사의 고위직으로 일하고 있을 당시로 돌아갑니다. (일본인을 혐오하는) 왕정문의 아버지는 두 사람의 관계를 반대하고 이로 인해 탁은 일본으로 돌아갑니다. 왕정문은 심각한 신경쇠약 상태에 빠집니다.

떠나기 전에 탁은 왕정문에게 '함께 가자'고 애원합니다. (시크릿 가든의 우울한 'Adagio'가 흘러나오는데, 왕가위는 기무라와 왕페이의 연애장면들을 찍는 동안 세트에서 음악을 틀라고 지시했습니다.)[7]

"나를 사랑하나요? 아닌가요? 두렵지만 알아야겠어요."

그가 묻습니다. 긴 침묵이 흐르고 왕정문은 말 대신 눈물로 답합니다. 사랑을 고백할 기회를 놓치는 지연된 시간이 흐르면서 시간은 다시 감정의 결정요인이 됩니다. 이 지점에서 왕가위는 우리가 실제로 탁이 '사요나라'라고 말하며 사랑하는 여자를 떠나기 전에 탁이 떠난 이후의 시점으로 먼저 점프 컷합니다. 편집 기법은 시간과 감정의 변증법을 강조합니다. 지연된 시간만큼 감정은 더 깊어지고, 이는 왕페이의 눈물로 전달됩니다. 사실 영화에서 모든 주연 여성들-장쯔이, 유가령, 공리-은 지연된 감정의 모티프를 강화하기 위해 중요한 순간에 아름다운 눈물을 흘리는데 이것이 감독의 연출에서 가장 황홀한 업적입니다.

왕정문이 잠시 2046호를 비울 때 우리는 주모운이 빈방을 차지한 백령과 정사를 가지는 다음 에피소드로 넘어갑니다. 이 에피소드에서 주모운은 비록 콧수염을 달고는 있어도 아비의 도플갱어가 되며 그의 난봉꾼 기질이 우리 눈앞에 드러납니다. 여기서 왕가위가 받은 영감은 마누엘 푸익의 〈조그만 입술(Heartbreak Tango)〉보다는 다자이 오사무 소설의 자전적인 등장인물들에서 비롯됩니다. 그럼에도 불구하고 그는 주모운이 거울을 보며 머리를 빗는 장면을 여러 번 반복하며 의도적으로 같은 행동을 하는 아비를 상기시킵니다. 이는 푸익의 소설에서 영감을 받은 아비와의 연결을 강조합니다. 주모운의 백령과의 정사는 〈아비정전〉에서 루루와 아비의 정사를 떠올리게 하는데, 백령은 맹렬하고 괴팍할 뿐만 아니라 소유욕이 강하다는 점에서 루루의 분신과도 같습니다. 루루와 마찬가지로 백령도 무도회장에서 일하고 아비와 루루처럼 주모운과 그녀는 정사를 통해 맺어진 관계입니다. 백령은 옆방(아마도 주모운의 방)에서 커플들이 침대에서 사랑을 나누며 내는 소리에 분노하는 모습으로 처음 소개됩니다. 'Siboney'의 라틴 리듬과 함께 다음 장면이 세팅되고 백령은 실루엣이 훤히

295

멋진 몸매의 장쯔이

드러난 치파오를 입은 치명적인 유혹의 모습으로 나타납니
다. 그녀의 에피소드는 시간과 감정의 변증법을 완벽하게 이
끌어내는데 1967년 크리스마스이브나 저녁 데이트 이후(냇 킹
콜이 부르는 'The Christmas Song'이 흘러나옵니다) 길을 걸으며 나누
는 둘 사이의 대화는 이 모티프에 활력을 불어넣어 줍니다. 이
장면은 〈화양연화〉에서 주모운과 수리진이 식당에서 만난 후
산책하는 장소를 상기시킵니다.

장쯔이: 이해가 안 돼요. 그래봤자 뭐가 남죠? 진정한 짝을 만날 생각
은 안 하고 왜 그런 식으로 인생을 낭비해요?

양조위: 진정한 짝? 난 빈털터리예요. 가진 건 시간뿐이고 그래서 친

구가 필요해요.

장쯔이 : 시간 때우기용으로?

양조위 : 반대일수도 있죠. 내 시간을 빌려줄 수도 있어요.

장쯔이 : 오늘 저녁엔요? 누가 시간을 빌릴 거죠?

양조위 : 별 차이 있겠어요? 아깐 내가, 지금은 당신이 빌린 거로 칩시다.

장쯔이 : 순 엉터리!

(그녀는 돌아선다.)

양조위 : (그녀의 반응에 놀라며) 오해 말아요. 당신을 갖고 놀 생각 없어요. 그걸 원했다면 다른 방법을 썼겠죠. 술친구가 되고 싶을 뿐이에요.

장쯔이 : 그럴 수 있을까요?

양조위 : 힘들겠지만 노력해 볼게요.

장쯔이 : 좋아요. 노력해 봐요.

주모운은 백령의 시간을 샀고 사랑을 나눌 때마다 돈을 주었습니다. 그녀는 주모운이 함께 시간을 떼운 다른 여자들과 다르다는 것을 보여주기 위해서 단지 10달러만 받았고 이때마다 돈을 침대 밑 상자 아래에 보관했습니다. 구매한 시간이

왕가위 감독의 시간의 오디세이: 〈2046〉(2004)

었기에 그들의 정사는 그가 돈이 떨어졌을 때 함께 끝납니다.

주모운은 펄프 픽션 집필에 과도하게 창작 욕구를 불태웁니다. 그는 남녀가 잃어버린 기억을 되찾고 질투로 인해 죽임을 당하는 '2046'이라는 장소에 얽힌 이야기를 만듭니다. 그는 그가 만난 인물들을 참조합니다. 루루와 그녀의 드러머 애인 (장첸) 그리고 탁과 백령의 이야기에서 길을 찾는 것입니다.

오랜 결별 끝에 백령과 주모운은 다시 식당에서 만납니다. 그들은 술을 마시고 과거를 회상하며 밤을 보냅니다. 헤어지면서 백령은 주모운에게 돈 한 다발을 주는데, 이는 그가 그녀의 시간을 사기 위해 지불한 돈 총합 10달러였습니다. 주모운은 감동하며 작별 인사로 이렇게 말합니다.

"전에 내게 물었지. 뭐든 빌려줄 수 있냐고. 생각해 봤는데 이제 깨달았어. 빌려줄 수 없는 게 한 가지 있다는 걸."

백령은 다음날 싱가포르로 떠납니다. 그리고 떠나기 전에 묻습니다.

"예전으로 돌아갈 순 없을까?"

왕가위의 시간 AUTEUR OF TIME

산산이 조각난 시간이 과거 저편으로 흘러갑니다. 주모운은 독백처럼 말합니다.

"사랑은 타이밍이다. 너무 일러도 너무 늦어도 안 된다."

〈2046〉에서 주모운과 여자들의 관계는 너무 이르거나 늦습니다. 백령과 주모운의 관계는 끝났고, 왕정문은 다시 2046호로 돌아와 주모운과 플라토닉 관계를 이어갑니다. 하지만 우리는 왕정문이 자신을 절대로 사랑하지 않을 것이란 걸 알게 된 주모운이 왕정문과 탁을 같이 이어주는 다리 역할을 하는 모습을 보게 되고 여기서 그의 따뜻한 면모를 봅니다. 애인과 서신을 주고받는다는 사실을 아버지에게 들키지 않기 위해서 주모운은 탁에게서 러브레터를 받아 나중에 왕정문에게 넘겨줍니다. 1968년의 크리스마스이브에 주모운은 왕정문을 그의 사무실로 데려와서 탁과 전화를 할 수 있게 해줍니다.

주모운은 이들에게 헌정하는 또 다른 공상과학 이야기를 집필하는데, '2046'의 후속작으로 제목은 '2047'입니다. 그러므로 영화 내에는 실제로는 두 숫자를 포함하는 두 편의 공상과학 이야기가 있는 셈입니다. '2046'은 사랑 때문에 힘들어하

299

는 인물들이 잃어버린 기억을 회복하기 위해 가는 장소로 묘사됩니다. '2047'에서는 주모운이 본인을 일본인(왕가위는 그의 일본에서 받은 영감, 특히 다자이 오사무를 강조한다) 탁이라고 상상하는데, 그는 미스터리한 열차를 타고 2046에서 돌아오며 안드로이드와 사랑에 빠집니다.

이제 영화 속 영화는 왕정문과 주모운 혹은 탁이 천천히 사랑에 빠지는 판타지의 영역으로 흘러갑니다. 특히 왕정문은 탁에게 사랑에 빠지는 것에 대해 경고하는데 이 귀환의 여정에서 탁은 그 안드로이드에게 따뜻함을 느낍니다.

열차가 1224 구역에서 1225 구역(크리스마스이브에서 크리스마스로)으로 진입하는 동안 탁이 그녀를 껴안자 안드로이드는 이 변화로 습득한 감정으로 인해 망가지기 시작합니다. 그는 사랑에 빠지고 그녀가 그를 사랑하는지 궁금해 하지만 경호원에게 그녀를 버릴 것을 조언 받습니다. 하지만 탁은 왕정문과 열차에 있는 다른 안드로이드 루루에게 그의 '비밀'을 속삭입니다. '비밀'은 곧 '나와 함께 떠나자'는 명령이 됩니다. 이는 그가 찾던 사랑과 행복을 가져다줄 것입니다.

왕정문은 결국 아버지의 허락하에 애인과 결혼하기 위해 일본으로 갑니다. 그리고 주모운 본인은 현실에서의 정사에 여전히 만족하지 못하고 있었습니다. 백령은 그를 열정적으로 사랑했지만 그는 회답할 수 없었고 왕정문은 절대로 그와 사랑에 빠질 수 없었습니다. 둘 모두 너무 이르거나 너무 늦은 경우입니다.

그는 여전히 두 명의 수리진에게서 얻은 상처로 인해 겁에 질려 있었습니다(술에 취한 그의 기억 속에서 두 사람이 택시를 타고 수리진이 그녀의 어깨에 취한 그의 머리를 기대게 하는 장면이 흑백으로 등장합니다). 영화 초반에 주모운은 시간 외에 가진 것이 없었지만 영화의 종점으로 향하며 그에게는 '추억과 죄책감에 의한 상처'만 남았습니다.

> "그 상처는 점차 내 살과 피보다 중요해지기 시작했고 고통이 살아서 애정을 속삭이더라도 그것은 여전히 내게 상처였다.[8] (다자이 오사무의 소설 〈인간 실격〉 중에서)"

왕가위는 1970년 여름, 백령과 주모운의 마지막 만남을 묘사하는 영화의 결말 부분에 싱가포르에서 주모운과 수리진이 마지막으로 만나는 에피소드를 삽입함으로써 그의 시간 오디세이의 종착 지점에 도달합니다. 백령은 싱가포르로 가기로

왕가위 감독의 시간의 오디세이: 〈2046〉(2004)

결정했고 주모운의 도움이 필요했는데 그는 흔쾌히 승낙하였습니다. 그녀는 1969년 크리스마스이브의 그를 보려 한다고 말해줍니다. 그해 크리스마스에 주모운은 싱가포르에서 수리진을 찾으려 하였지만 실패하였습니다. 그녀는 아마 프놈펜으로 돌아갔거나 죽었을지 모릅니다. 그리고 나서 그는 계단에서 수리진과 만났던 일을 회상하는데 왕가위는 영화의 초반에 이를 배치하였고 마지막 장면에서 이를 다시 반복합니다.

작은 에피소드들은 류이창의 단편 모음집 〈The White in the Black and the Black in the White〉속에 '검은 과부'라는 제목으로 이름 붙여질 수 있을 것입니다. 검정색은 수리진의 색깔입니다. 그녀는 검은 치파오를 입고 오른손에 검은 장갑을 낍니다. 그녀의 장갑에 대해서는 카드 게임에서 속임수를 쓰다 걸려서 잃어버린 손을 가리기 위한 것이라는 이야기가 있습니다. 전문 도박꾼인 그녀와 주모운의 만남은 예정된 것이었습니다. 주모운 역시 젊은 시절 도박꾼이었고 〈아비정전〉에서도 그런 모습으로 등장하였는데 그 에피소드는 또 다른 미장센의 느낌을 자아내며 〈아비정전〉과 〈화양연화〉와 우아한 방식으로 연결되는 코다로 기능합니다.

수리진과 주모운의 짧은 만남은 그가 잃어버린 돈을 다시 되찾는 데에 기여하고 덕분에 그는 홍콩으로 돌아갈 여비를 벌게 됩니다. 수리진은 주모운에게 털어놓지 않은 과거를 가진 여자입니다. 주모운은 반면 그와 또다른 수리진과의 정사에 대해 털어놓습니다. 홍콩으로 같이 가자는 주모운의 제안을 수리진이 거절한 후 두 사람은 열정적으로 키스합니다. 주모운은 생각합니다.

"나는 그녀에게서 옛 여자를 찾았다. 난 깨닫지 못했지만 그녀는 느꼈을 것이다. 사랑은 대체할 수 없다."

그는 나중에 백령의 곁을 떠나듯이 눈물을 훔치며 수리진을 떠납니다. 수리진은 말합니다.

"잘 지내. 언젠가 과거에서 벗어나면 날 찾아와."

눈물을 자아내는 이 장면은 과거의 시간과 감정이 대칭을 이루며 더욱 풍성해지고 그 감동도 배가 됩니다. 그리고 영화의 마지막 장면에서 구멍의 이미지를 통해 완전한 대칭에 도달합니다. 구멍에 대한 속삭임은 더 많은 비밀이 있음을, 그리

왕가위 감독의 시간의 오디세이: 〈2046〉(2004)

고 주모운의 비밀의 열쇠는 '함께 떠나자'는 말임을 암시합니다. 주모운의 상처와 고통은 수리진이나 백령 모두 그와 함께 떠나지 않았단 사실에 근거합니다.

시간은 오직 정사와 짧은 만남의 추억만 남기고 미래를 향해 나아갑니다. 시간이 지나 다른 수리진을 만나면 주모운은 그의 과거와 사랑을 잊을 수 있을까요? 하지만 홍콩은 변하지 않은 상태에 놓인 채 오랜 기간 동안 지연된 시간을 가질 것입니다. 눈물을 흘리기까지 50년의 세월이 걸리는 것입니다.

•

코다

왕가위가 〈2046〉에서 취득한 성과를 세계적으로 인정받는 데에는 오래 걸리지 않았습니다. 독립적인 하나의 작품으로 보든 아니면 1960년대를 다룬 3부작의 맥락에서 보든 〈2046〉은 홍콩 사람들의 마음속 감정을 표현하는 작품입니다. 오늘날까지 왕가위 영화들의 총합과 본질은 '홍콩의 잃어버린 추억에 대한 영화적인 회복'이고 〈2046〉은 이 주제의 아름다운 총체라고 할 수 있습니다. 우리는 그의 영화 속 이미지와 감성 그리고 음악(우메바야시 시게루의 오리지널 테마송과 피어 라벤, 조르주 들리뤼, 즈비그뉴 프라이즈너의 테마, 벨리니의 오페라 〈노르마〉와 〈해적〉에서 추출한 아리아와 냇 킹 콜, 딘 마틴, 코니 프란시스의 목소리 등)의 추억에 마음을 빼앗기며 극장을 떠납니다.

여기에 더해 그의 영화에는 인물들이 있습니다. 양조위는 한량이자 신사이며 유가령은 주모운과 〈아비정전〉을 연결하는 단서를 제공하는 애처로운 존재로 등장합니다. 그리고 왕페이는 나약한 매력의 여주인공으로 등장하며 유약함을 드러냅니다. 여기서 장만옥의 존재만이 피상적이고 불필요하게 보이는데 이는 〈화양연화〉에서의 로맨스에 대한 배신의 징후일지도 모릅니다.

프로덕션 디자이너이자 편집자인 장숙평은 〈2046〉에서 또 한 번 왕가위 영화의 전체적인 미장센에 필수불가결하고 화려한 재능을 기여했습니다. 왕가위는 크리스토퍼 도일과 지속적으로 일했지만 그럼에도 불구하고 그들의 협력은 명백히 5년의 프로덕션 동안 공백기를 가졌습니다. 〈2046〉은 사실 그들의 마지막 협업을 의미할지도 모르는데 도일의 촬영기술이 주는 환각적인 명암은 다른 두 촬영 감독 여요휘(〈해피투게더〉

에서 양조위의 캐릭터와 동명이인입니다)와 관본량이 그대로 이어받습니다. 〈2046〉은 불가사의할 정도로 아름다운 왕가위의 또 다른 작품입니다.

시네마스코프의 화면비율은 왕가위의 새로운 시각적 특징을 자아냅니다. 가장자리에 인물을 배치한 프레임 속 남은 공간들을 넓은 그림자로 채웁니다. 이러한 방식으로 왕가위는 옛 거장들의 현대미술을 구현하면서도 단조로움을 피했습니다. 그러므로 왕가위가 오페라 아리아를 반복적인 테마곡으로 사용한 것은 우연이 아니라 전체적으로 어울리는 효과를 낳습니다. 어두운 배경으로부터 각 등장인물들은 램브란트의 초상이나 블레이크의 '밤의 숲속에서 활활 타는 호랑이'처럼 빛이 납니다. 등장인물들은 중앙으로부터 벗어나 명암으로 둘러싸여 어둠 속의 보석처럼 빛이 납니다. 왕가위의 촬영 감독들은 명암을 다루는 데에 있어서 거장 카라바지오 못지 않게 능숙했습니다. 인물의 심리와 그들 간의 관계가 드러나는 미스터리하고 창의적인 세계를 위해 빛을 능숙하게 다룬 것입니다. 환각을 일으키는 라임색과 붉은색의 대담한 기하학적인 패턴은 1960년대와 70년대의 고전적인 인테리어를 되살리며 과거보다는 미래에 있는 듯한 느낌을 줍니다. 빠르게 이동하는 기차의 창문에 햇빛이 굴절되어 깜빡이자 시간의 통로가 드러납니다. 영화에서 빛들은 방향을 바꾸고 그림자를 드리우며 이런 방식으로 간혹 움직입니다. 그리고 이는 2046으로 나아가는 길에 놓인 시간을 상징합니다.

영화의 엔딩 크레딧에서 홍콩의 미래적인 메트로폴리스 CGI는 평범한 것을 특별하게 만듭니다. 회사 건물의 일상적인 모습과 도시를 통과해 고가도로 위를 지나가는 기차의 조명은 현실적인 감각을 잃지 않으며 흔치 않은 공상과학적인 상상력을 드러냅니다. 도시풍경 너머의 붉은 LG 로고는 도시를 내려다보며 시간과 감정보다는 자본을 더 중요하게 생각하는 신의 얼굴처럼 걸려있습니다.

왕가위는 〈2046〉에 중요한 문학적 영감을 준(그리고 〈화양연화〉에 영감을 준) 류이창 작가에 대한 헌사를 바칩니다. 영화의 서사적인 자막은 류이창의 소설 〈주도〉에서 따왔으며 다자이 오사무의 소설 속 인물을 제외하면 주모운의 모델은 류이창 소설의 1인칭 주인공이라고 할 수 있습니다. 그는 사는 게 무료해 술에 중독되어 무협 소설과 펄프 픽션을 집필하며 살아갑니다. 그는 집주인의 어린 딸을 포함한 여러 여인들과 관계를 맺고 있습니다. 1960년대 홍콩을 살아가는 작가로서 그의

왕가위 감독의 시간의 오디세이: 〈2046〉(2004)

위태로운 존재감은 예술성과 상업성이라는 두 가치관이 충돌하면서 낳은 결과입니다. 그는 홍콩을 다양한 범죄들의 수용소로 인식하며 시민들이 그 정신적 고통의 대가를 감내하고 있다고 보았습니다.

류이창은 현대 작가들의 임무가 '내적 진실'을 쫓는 데 있지 그 '본성을 묘사하는' 것에 그치면 안 된다는 신념을 보여 주었습니다.

> "홍콩 그 자체의 고통과 절망어린 독특함은 그 안에서 고통받는 사람들에 의해서만 경험될 수 있다. 나는 내 자신이 이성을 방어하기 위해 감정을 소모하는 것을 이해하지 못하는 것과 감정을 설명하기 위해 이성을 사용하지 못하는 것, 이 둘 사이의 엄청난 딜레마에 빠진 것을 발견하였다."

왕가위의 영화들이 문학 작품들의 영향을 받은 만큼 홍콩의 지식인들은 〈2046〉을 의식의 흐름으로 쓴 최초의 중국 소설인 〈주도〉의 각색이라고 보기도 합니다. 〈아비정전〉과 〈해피투게더〉에 적용된 푸익과 코르타사르의 영향을 감안한다면 왕가위는 특히 이러한 문학 장르를 좋아하는 듯 합니다. 그

는 두 아르헨티나 작가들의 문학적 구조와 등장인물 그리고
서사적 비유를 흡수함으로써 그들의 영향력을 자신의 것으
로 체득했습니다. 마찬가지로 류이창의 영향 역시 왕가위가
류이창의 〈주도〉와 〈교차〉의 구조 뿐만 아니라 등장인물들을
모방하는 방식을 통해 발견할 수 있습니다. 이는 분열된 꿈과
같습니다.

〈2046〉은 〈동사서독〉과 함께 왕가위 영화 중에서 가장 문
학적인데 왕가위는 특히 류이창의 〈주도〉가 전하는 교훈에
주의를 기울입니다. 그는 주인공의 고통을 설명하기 위해 시
간의 모티프를 사용하고 시간을 지키기 위해 고통을 사용합
니다. 그는 항상 인물들의 내적인 진실을 쫓는 감독입니다. 홍

콩과 시간, 그 속에서의 감정을 탐구하는 왕가위 역시도 류이창의 소설 속 인물이 달성하기 위해 고생한 예술가의 기준을 충족하는 것입니다.

鞏俐　張震

導演
王家衛

The Hand

愛神

10

글로벌 오디세이

〈그녀의 손길〉

The Hand · 手 · 2004

〈마이 블루베리 나이츠〉

My Blueberry Nights · 2007

〈일대종사〉[1]

The Grandmaster · 一代宗師 · 2013

단편 영화 속에 나타난 욕망과 집착

    이 장에서는 중요한 단편 영화 〈더 핸드〉(2004년)와 두 장편 영화 〈마이 블루베리 나이츠〉(My Blueberry Nights, 2007년) 그리고 〈일대종사〉(2013년)를 다룹니다. 이중 블록버스터 영화인 〈일대종사〉는 의심할 여지 없이 가장 두드러진 작품이 되었습니다. 이 영화에 대한 평단의 논의는 여전히 충분하지 않은 데다가 다른 두 편의 영화들은 왕가위 작품들 중에서 상대적으로 덜 알려지고 비교적 부차적인 작품으로 간주되었습니다. 이 장에서는 〈더 핸드〉와 〈마이 블루베리 나이츠〉에 더 집중하겠지만 〈일대종사〉에 대해서도 전면적이고 세밀한 분석을 할 것입니다. 이 세 편의 영화는 글로벌 시장을 개척하려

글로벌 오디세이: 〈그녀의 손길〉, 〈마이 블루베리 나이츠〉, 〈일대종사〉

는 왕가위의 노력을 나타냈고 각기 다른 방식으로 성공을 일구었습니다. 〈더 핸드〉는 왕가위가 글로벌 옴니버스 영화 〈에로스〉를 위해 만든 작품입니다. 〈에로스〉의 나머지 두 작품은 스티븐 소더버그와 미켈란젤로 안토니오니가 각각 연출했는데 제목 그대로 세계 영화사에서 중요한 위치를 차지하고 있는 세 명의 감독들이 에로티시즘을 그려낸 영화들입니다.(이 영화는 92세의 안토니오니에게 경의를 표하는 의미도 갖고 있으며 그가 감독으로 참여한 마지막 작품이기도 합니다). 때문에 감독마다 해석이 다르더라도 에로티시즘은 보편성을 지니는 매력으로 인정됩니다. 여기서 우리는 왕가위가 감독한 단편(약 40분의 상영시간 중에 가장 긴 분량)을 집중적으로 이야기하고자 합니다. 영화의 주인공은 공리가 연기하는 성 노동자와 장첸이 연기하는 재봉사입니다. 왕가위의 단편 영화들 중에서 〈더 핸드〉는 단연코 주목을 받을 만한 작품인데 영화 배급을 위해 특별히 만들어진 독자적이고 서사적인 단편이라는 점에서 더욱 그러합니다.

〈더 핸드〉의 인물 관계도는 〈화양연화〉 중 수리진과 주모운의 관계의 변주와 유사합니다. 두 영화의 미장센, 장면 그리고 구도에는 비슷한 점이 적지 않습니다. 양자는 같은 정서와 1960년대의 홍콩이라는 시대적 배경을 공유하며 영화의 플롯조차도 연관성을 띱니다. 모두 남녀간의 애정 관계를 둘러싸고 전개되며 남성이 수동적으로 그려지기 때문입니다. 〈더 핸드〉에서 장첸이 연기하는 재봉사 샤오장은 미스 화(궁리)의 옷 사이즈를 측정해 치파오를 만듭니다. 그녀는 수음을 도와주는 방식으로 그를 유인하고 이후 그들은 자주 비슷한 관계를 가집니다. 미스 화의 전용 재봉사로서 샤오장은 그녀를 위해 다양한 옷을 만들어줍니다. (영화에서 미스 화는 샤오장의 유일한 고객처럼 보입니다) 그는 직접 만든 옷을 집까지 배달하고 그녀가 손님과의 다툼어린 전화 통화를 끝낼 때까지 거실에서 가만히 기다립니다.

〈화양연화〉가 두 주인공 간의 실현할 수 없는 애욕을 강조한다면 〈더 핸드〉는 두 주인공 사이의 애욕의 가능성을 표현하며 욕망의 특성을 탐색합니다. 그러나 아슬아슬한 도덕적 경계에서 일어나는 성욕을 표현하는 데 있어서 두 영화는 비슷한 점이 있습니다. 〈더 핸드〉에서의 성에 대한 대담한 묘사에는 함축적이고 내밀한 특징이 있습니다. 두 사람의 관계가 날로 깊어지면서 정욕이 드러납니다. 수음 장면에서 여성의 손이 남성의 중요 부위를 만지작거리며 샤오장의 엉덩이가 드러나는 것을 볼 수 있습니다. 샤오장은 왕가위의 남성 캐

글로벌 오디세이: 〈그녀의 손길〉, 〈마이 블루베리 나이츠〉, 〈일대종사〉

릭터들 중에 가장 단순한데 이러한 어색함과 서투름은 그의 청년의 이미지를 더 부각시킵니다. 왕가위가 인물을 이런 식으로 설정한 이유는 인물의 감정(어쨌든 왕가위는 정욕을 적나라하게 표현하는 사람이 아닙니다)이 그의 주된 관심사였기 때문입니다. 〈더 핸드〉는 샤오장의 감정에 대한 왕가위의 탐구력이 단연 돋보이는 작품입니다. 그는 주모운과는 현저히 다릅니다. 인물에 대한 왕가위의 해석이 세밀하면서도 통찰력있는 것은 아마도 〈더 핸드〉가 가진 단편영화로서의 치밀함 때문일 것입니다.

왕가위가 이런 단편 영화를 기꺼이 연출하는 것은 그의 대다수 영화들의 구조가 파편화되어 있다는 사실과도 관련이 있을지 모릅니다. 어떤 의미에서 볼 때 단편영화인 〈더 핸드〉는 원래는 〈화양연화〉의 산물일 수도 있고 〈2046〉에 담길 수도 있었습니다. 그런데 왕가위는 〈더 핸드〉를 위 두 영화로부터 독립된 하나의 단편 영화로 만들어 외국 옴니버스 영화에 넣었습니다. 실제로 〈더 핸드〉에 감정이 고도로 압축되어 있고, '정욕'이라고 부를 수 있는 다양한 디테일과 분위기가 담겨있는 것은 명백한 사실입니다.

이 영화 역시 시간을 압축해 놓았는데 시간은 바로 왕가위의 영화세계를 관통하는 모티프(그의 영화 속 수많은 시계가 시사하는 바와 같이)이기도 합니다. 다만 단편의 형식으로 인해 이것을 알아채기 어렵게 되어 있습니다. 이 모티프는 샤오장이 미스 화에게 보이는 성적 집착 속에 있습니다. 시간이 지날수록 그들의 연정은 더욱 애틋하게 변하고 미스 화가 병에 걸리자 샤오장이 그녀를 성심껏 돌봅니다. 그녀는 몸이 불어나 전에 입던 치파오를 입을 수 없었습니다.

흘러가버린 시간에 대한 집착은 이 장면의 핵심입니다. 그것은 상대의 성적인 제스처로 기억됩니다. 영화는 재봉사 샤오장의 시각에서 이 간결한 이야기를 통해 욕망의 특성을 파고 듭니다. 손에 대한 페티시로 대변되는 상징적 의미(영화 제목의 유래이기도 한)는 '영원'의 본질을 포착합니다. 이것은 왕가위 작품의 새로운 기호입니다. 왕가위는 이를 통해 두 주인공 모두를 중요한 감정으로 연결합니다. 마지막 만남에서 공리는 장첸에게 묻습니다.

"내 손을 기억하나요?"

그가 대답합니다.

글로벌 오디세이: 〈그녀의 손길〉, 〈마이 블루베리 나이츠〉, 〈일대종사〉

"네, 당신 손이 아니었더라면 전 이 일을 더는 하고 있지 않았을 거예요."

감정을 드러내는 상징으로써 손에 의존하는 왕가위의 연출은 성적인 낭만에 대한 도덕적 성찰을 나타내는 새로운 기법입니다. 영화는 자칫 어색한 상황에 빠지기 쉬운 정욕적인 장면을 인간의 감정 관계에 대한 고찰로 풀어냅니다. 〈더 핸드〉가 이런 방면에서 이룬 성공은 왕가위의 다른 장편 영화들과 같은 맥락에서 분석할 수 있습니다. 대본 역시 그 지면의 한계에도 불구하고 〈화양연화〉와 〈2046〉 못지 않게 인물의 감정을 충분히 표현합니다.

왕가위의 다른 서사성 요소를 가진 단편 영화, 예컨대 〈세상 단 하나뿐인 태양(There's Only One Sun)(2007)〉과 〈더 핸드〉를 구분하는 지점은 왕가위가 글로벌 영화 시장에서 그의 비주얼 스타일을 판매하거나 단지 전작의 모티프를 반복하는 것이 아니라 정욕과 감정이라는 서사의 주제를 정면으로 돌파했다는 점에 있을 것입니다.[2]

정욕의 상징인 손이 보여주는 욕망과 집착의 주제는 간단하고 효과적이면서도 복잡합니다. 재봉사 샤오장은 왕가위가 만들어낸 일련의 예민한 남성 캐릭터들 중 하나이지만 주모운이 〈화양연화〉에서 동정심을 불러일으키는 배신당한 남편에서 〈2046〉의 탕아로 발전했다면 샤오장은 주모운과 같은 듯 다른 유형의 인물입니다. 정욕을 인물의 본능으로 표현했다는 점에서 〈더 핸드〉는 왕가위의 영화 세계를 무르익게 한 작은 진일보로 상징됩니다.

•

여행과 디아스포라의 경험적 투사

미국에서 촬영된 〈마이 블루베리 나이츠〉는 왕가위가 만든 최초의 글로벌 영화입니다. 그 역시 다른 유명 홍콩 감독들(우위썬, 쉬커, 첸커신, 린링등 등)처럼 미국에서 영화를 제작하는 꿈을 이뤘습니다. 〈마이 블루베리 나이츠〉는 왕가위의 아메리칸 드림을 구체적으로 구현한 작품으로 와인스타인컴퍼니(Weinstein Company, 왕가위의 미국 파트너)의 지원을 받아 제작되었습니다. 결과적으로 이 영화는 왕가위의 글로벌 오디세이의 미국편을 열었고 영화 제작의 경계를 중국에서 세계로 넓

글로벌 오디세이: 〈그녀의 손길〉, 〈마이 블루베리 나이츠〉, 〈일대종사〉

혀 홍콩 영화를 국제적으로 인정받게 하겠다는 그의 의지를 드러냈습니다.

두 주인공의 영화적 오디세이(odyssey)는 디아스포라 (diaspora)의 개념으로 이해할 수 있습니다. 왕가위가 디아스포라의 주제에 민감하게 반응하는 것은 본인이 상하이에서 홍콩으로 이주한 배경에서 비롯됩니다. 여행의 은유는 두 홍콩 여행자가 아르헨티나에서 펼쳐지는 이야기를 그린 〈해피투개더〉에서 이미 집중적으로 표현되었습니다. 영화 평론가 주일위는 이 영화를 이렇게 해석했습니다.

> "여행의 은유를 빌린 이 영화에서 여행은 일종의 장치로써 디아스포라에 대한 왕가위의 강렬한 감정을 투사한다."

여행의 주제는 영화에서 분명하게 드러납니다. 영화는 뉴욕의 야경을 배경으로 고가다리를 지나는 열차가 넓은 스크린의 프레임을 가로지르는 것으로 시작합니다. 두 번째 이야기에서 장면은 멤피스로 이동하고, 세 번째 이야기에서는 네바다로 옮겨갑니다. 주인공은 재규어를 타고 장거리 여행을 떠나고 있습니다. 영화의 마지막 장면에서 배경은 다시 뉴욕으

글로벌 오디세이: 〈그녀의 손길〉, 〈마이 블루베리 나이츠〉, 〈일대종사〉

로 이동합니다. 이는 왕가위의 여행에 대한 집착에서 비롯된 것일 수 있습니다.

〈마이 블루베리 나이츠〉 속 디아스포라의 감정은 잠재적인 의식 차원에서 표현되는데, 이는 극중 인물을 해외로 떠난 중국인으로 받아들여야 그 느낌을 이해할 수 있을 것입니다. 해외로 흩어진 중국인들이 '낯설음과 친숙함의 모순적 결합체'인 '디아스포라적 콤플렉스' 속으로 깊이 빠져드는 것입니다. 이런 의미에서 주인공이 '주드 로'가 연기한 영국인이라는 것은 사실 중요하지 않습니다.

노라 존스(Norah Jones)와 함께 일하기를 원했던 왕가위는 뉴욕에서 그녀를 만났고 중국어나 광둥어를 구사할 줄 모르는 그녀를 위해 영문 대사를 쓰고 배경도 미국으로 설정했습니다.[2] 남은 문제는 인물의 원형에 디아스포라를 부여하는 동시에 어떻게 미국적 특성을 구현할 것인가 하는 점이었습니다. 주일위는 '왕가위에게는 이에 대한 자전적 경험이 녹아있다'고 단언했습니다.

'디아스포라'의 시각에서 〈마이 블루베리 나이츠〉를 바라볼 때 영화의 서사 및 스토리를 면밀히 논하는 것이 도움이 될지도 모릅니다. 노라 존스가 연기한 엘리자베스는 뉴욕에서 남자친구와 헤어지고 주드 로가 연기한 제레미를 처음으로 마주칩니다. 제레미가 운영하는 카페가 바로 그녀와 남자친구와의 약속 장소였습니다. 그녀는 제레미에게 열쇠를 건네는 것으로 뉴욕에서의 연애가 끝났다는 사실을 넌지시 알리며 멤피스로 떠납니다.

술집의 여종업원으로서 그녀는 수 린(레이첼 와이즈)이 별거 중인 경찰 아르니(데이비드 스트러세언)가 뜻밖의 교통사고로 사망하자 괴로워하는 모습을 목격합니다. 그리고 수 린은 그 자리에서 아르니의 밀린 계산서를 받게 됩니다. 다음 날 멤피스를 떠나기 전에 그녀는 술집으로 돌아가 돈을 갚으며 이를 통해 아르니에 대한 기억으로 살아갈 수 있게 해달라고 말합니다.

이어지는 이야기에서 엘리자베스는 네바다 주의 어느 작은 마을의 카지노에서 일합니다. 그녀는 여성 도박사 레슬리(나탈리 포트만)와 친해지는데 불운이 겹친 레슬리는 엘리자베스에게 저축한 돈을 모두 털어 최후의 승부를 걸게끔 도와달라고 제안하며 새 재규어를 저당 잡힙니다. 본전까지 잃게 된 레슬리는 엘리자베스에게 그 차를 맡기고 무임승차를 해서 라스베이거스로 가라고 요구합니다. 레슬리의 아버지가 그곳에

글로벌 오디세이: 〈그녀의 손길〉, 〈마이 블루베리 나이츠〉, 〈일대종사〉

살기 때문입니다. 레슬리는 아버지의 지원을 원하지만 사실 아버지와 사이가 좋지 않으며 전화 또한 받지 않는 상황입니다. 엘리자베스는 레슬리의 아버지가 병원에서 숨이 곧 넘어간다는 소식을 듣게 됩니다. 하지만 그들이 라스베이거스에 한 걸음 늦게 왔기 때문에 레슬리는 자신의 아버지를 만나지 못합니다. 레슬리는 엘리자베스에게 자신이 아버지의 재규어를 훔쳤다고 고백합니다. 그녀는 이 차를 몰고 떠나가면 안된다며 비록 차를 도박사에게 넘겼으나 사실상 마지막 판은 지지 않았다고 말합니다. 엘리자베스는 레슬리가 산 다른 차를 대신 몰고 뉴욕으로 돌아갑니다. 그녀는 제레미의 카페로 가서 그와 다시 관계를 시작합니다. 뉴욕을 떠나 있는 동안 엘리자베스는 제레미와 엽서로 연락을 주고받아 왔습니다.

〈마이 블루베리 나이츠〉와 가장 가까운 영화는 〈중경삼림〉이라고 할 수 있습니다. 〈중경삼림〉을 통해 국제적인 명성을 얻은 왕가위가 이 미국 영화에서 전작의 패턴을 빌려온 것은 조금도 이상하지 않습니다. 사실상 그를 미국 관계자의 눈에 띄게 만든 계기가 바로 〈마이 블루베리 나이츠〉였습니다. 왕가위가 쓴 이야기를 원작으로 하고 있지만 등장 인물들은 〈중경삼림〉으로부터 나온 것이었고 이 미국 영화에서도 역시 왕가위는 그만의 스타일을 연속적으로 입증했습니다. 엘리자베스는 왕페이가 연기한 캐릭터, 레슬리는 임청하가 맡은 금색 가발을 쓴 여자, 경찰 아르니는 양조위가 맡은 경찰 663과 금성무가 맡은 경찰 223과 대응됩니다. 수린은 〈중경삼림〉에서 주가령이 연기한 승무원의 캐릭터를 떠올리게 합니다. 이 인물들은 정신적으로 서로 닮아있는데 그들의 생활 환경만 바뀌어 있는 것입니다. 물론 두 영화의 스토리가 다르지만 〈마이 블루베리 나이츠〉의 단편적인 형식도 〈중경삼림〉의 구조를 참조한 것입니다.

좁은 공간에 대한 왕가위의 묘사는 두 영화를 더욱 가깝게 연결시킵니다. 〈마이 블루베리 나이츠〉의 미국에서의 공간이 〈중경삼림〉의 혼잡한 도시 공간보다 물리적으로는 훨씬 넓지만 좁은 공간에 갇혀 있는 역력한 느낌을 주는 것은 영화가 술집 혹은 카페의 스테이지 세트에서 대부분의 장면을 촬영한 데다가 왕가위만의 독특한 미장센으로 인해 폐쇄된 구조가 시각적으로 강조되었기 때문입니다. 엘리자베스와 레슬리가 차를 몰고 라스베이거스로 향하는 장면에서 비로소 공간이 넓게 트이지만 이 장면은 빠르게 지나가고 다시 폐쇄적인 느낌의 장면으로 급속하게 대체됩니다. 우리는 이를 왕가위의

글로벌 오디세이: 〈그녀의 손길〉, 〈마이 블루베리 나이츠〉, 〈일대종사〉

영화세계가 갖는 '홍콩증후군'의 산물이라고 말할 수 있겠습니다. 당시 그의 시선은 뉴욕이라는 도시의 폐쇄적인 공간을 향해 있었던 것입니다. '물질적으로도 은유적으로도 모두 그러했다'고 주일위는 말했습니다. 멤피스와 네바다에서 일어난 이야기는 뉴욕에서도 일어날 수 있고 뉴욕은 사실 어떤 의미에서는 홍콩이라는 것입니다.

〈마이 블루베리 나이츠〉가 미국판 〈중경삼림〉과 같다는 느낌은 '디아스포라'의 은유에서 비롯됩니다. 낯선 환경 속의 이방인이 된 인물은 〈중경삼림〉을 비롯한 왕가위의 이전 작품에서 나타난 어떤 '곤경'을 드러냅니다. 이러한 '곤경'은 〈마이 블루베리 나이츠〉에서 더욱 명확하게 드러나며 한층 더 절박해 보입니다.

이러한 곤경을 해결하는 방식으로서 수린은 아르니에게, 레슬리는 엘리자베스에게 빚을 갚습니다(어떤 의미에서 레슬리가 아버지에게 빚을 갚듯이). 이러한 빚을 다 갚아야지만 그들은 미래를 향해 달려갈 수 있는 것입니다. 그래서 여행은 몸만 움직이는 게 아니라 마음을 다스리는 정신적 활동이기도 합니다.

레슬리와 엘리자베스가 라스베이거스로 차를 몰고 가는 장면에서 아버지의 죽음 앞에 후회하는 레슬리의 모습과 엘리자베스가 레슬리에게 아버지를 찾아가라고 권유하는 장면들은 효도에 대한 모티프를 드러냅니다. 하지만 이 모티프는 영화 초반에 잠깐 암시되어 쉽게 알아챌 수는 없습니다. 엘리자베스가 뉴욕에 두고 온 열쇠가 바로 그녀의 여행의 종착지였던 '효도라는 모티프'를 추상적으로 암시했던 셈입니다. 그리고 이는 엘리자베스가 뉴욕에 복귀해 제레미와의 관계를 다시 시작할 것임을 예고한 것이기도 했습니다.

〈마이 블루베리 나이츠〉가 지금까지 왕가위의 유일한 미국 영화라는 사실을 상기할 때 이 영화에는 특별해 보이는 낙관적인 분위기가 있습니다. 왕가위는 미국에서의 여정을 마치며 전 세계로 뻗어나가겠다는 꿈을 이루었지만 〈마이 블루베리 나이츠〉의 제작은 좋은 평가를 받지는 못했습니다. 대체로 평단으로부터 (서양이든 동양이든) 높은 평가를 받지 못해 과소평가된 이 작품을 단순히 한 편의 미국 영화라는 관점에서 해석해야 하는지는 판단할 수 없는 문제인 것 같습니다. 앞에서 밝혔듯이 왕가위의 이전 작품에 담겨있는 디아스포라의 컨텍스트와 견주었을 때 〈마이 블루베리 나이츠〉는 다른 미국 영화와 별반 다르지 않습니다. 로드무비의 관점에서 볼 때 이 영화는 왕가위의 영화 제작이 세계로 뻗어나가는 추진력을 보

글로벌 오디세이: 〈그녀의 손길〉, 〈마이 블루베리 나이츠〉, 〈일대종사〉

여주기도 합니다. 이전까지 왕가위 작품에서 보여준 이 같은 글로벌 진출의 동력은 그가 연출한 일련의 광고들에서 드러난 바 있습니다. 〈마이 블루베리 나이츠〉는 여기서 더 나아가 보다 풍부한 서사적 주제와 모티프를 적용하겠다는 왕가위의 소망을 대변한 것이었습니다. 또한 왕가위가 이전 작품에서 보여준 영화에 대한 열정과 일맥상통하는, 잊을 수 없는 풍부한 감성의 작품입니다.

●

세계로 나아가는 쿵푸

세계로 나아가려는 왕가위의 절박함은 그의 열 번째 장편 영화 〈일대종사〉의 원동력이 되었습니다. 영춘권의 대가인 엽문(양조위)의 전기를 그린 이 영화는 엽문이 북파 팔괘권(八卦拳)의 대가인 궁우전(왕경상)과 맞붙는 장면을 집중적으로 보여줍니다. 누가 궁우전의 뒤를 이어 무림수령이 되고 남과 북의 통일을 이루어 내는가를 결정하는 이 대결은 서로 다른 무술 파벌뿐만 아니라 중국의 정치적 분열과 혼란(그 당시 남측의 광둥 및 광서는 국민정부의 통치에 무력으로 맞섰습니다)을 가리킵니다. 궁우전은 손에 둥근 떡 하나를 들고 '권에는 남북이 있는데 나라가 남북이 있느냐'고 물었습니다. 엽문은 그 떡을 쪼개려고 했으나 궁우전이 이를 막았습니다. 결국 엽문은 이 문제에 대답하여 떡을 쪼개서 이 싸움에서 승리를 거두었습니다. 그는 이 떡이 이 세계를 대표하는데 궁우전은 오직 국가의 상징으로만 바라보고 있다고 답했습니다. 미세한 암시였으나 엽문은 개관을 하여 제자를 가르치면서 영춘권을 세계 각지로 전파하고 싶어하는 마음을 드러냈습니다. 여기서 엽문은 왕가위를 대표하는데 그는 엽문과 마찬가지로 자신의 쿵푸를 세계에 전파하고 싶어했습니다.

〈일대종사〉는 가장 오랜 제작기간이 소요된 영화로 구상부터 촬영까지 약 10년이 걸린 것으로 알려져 있습니다. 촬영을 하다 중단하는 창작방식 탓인지 영화의 일관성에 조금 부족함이 있고 왕가위의 다른 작품들의 단편적인 서사 방식을 충분히 구현하지 못했다는 아쉬운 평이 있습니다. 서사를 이끌어 가는 전기 영화의 특징이 단편적인 형식을 해친 것이 문제였다고 봅니다. 이 때문에 장첸이 연기하는 비밀 요원 '일선천'이나 자오번산의 '딩롄산' 등이 충분히 부각되지 못했고

글로벌 오디세이: 〈그녀의 손길〉, 〈마이 블루베리 나이츠〉, 〈일대종사〉

주요 인물인 엽문과는 무관한 것 같았습니다(이에 비해 〈마이 블루베리 나이츠〉의 수 린과 레슬리의 이야기에는 명확한 결말이 있으며 여러 에피소드의 연결체인 엘리자베스와도 밀접한 연관성이 있는 것으로 보입니다) 영화의 분량을 늘리는 것이 어쩌면 서사의 일관성이 없는 이 중요한 문제를 해결할 수 있을지도 모릅니다. 왕가위가 언젠가 130분짜리 국내 개봉판을 바탕으로 더 길고 권위 있는 편집본인 〈일대종사 끝판왕〉을 내놓을지도 모르겠다는 상상을 해봅니다.

〈동사서독〉과 마찬가지로 〈일대종사〉는 액션 장르입니다. 이런 유형으로 돌아간 것은 왕가위가 필연코 전 세계로 뻗어나가는 이상을 실현하는 데 있어 그만의 미학적 기준 못지 않게 비즈니스에 대해 심사숙고했음을 보여줍니다. 쿵푸는 중국영화들 중 가장 인기 있는 장르이고, 〈일대종사〉는 왕가위의 영화 중 가장 판권이 비싸기 때문입니다. 게다가 이 영화는 그의 전 액션물인 〈동사서독〉보다 훨씬 이해하기 쉽습니다. 〈동사서독〉이 볼록한 렌즈로 바라보는 서사적 구성이라면, 〈일대종사〉는 오목한 시선으로 인물의 내면 세계를 표현하려는 경향이 있습니다. 그 인물이 바로 엽문(葉問)이고(이 인물은 여러 홍콩 영화의 주인공인데 특히 견자단 주연의 엽위신 감독의 '엽문 3부작'이 그러합니다) 영화는 그의 전설을 바탕으로 전개됩니다.

양조위의 말대로 엽문은 〈화양연화〉와 〈2046〉에서의 주모운의 성격적 특징을 갖추고 있습니다. 엽문은 궁얼(장쯔이) 과 순수한 사랑을 하는데 영화는 '실현할 수 없는 애욕'이라는 주제를 무림의 컨텍스트 속에 반복적으로 녹여냅니다.

엽문은 난봉꾼 같은 행실을 드러내기도 하는데 이것은 주모운의 트레이드마크이기도 합니다. 〈화양연화〉부터 〈2046〉에 이르기까지 이 인물은 허무주의자로 변모합니다. 엽문 역시도 허무주의적인 이미지를 대변합니다. 왕가위가 영화별로 서사를 이어가는 것을 좋아한다는 점을 감안할 때 〈일대종사〉의 엽문은 그야말로 주모운의 환생이라고 해도 무방합니다. 중국 쿵푸의 의협(俠义)정신에 대한 집착을 걷어낸다면 엽문은 허무주의적인 영웅으로 비춰질 수 있습니다. 그의 존재와 생존은 쿵푸 기예에 의해 결정됩니다. 그의 쿵푸 철학은 태생적으로 허무주의적 색채를 띠고 있는데 이는 '가로 한 획'과 '세로 한 획'으로 표현됩니다. 즉, 대결에서는 잘못된 동작을 취한 쪽이 눕고 바른 수법을 쓴 쪽이 자연스럽게 서 있게 되는 것입니다. 왕가위는 엽문의 방랑하는 특징을 허무주의와 연결시켰습니다. 그는 우수한 신체적 기예에 교양을 갖춘 인물

글로벌 오디세이: 〈그녀의 손길〉, 〈마이 블루베리 나이츠〉, 〈일대종사〉

로 세속에 구애받지 않고 신념대로 행동합니다.

영화 크레딧이 나온 후의 첫 번째 액션 장면에서는 둥근 테두리 모자를 쓴 엽문이 빗물 속에서 한 무리의 폭도들과 맞붙어 이들을 모두 물리칩니다. 이 모자는 엽문에게서 떨어지거나 분리되지 않습니다. 그것은 분명 이시대 최고의 '쿵푸'의 상징입니다. 엽문은 쿵푸 기예의 절정에 달했고 그에게 목숨은 이제 더는 중요한 것이 아님을 보여줍니다.

보들레르는 '방랑자의 태도는 퇴폐한 영웅주의 가운데 일어난 마지막 불빛'[5]이라고 썼습니다. 그것은 시간의 산물로 어느 한 시대를 특정합니다. 〈일대종사〉에서는 20세기 전반을 관통하는 불안한 중국 정치와 전쟁의 산물로 표현됩니다. 나라가 사분오열돼 허무주의가 기승을 부리지만 이는 시대 자체의 숙명인 것입니다.

〈일대종사〉에서 시간의 표현 방식은 엽문이 서사 속에서 두 세계를 가로로 걸쳐 있는 것에 있습니다. 즉 1937년 77사변이 일어나기 전 광둥 포산(佛山)의 구식 전통 그리고 항일 전쟁 이후 그가 여생을 보낸 홍콩이 그러한 두 세계를 대변합니다. 홍콩에서 애써 살아남은 엽문은 이에 걸맞는 진취성과 인내심을 보여주고 왕가위는 그를 현대 사회의 희생양인 동시에 수혜자로 그려냈습니다. 이는 엽문의 허무주의와 영춘권 간의 모순을 보여주기도 합니다. 역사적으로 쿵푸는 홍콩을 통해 세계로 전해졌기에 엽문의 영춘기예는 그가 홍콩에 자리 잡은 것이 현명하다는 것을 증명해 주었으며 그에게는 이 무술을 전수하고 세계에 알릴 사명이 있었습니다. 그래서 홍콩은 세계로 나아가는 상징이 되었습니다.

비록 궁얼은 엽문과 마찬가지로 홍콩에 둥지를 틀고 그곳에서 수명을 다하려고 했지만 끝내 엽문과는 대조적으로 그 파벌의 쿵푸를 포기합니다. 엽문이 '육십사수'를 다시 해달라고 간청했지만 그녀는 더 이상 그럴 수 없었습니다. 그녀의 기예는 그녀와 함께 소멸될 것이기 때문에 그녀는 죽을 때까지 팔패권을 다른 사람에게 전수하지 않았던 것입니다. 〈일대종사〉의 '쿵푸 허무주의'는 세계로 전해지지 않으면 쿵푸는 소멸될 것이라는 주제를 강조합니다.

엽문과 궁얼의 관계는 〈화양연화〉(혹은 〈더 핸드〉까지)의 '실현할 수 없는 애욕'를 되풀이해 보여주었고 이는 〈일대종사〉에서 한층 비극적으로 다뤄집니다. '실현할 수 없는 애욕'에 사로잡힌 사람들은 보들레르가 논한 대로 어떤 면에서는 스토아주의적입니다. 그들은 사랑을 특별한 목표로 삼지 않습니

글로벌 오디세이: 〈그녀의 손길〉, 〈마이 블루베리 나이츠〉, 〈일대종사〉

다.[6] 때문에 '실현할 수 없는 애욕'은 〈일대종사〉에서 전 세계에 득이 될 수 있던 두 무술 파벌이 서로 융합되지 못하고 남권과 북권 간에 조화를 이루지 못하는 것으로 변주되었습니다. 영화는 또한 대동(大同)이라는 목표를 다루는데 이는 당대 중국(홍콩과 중국대만 지역 포함)의 정치에서는 사실적이고 유효했던 민족주의 강령이었습니다. 그러나 민족주의가 〈일대종사〉의 가장 강력한 모티프는 아니라고 할 수 있습니다. 이는 전반적인 쿵푸 전통과 무림 문화에 비해 덜 조명받았기 때문입니다.

〈일대종사〉에서 가장 뛰어난 장면은 오프닝 직후라고 할 수 있겠습니다. 각종 공연에 이어 금루(金樓)에서의 장면이 그 뒤를 따르는데 무림의 고수들이 기생집에서 결투를 벌입니다. 엽문은 궁우전과 궁얼과 잇따라 겨룹니다. 화려한 세트와 사람들의 마음을 사로잡는 액션 장면들은 의심의 여지 없이 영화의 화룡점정이라고 할 수 있습니다. 엽문과 궁얼의 로맨스는 왕가위의 〈동사서독〉을 떠올리게 하는데 〈일대종사〉와는 그 숙명론적인 모티프를 공유한다고 할 수 있습니다.

이에 따라 영화는 민족주의에서 벗어나 서사 속 종교적 · 정신적 모티프에 더욱 집중합니다. 쿵푸는 종교가 되었고 주인

왕가위의 시간 AUTEUR OF TIME

공들 사이의 대화는 윤리를 강조하는 중국식 격언(이 영화를 보며 나타나는 대부분의 즐거움은 그런 대화를 듣는 데에 있습니다)으로 가득차 있습니다.

시각적 감각에 대한 왕가위의 집중력은 시종일관 탁월합니다. 왕가위의 빛나는 시각적 표현과 스타일리시한 액션 장면들은 '어떤 광기 속에서도 숭고함이 있고 어떤 극단 속에서도 힘이 있다'고 성찰하게 만듭니다.[7] 엽문은 쿵푸의 정신을 보여주었고 궁얼과의 관계도 쿵푸의 정신세계에 속한 것으로 그들은 쿵푸를 통해 사랑을 했던 것입니다.

영춘을 전 세계에 널리 알리고 싶다는 엽문의 욕망은 홍콩에서의 그의 생존 욕구와 일치합니다. 홍콩이라는 도시에서 규칙과 기준은 이미 구식이 되었습니다. 누군가가 '도장깨기'를 하러 올 때마다 영춘권의 절묘한 기량을 보여주는 엽문의 허무주의적 경향은 더 두드러집니다. 결투에서 이긴 엽문은 '세로 한 획'으로 서 있고 적들은 모두 땅바닥에 가로로 누워 있습니다. 쿵푸를 마스터한 그의 허무를 유일하게 누그러뜨릴 수 있는 것은 바로 영춘권을 현대 무술로 새롭게 보급하려는 욕구였습니다. 중국 쿵푸를 세계에 전하려는 대세를 따르며 그는 구시대와 새 시대의 무술의 계보를 잇습니다.

글로벌 오디세이: 〈그녀의 손길〉, 〈마이 블루베리 나이츠〉, 〈일대종사〉

결론

이 장에서 다룬 영화들은 왕가위가 자신의 스타일과 서사적 기법을 세계에 알리기 위한 국제 감각을 확인시켜주었습니다. 〈마이 블루베리 나이츠〉는 왕가위 작품 중 가장 글로벌한 미국 영화임이 뚜렷하고, 〈더 핸드〉와 〈일대종사〉는 '글로벌리즘'의 욕망을 표현합니다. 〈더 핸드〉에서의 정욕과 〈일대종사〉에서의 영춘권은 상징적이며 이를 통해 두 영화 모두 인물들이 처한 복잡한 상황들을 각기 다른 서사로 구현해냅니다. 아르니와 수 린이 증명했듯이 혹은 레슬리가 아버지와 서먹한 관계를 통해 암시했듯이 〈마이 블루베리 나이츠〉의 미국 여행자들은 각자의 '마음'이 불러일으키는 곤경에 항상 주의를 기울이고 있습니다. 엘리자베스는 안정감 있는 인물이지만 그녀의 '마음'은 연애로 인해 나약해져 있습니다. 〈더 핸드〉에서 샤오장 역시도 그런 취약함을 가집니다. 〈일대종사〉에는 고도의 예민함을 드러내면서도 과감하고 의연한 주인공들이 나옵니다. 엽문과 궁얼, 샤오장과 엘리자베스 모두 이러한 취약함을 공유합니다.

이 세 편의 영화는 성공을 거두며 세계 영화사에서 왕가위의 위상을 더욱 공고히 했습니다. 상대적으로 저평가된 〈더 핸드〉와 평단의 외면을 받은 〈마이 블루베리 나이츠〉에 이어 왕가위는 〈일대종사〉로 다시 중국 시장에 승부를 걸었던 것입니다. 〈일대종사〉는 왕가위의 작품 창작에 있어 방향 전환을 상징하기도 했습니다. 그는 분명 통속적인 쿵푸 영화에 더 많은 에너지를 쏟고 있었습니다(그가 처음으로 발을 들여놓은 무협 장르 영화 〈동사서독〉은 포스트모더니즘 예술 영화로 취급되었습니다). 물론 이것이 왕가위의 향후 창작의 경향으로 자리 잡을지는 여전히 좀 더 지켜볼 필요가 있습니다. 하지만 〈일대종사〉에는 세계로 나아가고 싶어하는 왕가위 작품세계의 욕구가 분명히 담겨 있습니다. 엽문의 무술을 통한 쿵푸 문화의 표출은 〈일대종사〉로 인해 전 세계적으로 실현되었습니다. 중국이 세계 최대의 영화 시장이 된다면 어쩌면 그가 오랫동안 바라왔던 진정한 글로벌 기회를 실현시킬 수 있을지도 모릅니다.

글로벌 오디세이: 〈그녀의 손길〉, 〈마이 블루베리 나이츠〉, 〈일대종사〉

11

단편 작업들과
결론

단편 영화들과 광고

지난 장에서 저는 〈2046〉을 왕가위 자신에 대한 영화라고 단언했습니다-이 영화는 왕가위가 자신의 비밀 열차를 타고 또 다른 시간대로 여행하는 그의 개인 여정을 그리며 그의 예술세계가 극도로 아름답게 표현된 작품입니다. 이 여행에서 왕가위는 의심의 여지 없이 본인과 홍콩 영화의 시야를 넓힙니다. 〈2046〉은 왕가위를 더욱 국제적으로 인정받게 했으며 현시대의 가장 뛰어난 감독 중 한 명으로서 그 명망과 지위를 확고히 해준 작품입니다. 비록 홍콩에서의 흥행은 저조했더라도(왕가위의 영화는 자주 이런 상황에 부닥칩니다) 세계 시장에서의 수확이 있었으므로 왕가위는 그 박수갈채 속에서 세계 유

단편 작업들 및 결론

명 감독으로서의 명성을 분명히 굳힐 수 있었습니다. 앞선 작품들인 〈해피투게더〉와 〈화양연화〉는 칸 국제영화제에서 거둔 성공으로 왕가위를 세계 영화 무대에서 가장 존경 받는 홍콩 감독으로 자리매김 시켰습니다.

홍콩 영화 제작자로서의 왕가위가 비평가들로부터 살아남을 수 있었던 이유는 비단 그의 국제적 명성에 힘입은 것만은 아니었을 것입니다. 그것은 다름 아닌 영화 예술가로서의 출중함과 자신의 영화를 위해 실질적으로 자금을 조달하는 능력 때문이었습니다. 그의 촬영 방식이 다소 혹독하고 홍콩 영화계에서는 '악동'의 이미지로 불릴지 몰라도 그는 다국적인 투자를 받는 데 성공해 전 세계 영화시장에(특히 아시아 시장, 예를 들어 한국, 일본, 태국, 중국 대륙, 중국대만 등) 그의 날카로운 상업적 안목(〈2046〉은 프랑스, 이탈리아, 중국, 일본에서 투자를 받았습니다)을 보여주었습니다. 그의 영화는 홍콩에서는 "흥행 참패"였지만 느리고 점진적인 속도로 해외 시장에서는 확실히 이득을 보고 있습니다. 〈2046〉은 바로 그 생생한 여정입니다. 영화는 왕가위의 글로벌 및 팬아시아(pan-Asia) 전략(아시아 지역 출신의 스타를 섭외하여 그들이 모국어를 사용하도록 하는 전략)을 보여주었으며 그가 제작 기반을 더욱 넓혀가는 것을 유리하도록 했습니다. 이런 제작 모델은 홍콩 감독이라면 누구나 간절히 바라던 것이었습니다. 심지어 〈2046〉을 완성할 무렵 왕가위는 폭스 서치라이트 픽처(Fox Searchlight Pictures)와 공동 제작과 배급에 관한 협약을 맺으면서 영어를 모국어로 하는 영화들을 제작하게 되었습니다.[1] 〈2046〉의 개봉에 이어 그가 니콜 키드먼 주연의 〈미스 상하이(The Lady from Shanghai)〉로 가칭한 영화를 제작한다는 소문도 돌았습니다.[2]

왕가위가 스타일의 미학을 성공적으로 이룩한 것은 왕가위 영화를 곧 "스타일"과 동의어로 느껴지도록 했습니다. 이를 바탕으로 그의 영화는 할리우드와 다국적 자본주의 기업으로부터 투자 유치를 받았습니다. 비주얼리스트로서의 왕가위의 재능은 모토로라, BMW, 라코스테 등의 브랜드와 협업하며 빛을 발했습니다. 실제로 이것은 그로 하여금 글로벌 영화 제작에 뛰어들게 한 통로가 되었습니다. 비록 장편과 비교해 볼 때 광고는 미니 프로젝트에 불과하지만, 그는 장편 영화와 다를 바 없는 엄격한 제작 기준과 흠잡을 데 없는 미학적 가치를 보여주었습니다. 여러 면에서 그가 BMW를 위해 만든 단편영화 〈미행〉(2001)은 그 외관부터 인물과 테마까지 그야말로 한 편의 미니어처 왕가위 영화라고 할 수 있습니다.

단편 작업들 및 결론

이 영화는 일련의 BMW 프로모션 중 하나로 매번 세계적인 감독[이안, 오우삼, 존 프랑켄하이머(John Frankenheimer), 리들리 스콧(Ridley Scott), 알레한드로 곤잘레스 이냐리투(Alejandro Gonzalez Inarritu)포함]들이 메가폰을 잡으며 시리즈물을 제작해 왔습니다.

왕가위 편에서는 사립 탐정(클라이브 오웬)이 트렌디한 BMW 자동차를 몰고 각종 임무를 수행하며 스턴트 플라잉과 추격 장면 등을 연기합니다. 그는 바람피운 것으로 의심되는 여배우를 미행하는데 그녀의 남편 미키 루크는 사립 탐정을 고용하는 이유로 "배신당한 고통은 묘사하기 힘들 정도로 나를 갈기갈기 찢어놓는다"라고 설명합니다. 특히 〈화양연화〉, 〈해피 투게더〉, 〈타락천사〉, 〈동사서독〉에서 왕가위는 매번 이 주제에 대해 다른 차원의 관심을 보여 왔습니다. 왕가위 스타일의 나레이션에서 BMW Z3 오픈 스포츠카를 몰고 여주인공을 미행하는 탐정은 아래와 같이 말합니다.

"그녀와의 거리가 차 몇 대를 넘지 않도록 한다. 인내심과 기회, 시간 선택이 관건이다. 너무 가까워지면 사각지대로 숨어야 한다. 타깃을 시야에서 놓치더라도 그녀의 차종만

왕가위의 시간 AUTEUR OF TIME

기억하면 된다. 기다리는 동안 주의력이 분산되지 않도록 주의하자. 문득 자기 삶을 멀리서 관찰하는 것이 어떤 것인지 알고 싶어진다.[2]"

왕가위는 이 독백에서 레이먼드 챈들러의 1940,50년대의 느와르 영화 분위기를 조성합니다. 이와 함께 왕가위는 오늘날 로스앤젤레스에서 당시의 지저분한 술집과 검은 도시경관을 재차 형상화하려고 힘썼습니다.[3] 오웬이 연기한 탐정은 필립 말로[4]를 닮았는데 그는 감정적으로 거리를 두며 직업적 원칙에 따라 양심적으로 행동합니다. 오웬은 브라질행 비행기 탑승할 예정이었던 여배우를 공항까지 쫓아와 조심스럽게 거리를 두며 말합니다.

"타깃이 원래 왔던 길로 뒤돌아간다면 절대 반응하지 말라."

브라질행 비행기가 지연되자(여배우는 브라질 출생으로 설정되어 있는데 이는 라틴아메리카를 향한 왕가위의 관심을 재확인시켜 줍니다) 그는 그녀를 지켜보며 스스로 주의를 환기시킵니다.

347

"무엇을 하든 타깃 인물에게 너무 다가가지 마라. 그녀의 눈을 똑바로 바라보지는 말아야 한다."

그러나 그의 원칙은 뜻밖의 일로 깨집니다. 그녀가 술집 테이블에 엎드려 잠이 들었을 때 다가가 살짝 미끄러진 선글라스를 통해 드러난 그녀의 눈가를 살피던 그는 멍든 눈시울을 발견하게 되고 그의 마음속에 있던 백기사가 깨어납니다. 세실리아 노엘이 부른 낭만적인 노래 〈유니코니아(Unicornia)〉가 흘러나오며 술집에 있는 두 남녀의 고독을 그려내면서 왕가위는 〈중경삼림〉의 금성무와 임청하, 〈타락천사〉의 여명과 이가흔을 떠올리게 합니다. 이 곡은 말로 소통하지 않는 두 사람 사이의 거리와 침묵을 깬 것을 표현했습니다. 이 탐정은 결국 고용주인 여배우의 매니저 포레스트 휘태커에게 돈을 돌려주며 말합니다.

"그녀를 놓쳤어요."

오웬의 절제된 연기와 날카로운 통찰은 그를 양조위처럼 왕가위의 페르소나가 되게 했습니다. 〈미행〉은 한 편의 영화가

348

필요로 하는 모든 특성이 있지만 러닝타임은 8분에 불과합니다. 이는 당시에 온라인으로 스트리밍되면서 인터넷의 중요성을 보여주었습니다. BMW 시리즈의 다른 단편들(프랭크하이머, 이냐리투, 가이 리치, 그리고 이후의 오우삼, 리들리, 토니 스콧이 찍은 단편들)은 과장된 액션 영화들로 온라인 스트리밍보다는 스크린에 더 잘 어울립니다.

왕가위는 여주인공을 미행하는 탐정의 시간과 기억을 특징적인 교차 편집으로 보여줍니다. 당시 〈미행〉은 키치적인 팝아트 요소를 가미한 뮤직비디오이자 문학적 나레이션과 비선형 서사가 혼합된 포스트모던 예술로 생생한 공감을 이끌어냈습니다. 〈미행〉은 포스트모던적인 스타일을 빌려 옛 시절의 향수를 이끌어낸 단편입니다.

왕가위 감독의 프랑스 라코스테 의류 광고(2002)는 인터넷에서도 볼 수 있습니다. 장첸은 짧은 라코스테 로고가 새겨진 붉은색 폴로 셔츠를 입고 잠에 취한 몽환적인 분위기의 서양 여성과 우연히 만납니다. 그녀는 검은색 폴로 셔츠를 입었습니다. 빠르게 전환되는 일련의 감각적인 컷들이 관객들을 엔딩 장면으로 이끕니다. 검은 폴로 셔츠를 입고 있는 장첸이 푸동의 어느 건물 옥상에 서 있고 그 여자는 그를 넋을 놓고 바라보는데 둘은 마치 텔레파시로 소통하는 듯합니다. 그리고 〈화양연화〉 속의 우메바야시 시게루의 음악이 흘러나오며 왕가위의 국제적인 명성과 스타일리스트로서의 인지도가 확실히 〈화양연화〉의 수혜를 받고 있음을 시사합니다.

왕가위는 다시 한번 장첸과 손잡고 DJ Shadow의 뮤직비디오 〈식스 데이즈 Six Days(2002)〉를 촬영합니다. 크리스토퍼 도일이 촬영한 이 작품은 비주얼의 본보기라고 알려졌으며 반전의 메시지를 다룬 음악 가사에("협상이 무너지고/지도자들이 불만을 터뜨리기 시작했다/하루는 화약 냄새로 가득차고/내일은 늦게 올 거야")자신의 의견을 담았습니다. 이 노래를 배신당한 사랑 이야기로 해석한 왕가위는 3분 41초 동안 두 연인(장첸과 홍콩 모델 다니엘 그레이엄)이 사랑싸움을 하는 모습을 보여줍니다. 배신을 상징하는 것은 "4:27"에서 "4:26"으로 돌아서며 멈춰진 시간입니다. 왕가위는 환각에 가까운 기억을 사용하여 시간과 숫자에 관한 그만의 스타일을 보여주었습니다. 장첸은 "4:26"의 흔적을 부수고 망가뜨리지만, 이 숫자는 문신처럼 사방에 낙서하듯 등장합니다. 그리고 끝내 산산이 조각납니다.

〈식스 데이즈〉와 프랑스 라코스테 의류 광고의 꿈같은 효과는 왕가위가 1997년 〈해피투게더〉 개봉 이후 휴대전화 제조

사인 모토로라를 위해 촬영한 광고를 떠올리게 합니다. 3분짜리 감독판 모토로라 광고는 왕페이와 일본 배우 아사노 타다노부가 주연을 맡았습니다. 이것은 어쩌면 왕가위의 가장 훌륭하고 아름다운 광고(최소한 이번 장에서 논의된 네 작품 중)일지도 모릅니다.[5]

　〈모토로라〉는 도일이 촬영을, 장숙평이 미술 디자인을 맡아 시각적으로 연출했습니다. 왕가위 본인이 강조했듯이 이것은 여느 영화나 광고와도 다릅니다.[6] 이 광고의 주제는 소통, 더 정확히 말하자면 왕가위가 말하는 예측불허의 소통입니다. 환상적인 공간과 기억 속에서 여자(왕페이)는 분명 옛 남자친구인 남자(아사노 타다노부)와 전화를 하고 있습니다. 오프닝의 전화하는 장면에서 왕페이는 옛 남자친구를 떠올립니다. 마지막 장면에서 그녀는 손을 흔들며 작별 인사를 하는데 모토로라 로고에 의해 화면이 거칠게 끊겨 낯선 효과를 불러일으킵니다. 왕페이는 권태롭게 의자에 앉아 마치 실제 시공간에서 남자친구를 불러들이려는 듯 손을 들어 보입니다. 이 점프 컷은 그녀를 바라보는 시점을 달리하며 그녀를 추억의 다른 시공간에 몰아넣습니다. 이 몽환적인 상태는 핀볼 게임기와 텔레비전에 몰두한 남자친구의 이미지와 나란히 놓여 두 사람의 관계에 무심한 그의 모습을 보여줍니다. 이 모든 것이 한 건물이 터지는 짧은 장면 속에서 절정에 달합니다. 이 짧은 작품은 최고의 연출 감각을 보여주었고, 3분 동안 아름다운 장편 영화와도 같은 느낌을 구현해 냈습니다.

〈모토로라〉와 〈식스 데이즈〉에서 연상되는 영화는 단연코 〈해피투게더〉(충만한 색채와 화려한 세트)와 〈중경삼림〉(끊임없이 반복되는 운동이 바로 뮤직비디오 스타일의 중요한 요소)입니다. 왕가 위가 뮤직비디오를 혹은 뮤직비디오가 왕가위를 모방하고 있 는지 알 수 없을 정도로 파편화된 서사와 점프 컷 그리고 순환 하는 장면들과 예쁜 화면에 어울리는 팝송 등은 서로 유사점 이 많습니다. 왕가위의 광고는 영화 제작자로서 그의 다재다 능함과 그가 장편이든 단편이든 구애받지 않고 집념을 보여 주는 감독이라는 것을 입증합니다. 이 광고를 보는 재미는 왕 가위가 삽입한 단서를 해독하는 데 있습니다. 여기서 감독의 주관적인 의도는 물론 장편에 대한 암시도 찾아낼 수 있는 것 입니다.

단지 길이가 짧은 뮤직비디오라는 이유만으로 〈모토로라〉, 〈식스 데이즈〉, 〈미행〉 등을 비평에서 제외하는 것은 맞지 않 습니다. 이들은 왕가위의 작품에서 중요한 서열을 차지하며

단편 작업들 및 결론

그의 입지를 오히려 튼튼히 다지도록 해주었습니다.

왕가위는 〈2046〉 이후 옴니버스 영화 〈에로스〉 중 한 편을 40분가량 연출했습니다. 이는 〈더 핸드〉라는 제목으로 〈2046〉의 촬영 중에 틈틈이 완성되었습니다. 주인공인 공리와 장첸은 각각 세상 물정에 밝은 성 노동자와 재봉집 견습생의 엇갈린 운명을 연기했습니다.

●

결론

왕가위는 (이 책을 집필할 당시까지) 그가 제작한 8편 중 〈아비정전〉, 〈동사서독〉, 〈해피투게더〉, 〈화양연화〉, 그리고 〈2046〉에 많은 제작 시간과 자금, 그리고 정력을 쏟아부었습니다. 〈2046〉를 제외한 상업 영화들이 1년이 넘는 촬영 기간과 후반 작업으로 공들여 제작되었습니다. 다른 감독이었다면 같은 기간 내에 2~3편의 영화를 연출할 수 있을지도 모릅니다. 물론 왕가위에게 역시 5년에 달하는 〈2046〉의 제작 기간은 전무후무한 것이었습니다. 하지만 이것은 동시에 왕가위가 최고의 감독임을 보여주기도 하는 일화입니다. 그는 매사에 빈틈없는 장인처럼 자신의 영화를 장악하고 있기 때문입니다.

작가로서의 왕가위는 2004년까지 만든 8편의 영화들로 높은 수준의 일관된 스타일을 유지했는데 뒤이어는 영화 제작자로서 그 기량을 확장했고 그의 작품들도 역시 독보적인 품격에 도달했습니다. 〈열혈남아〉는 전형적인 1980년대 갱스터 영화지만 왕가위의 전형적인 스타일에서는 벗어나 촬영되었습니다. 〈아비정전〉은 예술영화를 표방하며 마치 미로를 넘나드는 것처럼 우리를 1960년대를 살아가는 인물의 아픈 내면으로 데려갔습니다. 〈동사서독〉은 우리를 고대 무협의 역사적 배경 속으로 이끌었는데 인물의 표현방식은 〈아비정전〉과 같은 현대적 스타일이었습니다. 〈동사서독〉이 가진 그 특유의 리듬은 〈아비정전〉이나 당대의 삶을 스타일리시하게 표현한 〈중경삼림〉과는 사뭇 다릅니다. 〈타락천사〉는 〈중경삼림〉과 비슷한 면이 있지만 전자의 독특함은 홍콩을 하나의 완전한 실체로 표현한 데 있고 후자는 이를 침사추이와 센트럴로 표현한 데 있습니다. 홍콩 밖에서 촬영된 〈해피투게더〉는 당시 홍콩의 불안한 사회 정서에 대응했습니다.

우리를 1960년대, 즉 〈아비정전〉의 시절로 데려간 〈화양연

355

화〉 속 두 주인공은 〈아비정전〉이나 〈해피투게더〉에 비해 욕망을 표현하는 대신 억압하는 모습을 하고 있습니다. 〈화양연화〉의 연장선상에 있으면서도 확연히 다른 〈2046〉은 양조위를 염세적인 낭만주의자로 표현했는데 그는 과거와 불확실한 미래를 오가며 수리진이라는 이름이 같은 두 여인과 운명적으로 조우합니다.

이 영화들은 왕가위를 둘러싼 수수께끼를 만들며 그의 즉흥적 창작 방식과 자유로운 아이디어 그리고 추상적인 시간과 공간을 둘러싼 서사에 의존합니다. 결국 이런 촬영 방식과 서사의 수법들은 '왕가위의 영화가 너무 정교해서 이는 도저히 즉흥적인 창작의 산물일 리 없다'는 패러독스를 낳기도 했습니다. 그의 영화는 인물의 정서와 역사를 탐구하는 인물 심리에 대한 왕가위의 숙련된 통찰과 홍콩 현대사에 대한 그의 심도있는 이해를 보여줍니다. 사실 왕가위의 커리어는 몇 가지 패러독스로 요약될 만큼 그 독특함을 지닙니다.

홍콩의 흥행 참패와 세계적 흥행이라는 패러독스

결국 왕가위는 홍콩이 길러낸 창의적 예술가로 볼 수 있습니다. 그는 동서양과 여러 장르의 조화 속에서 항상 새롭고 독창적인 것을 찾아냅니다. 그의 영화는 이질적인 것들의 만남으로 인해 풍요롭다는 점에서 홍콩의 특성과 매우 비슷합니다. 복선을 내포한 다중적 대사들과 배역의 경계를 넘나드는 그의 영화는 만화경에 비유할 만합니다. 왕가위의 영화는 당연히 홍콩 영화의 대다수를 차지하는 상업영화와 세계 영화계를 주도하는 할리우드 블록버스터의 반대편에서 상대적으로 예술영화를 조명하는 또 다른 방식을 제공하기도 했습니다.

한편 그의 영화는 "비대칭의 예술"로 표현될 만큼 동서양의 낭만과 정감을 품고 있지만 너무 '홍콩적'이어서 고상한 유럽 예술영화의 계보에는 놓일 수 없습니다.

이 패러독스를 이해하는 가장 좋은 방법은 왕가위의 영화가 홍콩에 속하면서 동시에 세계에 속하는 것을 인정하는 것입니다. 아리프 딜릭은 그의 논문에서 글로벌 자본의 확장과 이에 대한 저항 경로를 논하며 본토주의가 이로부터 소외된 무

단편 작업들 및 결론

리들의 역사적·정치적 투쟁의 결과물이라고 보았습니다. 그는 당대의 본토주의를 일종의 "포스트모던적이며 새로운 형태의 권력 부여에 있다"고 정의했습니다. 딜릭의 관점은 왕가위를 포스트모던의 예술가로 인식하는 통찰을 제공합니다. 이처럼 장르물과 예술영화의 변주 속에서 왕가위는 홍콩의 영화 산업에 휘둘리지 않고 영화를 제작해 왔습니다.

〈아비정전〉이 평단의 인정을 받으면서 1990년대부터 왕가위의 커리어가 성공적으로 상승하자 홍콩 영화산업의 격동기였던 1990년대에 왕가위는 그 중심에 서게 되었습니다. 〈동사서독〉, 〈중경삼림〉, 〈타락천사〉, 〈해피투게더〉은 모두 1990년대의 불안과 심리적 고통을 외면하지 않았습니다. 또 그는 다양한 인물들 개개인의 개성과 고독을 폭넓은 시선으로 주목해 왔습니다. 90년대를 대표하는 왕가위의 창작은 홍콩의 인류학적이고 문화적인 기록으로 남았습니다.

그의 영화는 우리들 각자의 영화적 경험을 다채롭게 합니다. 그 풍성한 미장센과 표현 그리고 서로 다른 이야기의 복잡한 연관성이 어떤 영원한 기억으로 귀결되는 것을 우리는 보게 됩니다. 한편 그의 영화들은 여러 번 보아야 그 정수를 느낄 수 있습니다. 이는 어떤 비평가들이 가지고 있는 "영화는 한 번 보는 것으로 충분하다"는 관념에 도전하는 것입니다.

영화와 문학의 결합이 주는 패러독스

왕가위는 오직 그만이 완성할 수 있는 방식으로 문학과 시
각적 스타일을 융합시켰습니다. 문학과 영화를 결합하는 과
정에서 그는 영화보다 문학을 더 사랑하고 있음을 역설적으
로 보여주기도 했습니다. 문학은 왕가위로 하여금 영상을 다
루는 능력을 쌓도록 일조했습니다. 그는 푸익, 코타사르, 다자
이 오사무, 류이창 등의 작가에게 영감을 받아 비선형적이고
비논리적인 서사를 독특한 방식으로 구사하며 문학과 영상
을 결합시켜 우리의 감각을 한 단계 끌어올렸습니다. 왕가위
는 소설 속 인물들의 대화를 독특한 개인적 시각으로 재구성
했습니다. 문학적 관념만으로 사람의 마음을 움직이는 탁월
한 그의 미적 감각은 전 세계 영화 팬들이 주목하고 있습니다.
왕가위는 문학으로 영화를 해방시켰습니다. 그의 영화가 그
사이에서 일종의 균형을 제공했다면 그것은 영화적 이미지와

단편 작업들 및 결론

문학 사이의 줄타기라고 할 수 있겠습니다.

왕가위 영화의 또 다른 의의는 그의 영화가 영화 비평의 경계를 문학의 미개척지로 확장함으로써 그 기준을 한층 높였다는 데 있습니다. 그의 영화는 언어와 전파, 반복과 차이, 운동과 시간, 그리고 공간적 이론으로 해석할 수 있습니다. 그런 의미에서 그의 영화 세계에는 더욱 깊이 있는 탐구와 발견이 가능한 것입니다.

나레이션과 미장센으로 문학적 스케치를 그려내는 그의 연출은 세계 영화사에 한 획을 그었습니다. 하지만 왕가위의 문학에 대한 애정은 특히 각 인물들에 대한 높은 관심으로 나타나 우리가 영화를 보는 방식을 근본적으로 바꿔놓았습니다.

만일 왕가위가 문학적 서사에 자신의 색깔을 능숙하게 담아내는 감독이 아니었더라면 오늘날의 그는 없었을 것입니다. 그는 이미 많은 감독들의 패러디와 오마주의 대상이 됐고 그와 비슷한 기질을 가진 감독들의 작품에서 그의 영향이 여과 없이 드러나고 있습니다. 이명세의 〈인정사정 볼 것 없다(Nowhere to hide)〉, 톰 티크워의 〈로라 런(Run Lola Run)〉, 장원의 〈녹차〉와 로예의 〈쑤저우허〉, 쿠엔틴 타란티노의 〈킬 빌〉 그리고 서극의 〈칼〉은 모두 시각 스타일과 서사 구조에서 저마다의 방식으로 왕가위의 감수성을 보여주고 있습니다.

●

꿈과 현실의 패러독스

왕가위는 영화를 보는 경험을 꿈과 현실을 융합한 차원으로 승화시켰습니다. 몇몇 관객들은 왕가위의 영화를 보고 그다지 유쾌하지 않은 꿈에 머물러 있는 느낌을 받을 수도 있겠습니다. 하지만 그의 영화는 본질적으로 거칠지도, 그렇다고 무미건조하지도 않은 현실주의 영화입니다. 이러한 패러독스로부터 우리는 왕가위의 영화가 기본적으로 심리적이지만 신경질적이거나 히스테리적이지는 않다고 인정합니다.

왕가위는 중국 반환 전의 홍콩의 병리 상태를 가장 깊이 있게 표현한 감독입니다(비록 〈화양연화〉와 〈2046〉은 반환 이후 제작됐지만, 1960년대를 배경으로 한다는 점과 1966년에 홍콩에서 폭력 소동이 일어났고, 왕가위가 이를 토대로 전체의 사회적 심리 전반을 추정한 것으로 미루이 볼 수 있습니다). 또, 왕가위의 영화가 1990년대 홍콩 사회의 병리를 반영했지만 그것에 어떠한 조롱이나 비난 혹은 악의적인 뉘앙스는 없습니다. 홍콩의 불안을 영화화하는 데 있어 왕가위와 동년배인 "뉴웨이브" 감독들은 그런 부드러운 선의가 없었습니다. 서극의 〈칼〉(1995)은 〈동사서독〉의 뒤를 이어 더욱 악랄하고 무자비한 시선으로 홍콩이 앓고있는 증후군을 무림 세계에 비유했습니다. 〈아비정전〉에 비해 나탁요의 〈Farewell China〉(1990)는 홍콩 제2의 "뉴웨이브"처럼 느껴졌으나 나탁요는 외국으로 이민을 가는 동성애자 주인공을 편집증적이고 히스테리적으로 그려냈습니다. 관금붕의 〈쾌락과 타락〉(1998)은 〈해피투게더〉의 자매 편이라고 할 만한데 여성 및 결혼제도를 다루는 감독의 오만한 시선이 그의 예술적 가치마저 훼손했다는 비평이 뒤따랐습니다.

주목할 점은 현실과 꿈 사이의 균형을 잡는 데 있어 왕가위는 한없이 온화한 시선으로 접근했다는 데 있습니다. 이는 혁명적인 촬영기법, 카메라 무브먼트와 결합된 사운드트랙, 관객의 감각을 자극하는 비범한 컬러들의 사용, 스타 배우들의 연기, 그리고 그만의 탁월한 연출 기법과 관련돼 있습니다. 모든 것은 왕가위의 상상력에서 비롯되어 마치 꿈과 현실이 얽힌 그물에 휘말리는 듯합니다. 왕가위의 영화는 꿈과 같습니다. 게다가 인물의 순수한 감정은 무대의 중심을 지키고 있습니다. 그의 감정은 현실 속 인간관계의 고통을 항상 수반하기에 상당히 진실되게 느껴집니다.

왕가위 영화의 환상적인 특질은 어쩌면 예술가로서의 특질과 밀접한 관련이 있을 수 있지만 환상이 현실 탈출의 한 형태라는 뜻은 아닙니다. 그의 영화에는 숙명론적 경향이 있습니다. 〈화양연화〉의 마지막 장면에는 양조위가 앙코르와트 유적지의 벽에 난 구멍을 향해 중얼거리거나 〈미행〉의 끝부분에서 클라이프 오웬이 "내가 그녀를 놓쳤어요. 다시 내겐 전화하지 마세요"라고 이야기하거나 혹은 〈2046〉의 마지막에 몹시 상심한 여인이 목이 메어 통곡 소리도 나오지 않는 장면들이 나옵니다. 왕가위 영화 속의 "절망적 존엄"은 억압된 상태를 인정합니다.

묘하게도 왕가위는 〈동사서독〉, 〈중경삼림〉의 개봉과 함께 이름을 날렸는데, 비슷한 시기 홍콩 영화 산업은 10년 가까이 쇠락의 길을 걷고 있었습니다. 왕가위 스타일이 홍콩 영화 산업의 전반적인 상업화 경향에 저항했지만 영화의 멜랑콜리한 감성이 흥행에 큰 도움이 되지 않았음은 부인할 수 없습니다. 홍콩 영화업계는 관객들을 극장으로 끌어들이는 최선의 방법이 관객의 마음을 쉽게 움직이는 영화들을 만드는 것이라는

363

신조로 일관하고 있습니다. 그러나 가끔 흥행이 되는 블록버스터를 제외하고 홍콩 영화 산업은 여전히 침체기에 머물러 있으며 왕가위 영화의 침체된 정서는 이러한 정서를 어느 정도 반영하고 있습니다.

홍콩 영화의 쇠락은 더 광범위한 불황의 증후군으로 20세기의 마지막 10년 동안 홍콩을 덮쳤습니다. 그러나 역설적으로 이 같은 불황이 왕가위를 만들었습니다. 그의 영화는 관객들에게 색채와 미장센 그리고 액션과 이야기의 충돌을 통해 우리에게 위로를 선사했습니다.

그런 점에서 왕가위는 영화의 도를 잘 아는 다른 홍콩 영화 제작자들과 다르지 않습니다(결국 그는 오우삼, 서극, 왕정, 유진위, 주성치와 같은 세대의 인물입니다). 왕가위는 2004년까지 여덟 편의 영화를 연출하며 우리의 눈과 귀를 즐겁게 하는 동시에 스스로가 능숙한 예술가임을 증명했습니다. 다만 그가 더욱 특별한 이유는 예술과 모험에 투자하며 동시대의 감독이 따라올 수 없는 방식으로 영화를 만든다는 점 때문일 것입니다. 왕가위는 원칙을 지키며 자신이 하고 싶은 영화를 자신만의 방식으로 만든 감독입니다. 그는 단 한 편의 마구잡이 영화도, 단 한 편의 대수롭지 않은 영화도 찍은 적이 없습니다. 그의 커리어는 끊임없이 발전하며 끝이 아니라 다시 시작하고 있습니다.

비록 그는 〈아비정전〉 이래 매 작품마다 제작 시간을 지연시켜 홍콩의 투자자들과 갈등을 빚기도 했지만 원망이나 음모 혹은 배신으로 가득 찬 챈들러식 세계관과 푸익과 코타사르, 무라카미 하루키, 김용, 그리고 류이창의 세계관 사이를 마치 백기사처럼 굴하지 않고 거침없이 나아갔습니다.

그런 그를 사랑하는 우리는 그의 길동무와 같습니다. 왕가위가 그의 다음 열차에 오르며 세상의 끝까지 데려가더라도 우리는 기꺼이 그를 따를 것입니다.

단편 작업들 및 결론

미주

1장

1   데이비드 보드웰, 〈플래닛 홍콩〉(2000년, 캠브릿지, MA와 런던: 하버드 대학교 언론 발행) p. 270.

2   아크바 압바스, 〈홍콩: 사라진 문화와 정치〉(1997년, 홍콩대학교 언론 발행) p. 50.

3   왕가위 감독 영화의 문학적 근간과 영향을 깊이 있게 고찰한 연구는 제레미 탬블링의 〈왕가위의 해피투게더〉를 참고.(2003년, 홍콩: 홍콩대학교 언론 발행)

4   2003년 3월 27일 홍콩에서 저자와 담가명 간의 인터뷰

5   미셸 푸코, 〈니체, 계보, 역사〉, 도날드 F. 부샤르 편집, 〈언어, 반기억, 실행: 미셸 푸고의 선별된 에세이와 인터뷰들〉(1977년, 이타카, 뉴욕: 코넬대학교 언론 발행) p. 48.

6   동일 참조. p. 48.

7   압바스, 〈사라진 문화와 정치〉. p. 16.

8   리자 베어, 〈왕가위〉 봄 매거진 75호(2001년 봄) 참고.

9   동일 참조.

10   동일 참조.

11   온라인 잡지 캐비넷에 출판된 메리 제인 아마토와 J.그린버그의 〈겨울에 하는 수영: 왕가위 감독과의 인터뷰〉 5호 참고.(2000년 여름)〈www.kabinet.org/

magazine/issue5/ wkw1.html〉

12 동일 참조.

13 동일 참조.

14 이 장면과 다른 삭제 장면들은 DVD 에디션에서 볼 수 있다.(프랑스 배급사
TF1비디오와 오션 필름즈가 공개하였다.)

15 담가명과의 인터뷰에서. 왕가위 감독은 〈최후승리〉의 스크립트를 집필하는
데 수년을 보냈고, 각본을 넘겼을 때, 상사가 재집필과 수정을 요구하였다고
말했다. 위소은 집필, 장 마크 라랜, 데이빗 마르티네즈, 아크바 아바스, 위소
은, 왕가위의 '왕가위 감독과의 대화'(1997년, 파리: Dis Voir 발행) 참고

2장

1 Jimmy Ngai, '왕가위와의 대화' Jean-Marc Lalanne, David Martinez, Akbar
Abbas와 Jimmy Ngai, 왕가위(파리: Dis Voir, 1997), p. 101.

2 〈왕가위(열혈남아)〉, 〈전영쌍주간〉 제 241호(1988년 6월), p. 24.

3 동일 참조.

4 담가명과의 인터뷰, 2003년 3월 27일, 홍콩

5 〈왕가위(열혈남아)〉, 〈전영쌍주간〉 제241호1988년 6월, p. 24.

6 동일 참조.

7 담가명과의 인터뷰, 2003년 3월 27일 홍콩

8   〈홀로서기 왕가위〉, 〈전영쌍주간〉 제 244호(1988년 7월 28일), p. 17.

9   왕가위의 원래 엔딩에서 소화는 총에 맞지만 죽지는 않는다. 그는 정신 장애를 입고 장만옥이 그런 그를 조용히 바라본다. 왕가위에 의하면 이 엔딩이 잘린 데에는 두 가지 이유가 있다: 첫째, 해당 엔딩으로 하게 되면 영화가 너무 길어서 배급에 영향을 미치기 때문이다. 둘째, 관객들이 바보가 된 유덕화를 보느니 차라리 그가 죽었다고 받아들이길 원할 것이라고 느꼈기 때문이다.

10 담가명과의 인터뷰 둘째, 관객들이 바보가 된 유덕화를 보느니 차라리 그가 죽었다고 받아들이길 원할 것이라고 느꼈기 때문이다.

11 〈왕가위(열혈남아)〉, 〈전영쌍주간〉 제241호(1988년 6월), p. 24.

12 글자 그대로는 몽콕하문으로 번역되는 중문 제목은, 갱스터와 로맨스 요소가 매우 균등하게 포함되어 있다- '왕각'은 갱스터를 상징하는 반면 '카문'은 로맨틱한 요소를 떠오르게 한다. 왕가위 감독에 의하면, '왕각카문'은 여자 댄서와 사랑에 빠지는 젊은 형사에 관한 이야기하는 완전히 다른 대본으로 카문 줄거리를 왕각의 배경으로 바꾼 것이다. 〈열혈남아〉를 찍는 동안 몇몇 배우들은 그가 카문 대본을 만들고 그 실수를 기자들에게 계속한다고 오해하였다. 이로 인해 왕가위 감독은 영화 개봉 전에 제목을 바꾸고자 하였음에도 불구하고 중문 제목이 지금의 제목이 되었다. 〈왕가위(열혈남아)〉, 〈영화쌍주간〉 제241호(1988년 6월), p. 24.

13 〈왕가위(열혈남아)〉, 〈영화쌍주간〉 제 241호(1988년 6월), p. 24.

14 동일 참조.

15 동일 참조.

16 동일 참조.

17 〈전영쌍주간〉 제 242호(1988년 6월 30일), 제목 '왕각카문:영상남용효과'에 실린 리뷰를 예로 들 수 있다. 피터라는 이름의 평론가는 비록 영화의 특정한

영화적 표현법이 홍콩 영화에서 꽤 드물지만 그것들은 이미 세계 영화계에서는 전형적인 클리셰라고 비평하였는데 이는 왕가위 감독이 점점 더 명성을 얻으면서 여러 번 들었던 논평이다.

18 〈왕가위(열혈남아)〉, 〈영화쌍주간〉 제 241호(1988년 6월), p. 25. 담가명이 유덕화가 당구장에서 '보왕'을 공격하는 장면을 포함한 두 액션 씬을 편집한 반면 아성패는 만자량이 주연으로 출연한 장면들을 편집했다. 관금붕 감독은 대사의 후시 더빙 작업을 하였다.

19 장숙평은 1953년에 태어나 사립학교인 뉴욕 메소드 컬리지에서 공부하였다. 졸업 후 영화 쪽 일을 찾던 그는 여자 감독 당서선의 조감독으로 일하게 되었다. 그 후 그는 1973년에 캐나다로 가 벤쿠버 예술학교에서 영화를 공부하였다. 3년 후 홍콩으로 돌아온 그는 담가명의 〈애살〉(1981)의 프로덕션 디자이너로 일하기 전에 패션 디자인 업계에서 일하였다. 그로부터 장숙평은 주로 프로덕션 디자이너 그리고 의상 디자이너, 모델 디자이너와 편집자로 여러 영화를 꾸준히 작업하였다. 왕가위와 별도로, 그가 함께 작업한 감독으로는 서극, 엄호, 관금붕과 구정평이 있다.

3장

1 〈아비정전〉 개봉 전 위소은과의 인터뷰에서 왕가위 감독은 〈아비정전〉을 하나의 작품으로 계획했지만 상업성을 고려해 두 개로 나누었다고 한다. 왕가위 감독은 이 두 파트를 한 편의 3-4시간으로 재편집하는 것의 가능성에 대해 언급했고 이를 DVD로 내는 것이 그의 이상적인 프로젝트라고 하였다. 참조 위소은: (〈아비정전〉: 왕가위와의 대화), 〈전영쌍주간〉 제305호(1990년 12월), p. 38.

2 〈아비정전〉은 원래 세 개의 시공간으로 설정되었다: 1930년대의 어촌, 1960년대의 구룡, 1966년의 필리핀. 왕가위 감독은 최종적으로는 1930년대의 시퀸스를 삭제하기로 하였다. 참조 Jimmy Ngai, '왕가위와의 대화' Jean-Marc

Lalanne, David Martinez, Akbar Abbas와 Jimmy Ngai, 왕가위(파리:Dis Voir, 1997), p. 101.

3   질 들뢰즈, 차이와 반복, 옮김. 폴 파톤, 런던과 뉴욕: 연속성, 1994, p. 41.

4   발 없는 새의 우화와 〈아비정전〉이라는 제목은 20세기 중국의 위대한 작가인 루쉰과 확실한 관계가 있다. 이 우화는 1925년에 출간된 문집 〈화개집〉의 서문의 '내가 소년이었을 때 나는 하늘을 나는 것을 꿈꿨다. 그러나 현재 나는 여전히 땅에 머물러 있다.' 라는 문장에서 영향을 받았을 것이다. 〈아비정전〉이라는 제목은 1921년에 출간된 가장 유명한 이야기 중 하나인 〈아큐정전〉을 떠오르게 한다.

5   Jimmy Ngai, '왕가위와의 대화' Jean-Marc Lalanne, David Martinez, Akbar Abbas와 Jimmy Ngai, 왕가위(파리:Dis Voir, 1997), p. 101.

6   천사: 〈아비정전-필리핀에서 8일간의 촬영〉, 〈전영쌍주간〉 제306호(1990년1월), p. 36.

7   Jimmy Ngai, '왕가위와의 대화' Jean-Marc Lalanne, David Martinez, Akbar Abbas와 Jimmy Ngai, 왕가위(파리:Dis Voir, 1997), p. 101.

8   천사: 〈아비정전-필리핀에서 8일간의 촬영〉, 〈전영쌍주간〉 제306호(1990년 1월), p. 36.

9   예를 들어, 영화 비평가이자 감독인 장지성은 '왕가위 감독은 단순히 그의 사적인 공상에 지나지 않는 것에 의지하여 현실 세계를 망쳐놓기를 좋아하는 못된 아이일 뿐'이라는 비평을 남겼다. 참조 장지성: 〈아비정전〉: 아비정전에 대한 나의 생각과 느낌〉, 〈전영쌍주간〉 제308호(1991년 1월), p. 119.

10 Jimmy Ngai, '왕가위와의 대화' Jean-Marc Lalanne, David Martinez, Akbar Abbas와 Jimmy Ngai, 왕가위(파리:Dis Voir, 1997), p. 101.

11 아리아드네는 미노타우르의 궁에서 금색 실로 테세우스를 구해낸 크레타의

왕 미노스의 딸이다. 테세우스는 그녀에게 결혼을 약속한 후 그녀를 낙소스 섬에 버렸다. 아리아드네의 신화는 데 키리코에게 상징적인 의미이자 그의 그림에 지속적인 주제로 나타난다.

12 엘리엇의 '전주(Preludes)', 불모지와 다른 시(The Waste Land and Other Poems)(London: Faber, 1972), p. 15.

13 담가명과의 인터뷰, 2003년 3월 27일, 중국 홍콩에서

14 마누엘 푸익, 조그만 입술(Heartbreak Tango) 번역. Suzanne Jill Levine(런던: 아레나, 1987) p. 205.

15 마누엘 푸익, Betrayed by Rita Hayworth, 번역. Suzanne Jill Levine(런던:아레나, 1987), p. 65.

16 마누엘 푸익, 조그만 입술(Heartbreak Tango) 번역, Suzanne Jill Levine(런던 아레나, 1987) p. 183.

17 동일 참조, p. 183.

18 들뢰즈, 차이와 반복 p. 110. 폴 파톤 옮김. 런던과 뉴욕: 연속성, 1994

19 동일 참조.

20 동일 참조, p. 111.

21 무라카미 하루키의 노르웨이 숲 인용, 번역 Jay Rubin(London: Vintage, 2000), p. 4.

22 Jimmy Ngai, '왕가위와의 대화' Jean-Marc Lalanne, David Martinez, Akbar Abbas와 Jimmy Ngai, 왕가위(파리:Dis Voir, 1997), p. 101.

23 담가명과의 인터뷰, 2003년 3월 27일, 중국 홍콩에서

24 비록 해결위도 인정받는 편집자이나 분명한 것은 담가명이 더 노련한 편집자
이며 편집대에서 영화를 구성하는데 있어 예술적인 책임감을 가진 사람이다.

25 담가명과의 인터뷰, 2003년 3월 27일, 중국 홍콩에서

26 도일은 담가명의 두 편의 영화〈설재소〉(1988)와〈살수호접몽〉(1989)을 촬영
하였다.

27 담가명과의 인터뷰, 2003년 3월 27일, 중국 홍콩에서

29 에르네스토 레쿠오나(Ernesto Lecuona)의 '칸토 카라발리'를 쿠가 스타일로
큰 밴드의 오케스트라로 연주한 음악으로 '정글 드럼'으로도 알려져 있다.

30 담가명과의 인터뷰, 2003년 3월 27일, 중국 홍콩에서

4장

1 김용 사량용의 필명으로 1923년 중국 저장성에서 태어났고 2018년 홍콩에
서 사망했다. 기자로 커리어를 시작했으며 1948년 홍콩으로 이주해서 'ming
pao'를 창간하고 1955년부터 무협소설을 쓰기 시작하여 총 15편의 소설을 집
필했다. 소설 대부분은 'ming pao'에 연재되어 '신파무협소설'의 효시가 되
었다. 1950년대 후반부터 그의 소설은 영화 편성의 화두로 떠올랐다.

2 왕가위 감독은 영화를 6주 내에 찍었다고 주장한다. 메리 제인 아마토와 J.그
린버그의〈겨울에 하는 수영: 왕가위 감독과의 인터뷰〉, 캐비넷 5호(2000년
여름) 참고.〈www.kabinet.org/ magazine/issue5/wkw1.html〉

3 〈왕가위 감독의 기량의 확장〉, dianying Shuangzhou Kan(시티 엔터테인먼
트 발행) 397호(1994년 6월 30일 ~ 7월 13일) p.41 참고

4 3번째 이야기는 각본은 집필하였으나 영화화하진 않았고, 이는 왕가위 감독

372

의 5번째 영화 〈타락천사〉의 기반이 된다.

5   〈왕가위 감독의 기량의 확장〉 p.43.

6   무라카미의 단편들의 번역은 인터넷에서 쉽게 찾을 수 있다. 〈www.geociti
     es.com/oskabe_yoshio/ Haruki/Stories-E.html〉 참고. 〈중경삼림〉에 영향을
     준 무라카미의 다른 단편들은 〈중국행 슬로 보트〉와 소설 〈상실의 시대〉이
     다.(〈상실의 시대〉의 일본, 중화인민공화국판 제목은 〈노르웨이의 숲〉으로,
     〈중경삼림〉이란 영화 제목은 무라카미의 소설의 암시로 보인다.) 왕가위 감
     독 본인은 영화에 대한 무라카미의 영향에 대해서는 잘 언급을 하지 않는 편
     이다. 예를 들어서 1994년 9월에 홍콩 영화 잡지인 〈시티 엔터테인먼트〉에서
     출판된 인터뷰에서는 이렇게 말했다:

7   "숫자와 시간을 사용하는 데에서 무라카미와 나는 비슷할지 모르지만…무라
     카미가 나에게 영향을 주었다고 한다면, 내가 카뮈에게도 영향을 받았다고 할
     수 있겠다…무라카미와 내가 유사한 점이라면 둘 다 감정을 가진 사람이란 것
     정도이다."

8   〈왕가위 감독의 이모저모〉, Dianying Shuangzhou Kan(시티 엔터테인먼트
     발행), 402호 p.43 참고.

9   〈왕가위 감독의 기량의 확장〉 참고.

10   노엘 버치의 〈영화 실습 이론〉, 헬렌 R. 레인 번역(런던, Seker and Warburg
     발행) p.15 참고

11   동일 참조.

12   〈왕가위 감독의 기량의 확장〉 p.42 참고.

13   질 들뢰즈의 〈차이와 반복〉, 폴 패튼 번역(1994년, 런던, 뉴욕: Continuum 발
     행) 참고.

미주

14 그러나 왕가위 감독이 밝히길, 그가 첫번째 '중경' 에피소드를 편집한 한편, 장숙평은 두번째 '익스프레스' 에피소드를 편집했다고 한다. 〈왕가위의 이모 저모〉 참고.

15 허버트 리드, 〈간결한 현대 미술의 역사〉(1974년, 런던: 템스 앤 허드슨 발행) p. 109.

16 질 들뢰즈의 〈시네마 1: 움직임의 이미지〉, 휴 톰린슨, 바바라 하버잼 번역 (2001년, 미니애폴리스, MN: 미네소타 대학 언론 발행), p. 4.

17 리드의 〈간결한 현대 미술의 역사〉 p. 110.

5장

1 Dianying Shuangzhou Kan의 〈왕가위 감독의 이모저모〉(시티 엔터테인먼트 발행) 402호(1994년 9월 8~12일) p. 42.

2 왕가위 감독이 〈동사서독〉 작업을 재개했을 때, 그는 분명히 장만옥과 모든 장면들을 홍콩에서 윤룽에 지어진 세트 내부에서 찍고 있었다.

3 〈왕가위 감독의 이모저모〉 p. 42.

4 작품 제작의 역사를 알고 싶으면 디사나야크의 〈왕가위 감독의 동사서독〉 pp. 18-21 참고.

5 〈왕가위 감독의 이모저모〉 p. 46.

6 2003년 3월 27일, 홍콩에서 담가명과의 인터뷰.

7 버튼 왓슨의 〈위대한 중국 사학자들의 기록〉(1961년, 뉴욕, 런던: 콜롬비아 대학 언론 발행)에서 2부 동안 다루어진다

8   제임스 리우가 번역한 〈중화인민공화국의 무협〉(1967년, 시카고 IL: 시카고
        대학교 언론 발행) pp.14-15에서의 사마천의 인용구.

9   담가명과의 인터뷰.

10   〈왕가위 감독의 이모저모〉p. 40.

11   동일 참조.

12   첸 모의 〈 검술과 검사들의 몽타주: 중화인민공화국 무협 영화의 논문〉(1996
        년, 베이징: 차이나 필름 언론 발행), p. 500.

13   〈왕가위 감독의 이모저모〉p. 40.

14   동일 참조.

15   아크바 압바스, 〈홍콩: 사라진 문화와 정치〉(1997년, 홍콩: 홍콩 대학교 언론
        발행) p. 58.

16   미셸 푸코, 〈니체, 계보, 역사〉, 도날드 F. 부샤르 편집, 〈언어, 반기억, 실행: 미
        셸 푸고의 선별된 에세이와 인터뷰들〉(1977년, 이타카, 뉴욕: 코넬대학교 언
        론 발행) p. 154.

17   〈용호풍운: 홍콩의 시네마〉(1999년, 런던, 뉴욕: 버소 발행) pp.108-14,
        pp.187-193의 리사 오담 스톡스와 마이클 후버의 〈백발마녀전〉 분석 참고.

18   천진룽이 편집한 진청교의 〈현대 홍콩 시네마의 희망의 모습과 강호의 영화
        적 이미지〉, 〈문화 연구: 정치의 이론화, 이론의 정치화, 특별호: 시작(탈식민
        주의)〉홍콩, 15호(2001년 7월~8월), p. 500 참고.

19   동일 참조.

20   〈왕가위의 이모저모〉p. 42.

21   이 인용구는 육조단경에 수록된 선불교의 6대 원로, 혜능의 자서전의 유명 일화를 풀어 쓴 것이다. 혜능은 펄럭이는 깃발을 가지고 언쟁을 벌이는 두 승려에게 다가갔다. 깃발을 흔들리게 하는 것은 바람인가? 혜능은 아니라고 답하였다. 흔들리는 것은 그들의 마음이다. 왕가위 감독의 원본 인용구의 변형에 대한 코멘트는 디사나야크의 〈왕가위의 동사서독〉 p. 38을 참고

22   샤를 보들레르의 〈악의 꽃〉(1987년, 런던: 피카도르 발행) p. 128 참고

23   〈왕가위의 이모저모〉 p. 42.

6장

1   〈왕가위와 동전〉, 전영쌍주간, 427호 (1995년 9월) p. 35.

2   질 딜뢰즈의 〈차이와 반복〉, 폴 패튼 번역(런던과 뉴욕: 연속체, 1994년) p. 41 참고

3   〈왕가위와 동전〉, 전영쌍주간, 427호(1995년 9월), p. 33.

4   줄리아 크리스테바, 〈언어, 대사 그리고 소설〉', 토릴 모이의 '크리스테바 독자'(뉴욕: 콜럼비아 대학 언론 1986년) p. 45 참고.

5   〈왕가위 감독의 이모저모〉Dianying Shuangzhou Kan(시티 엔터테인먼트), 402호(1994년 9월 8일~21일), p. 42.

6   줄리아 크리스테바, 〈언어, 대사, 그리고 소설〉, 토릴 모이의 '크리스테바 독자'(뉴욕: 콜럼비아 대학 출판부 1986년) p. 53.

7   왕가위 감독은 캐릭터들의 이름을 붙일 때 촬영 크루들의 이름을 쓰는 장난을 치는 경향이 있다. 황지명은 〈타락천사〉의 조명 감독 이름이다. 〈해피투게더〉에서 여요휘(양조위 扮)와 하보영(장국영 扮)이란 이름은 영화의 조명

감독과 조수의 이름이다.

8   줄리아 크리스테바, 〈언어, 대사, 그리고 소설〉, 토릴 모이의 '크리스테바 독
     자'(뉴욕: 콜럼비아 대학 출판부 1986년) p. 48 참고

9   이탈로 칼비노 〈보이지 않는 도시〉(런던: 피카도르, 1979년), p. 14.

10   〈왕가위와 동전〉, 전영쌍주간 427호(1995년 9월), p. 34.

11   아크바 압바스, 〈홍콩: 사라진 문화와 정치〉(홍콩: 홍콩대학교 신문, 1997년)

12   줄리아 크리스테바, 〈언어, 대사 그리고 소설〉 토릴 모이의 '크리스테바 독자
     (뉴욕: 콜롬비아 대학 언론 1986년)' p. 39 참고

13   줄리아 크리스테바, 〈언어, 대사 그리고 소설〉, 토릴 모이의 '크리스테바 독자
     (뉴욕: 콜롬비아 대학 언론 1986년)' p. 37 참고

7장

1   팽이펑: 〈 '해피투게더': 97 전에 우리 함께 즐겁게 놀자〉, 〈전영쌍주간〉 473호
     (1997년 6월), p. 42.

2   Chritopher Doyle, Don't Try for Me Argentina: Photographic Journal, Hong
     Kong: City Entertainment,1997

3   팽이펑: 〈 '해피투게더': 97년 전에 우리 함께 즐겁게 놀자〉, 〈전영쌍주간〉 473
     호(1997년 6월), p. 41.

4   팽이펑: 〈 '해피투게더': 97년 전에 우리 함께 즐겁게 놀자〉, 〈전영쌍주간〉 473
     호(1997년 6월), p. 41.

5   유택원: 〈해피투게더 위드 레슬리〉, 〈전영쌍주간〉 474호(1997년 6월) p. 33.

6   팽이평: 〈'해피투게더': 97년 전에 우리 함께 즐겁게 놀자〉, 〈전영쌍주간〉 473
     호(1997년 6월), p. 42.

7   관본량, 이엽화 감독의 〈부에노스 아이레스 제로 디그리〉(Buenos Aires Zero
     Degree 1999)에서 따온 것으로, 〈해피투게더〉의 촬영 과정을 담은 1시간 분
     량의 다큐멘터리다.

8   팽이평: 〈'해피투게더': 97년 전에 우리 함께 즐겁게 놀자〉, 〈전영쌍주간〉 473
     호(1997년 6월), p. 41.

9   다큐멘터리 〈부에노스 아이레스 제로 디그리〉에서 보여준 듯이 왕가위는 푸익
     소설의 각색을 단념한 뒤 몇 가지 다른 줄거리를 고민했지만 모두 푸익 소설에
     대한 최초 각색 발상에서 비롯된 것 같다. 그중의 한 줄거리에서 부에노스아이
     레스에 도착한 양조위는 아버지가 말썽을 일으켰다는 것을 경찰로부터 전해
     들은 후에 아버지의 옛 연인을 찾아 나섰는데 알고 보니 그 사람이 남자였다.

10   왕가위는 그의 모든 영화가 이 주제를 놓고 펼쳐지고 있다고 말했다.
     팽이평: 〈'해피투게더': 97년 전에 우리 함께 즐겁게 놀자〉, 〈전영쌍주간〉 473호
     (1997년 6월), p. 44.

11   팽이평: 〈'해피투게더': 97년 전에 우리 함께 즐겁게 놀자〉, 〈전영쌍주간〉 473호
     (1997년 6월), p. 42.

12   팽이평: 〈'해피투게더': 97년 전에 우리 함께 즐겁게 놀자〉, 〈전영쌍주간〉 473호
     (1997년 6월), p. 44.

13   Julio Cortazar, Hopscotch, trans. Gregory Rabassa, New York: Pantheon
     Books, 1966, p. 13.(한국어 버전의 〈팔방치기〉에서 인용해야 함)

14   영화의 초반에, 장국영의 시점에서부터 출발한 짧은 플래시백이 채색의 형식
     으로 펼쳐진다.왕가위의 표현대로 흑백과 채색의 단락은 인물의 내면 감정 반

전의 계절을 알려준다. 즉, 흑백 영상은 여름(사실 남반구의 겨울)의 추위를, 채색은 겨울(여름)의 따뜻함을 암시한다. 팽이평: 〈'해피투게더': 97년 전에 우리 함께 즐겁게 놀자〉, 〈전영쌍주간〉 473호(1997년 6월), p.42 참조. 이 논리대로라면 장국영의 채색 플래시백은 그의 마음 속 '온화한' 추억을, 양조위의 흑백 플래시백은 '차가운' 추억을 대표한다.

15   임혁화: 〈봄볕 뒤, 쾌락의 끝〉, 〈전영쌍주간〉 495호(1998년 4월), p. 81 참조.

16   크리스토퍼 도일 〈'해피투게더' 촬영 수기〉, 홍콩: 전영쌍주간 출판 유한공사, 1997. 장국영이 선글라스를 끼고 여성 화장 스타일에 맞게 화장을 하고 있는 모습을 담아낸 두 장의 사진을 수록한 책에는 "레슬리가 빨간 머리를 하고 하이힐을 신어 걷는 모습이 마치 질린 꾀꼬리 같다"는 도일의 말도 담겨 있다.

17   팽이평: 〈'해피투게더': 97년 전에 우리 함께 즐겁게 놀자〉, 〈전영쌍주간〉 473호 (1997년 6월), p. 44.

18   데 쿠닝(de Kooning, 1904-1997), 미국 추상표현주의 화가. 역주.

19   잭슨 폴라(Jackson Pollock, 1912-1956), 미국 추상표현주의 화가. 역주.

8장

1   팽이평: 〈'해피투게더': 〈1997년 다가오기 전에 우리 함께 즐겁게 지내자〉, 〈전영쌍주간〉 473호(1997년 6월), p. 44.

2   왕가위 인터뷰 참조, 〈화양연화〉 프랑스 버전 DVD에 있는 '특별 수록본', TF1 Video와 Ocean Films 배급.

3   영문 제목 〈In the Mood for Love〉는 늦게까지 확정된 것이었다. 그 때, 왕가위가 우연히 브라이언 페리(Bryan Ferry)가 리메이크한 1930년대 노래 〈I'm

in the Mood for Love〉 [작곡 도로시 필즈(Dorothy Fields), 지미 맥휴(Jimmy Mchugh)]를 듣게 됐는데 이 노래는 예고편과 홍보 영상에는 등장했음에도 불구하고 본편에서 나오지 않았다. 중국어 제목인 〈花样年华〉는 1998년에 일찌감치 확정됐다. 〈전영쌍주간〉 495호(1998년 4월), p. 18 참조.

4   왕가위 인터뷰 참조, 〈화양연화〉 프랑스 버전 DVD에 있는 '특별 수록본', TF1 Video와 Ocean Films 배급.

5   왕가위 인터뷰 참조, 〈화양연화〉 프랑스 버전 DVD에 있는 '특별 수록본', TF1 Video와 Ocean Films 배급.

6   양조위 인터뷰 참조, 〈전영쌍주간〉 559호(2000년 9월), p. 31.

7   왕가위 인터뷰 참조, 〈화양연화〉 프랑스 버전 DVD에 있는 '특별 수록본', TF1 Video와 Ocean Films 배급.

8   양조위 인터뷰 참조, 〈전영쌍주간〉 559호(2000년 9월), p. 31.

9   Marcel Proust, Remembrance of Things Past, Vol. One, trans. C.K. Scott Moncieff and Terence Kilmartin, London: Penguin Books, 1989, pp. 179-180

10   See Tony Rayns, "In the Mood for Edinburgh", Sight and Sound, August 2000, p. 17.

11   류이창: 〈술꾼〉, 홍콩 금석도서무역유한공사 2000년, 1쪽. 이 소설은 상하이에서 온 작가가 홍콩에서 자신을 원망하고 한탄하며 무협소설로 먹고 살겠다는 그의 작품 속에 상하이(및 싱가포르)에 대한 옛날 감성 식의 묘사를 담고 있다.

12   왕가위 인터뷰 참조, 〈화양연화〉 프랑스 버전 DVD에 있는 '특별 수록본', TF1 Video와 Ocean Films 배급.

13   왕가위 인터뷰 참조, 〈화양연화〉 프랑스 버전 DVD에 있는 '특별 수록본' TF1 Video와 Ocean Films 배급.

14　네페르타리 왕후(Queen Nefertiti) , 고대 이집트 신왕국 시절 아케나톤(아멘호테프호 4세) 국왕의 아내, 아름다움으로 유명하다. 역자 주

15　Manuel Puig, Heartbreak Tango. trans. Suzanne Jill Levine, London: Arena, 1987, p. 125

16　Julio Cortazar , Cronopios and Famas , trans . Paul Backburn , New York : New Direction Books, 1999, p. 21.

9장

1　위니 정, '왕가위와의 대화', 할리우드 리포터, 5월 19일 기사 참고

2　Bejing Chenbao, 위소은 '왕가위의 60년대 3부작', 2004년 9월 27일 기사, Jet, vol 26(2004년 10월), pp.51-52

3　Bejing Chenbao, 2004년 9월 27일

4　Tsang Fan, '2046/2047로의 여정', Hao Wai, 337호(2004년 10월) 참조

5　홍콩 일간지는 일본 버전에 기무라 타쿠야가 왕페이와 사랑을 나누는 장면을 추가해 조금 더 길다고 보고하였다. Mingpao의 2004년10월 5일 기사 참고. 버라이어티지에 작성한 데렉 엘리의 리뷰 의하면 칸에서 보여진 버전은 123분이었고, 미완성된 것처럼 보였다고 한다. 엘리의 '2046', 버라이어티지(2044년 5월 31~6월 6일 기사), p.23 참고. 이는 영화의 DVD 편집본의 스페셜 피처 부분에서 찾아볼 수 있는 분명히 수많은 삭제장면들이 있음을 암시한다. 기자회견에 따르면 왕가위 감독은 Zhang Jiamin이 연기한 중화인민공화국 여성과 주모운의 결혼 장면을 묘사하는 부분을 포함한 사용하지 않은 많은 장면들을 찍은 것으로 알려져있다. 버드 역의 태국 배우, 통차이 매킨타이어와 기무라 타쿠야가 나오는 공상과학 장면들은 완성된 영화에서 매우 짧게 묘사되는데 왕가위 감독이 생각하거나 사용할 수 있는 것보다 더 많이 찍은 것을 암시

한다.

6   Di Shiwen, 2046 리뷰, Xingdao Ribao 2004년 10월 2일 기사 참조

7   위소은, 〈2046〉 5년의 제작', Hao Wai, 337호(2004년 10월), pp.196-197.

8   다자이 오사무, 〈인간실격〉 번역. 도널드 킨(New York: New Directions, 1958년) p. 68.

10장

1   이 장은 작가가 특별히 중국어판을 위하여 증보된 내용이다. 역자 주

2   〈세상 단 하나 뿐인 태양〉은 〈2046〉의 공상과학 개념과 영화 속 왕페이(王菲)가 연기한 캐릭터를 그대로 적용했다. '006'이라는 프랑스 여성 공작원이 '빛'이라는 러시아 공작원을 제거하는 임무를 수행해야 하지만 그를 사랑하게 된다는 내용이다. 미션을 수행한 뒤 자신의 기억에서 '빛'을 지우는 치료를 받았다. 이 단편의 엔딩 부분에서 왕가위는 '세상에 태양은 단 하나 뿐인데 이는 크고 작은 도시를 두루 다녔다. 태양은 나의 것이니 누구에게도 주지 않을 것이다'는 러시아 시인 Marina Tsvetaeva의 시구를 인용했다. 9분 남짓한 이 영상은 필립스의 신형 액정 텔레비전을 위해 찍은 광고이다.

3   와인스타인 컴퍼니가 "미리암 컬렉션(Miriam Collection)"의 이름으로 발행한 DVD에 첨부된 비하인드, 〈'마이 블루베리 나이츠'의 제작〉을 참조

4   샤를 피에르 보들레르: 〈난봉꾼〉, 〈1846년의 살롱: 보들레르 미학 논문선〉, 궈홍안 옮김, 계림: 광시사범대 출판사, 2002년, p. 436-440. 역자 주.

5   샤를 피에르 보들레르: 〈난봉꾼〉, 〈1846년의 살롱: 보들레르 미학 논문선〉, 궈홍안 옮김, 계림: 광시사범대 출판사, 2002년, p. 436-440. 역자 주.

382

6   샤를 피에르 보들레르: 〈난봉꾼〉, 〈1846년의 살롱: 보들레르 미학 논문선〉, 귀
     홍안 옮김, 계림: 광시사범대 출판사, 2002년, p. 436-440. 역자 주.

7   샤를 피에르 보들레르: 〈난봉꾼〉, 〈1846년의 살롱: 보들레르 미학 논문선〉, 귀
     홍안 옮김, 계림: 광시사범대 출판사, 2002년, p. 436-440. 역자 주.

11장

1   왕가위가 왕원화 작가의 소설 〈단백질 걸〉을 원작으로 한 영화 제작을 기획
     하고 있으며, 한국 여배우 송혜교가 주연으로 캐스팅됐다고 다른 매체가 보
     도했다.

2   이 독백 및 영화 속의 다른 대사는 모두 트랙에서 한 자 한 자 기록한 것이다.
     〈미행〉의 각본은 앤드루 케빈 워커(Andrew Kevin Walker)가 썼다.

3   왕가위 본인은 〈미행〉의 동시 논평에서 레이먼드 챈들러에 대한 언급을 했다.

4   필립 말로(Philip Marlowe), 레이먼드 챈들러 탐정소설 속 주인공, 사립 탐정이
     다. 역자 주

5   왕가위는 일본 패션 디자이너 키쿠치 타케오와 한 화장품 회사 SK-Ⅱ의 광고
     촬영도 진행했다. 보도에 따르면 그의 최신 광고는 프랑스의 한 휴대전화 회
     사를 위해 촬영된 것이었다. 나는 이 광고들을 보지 못해서 잠시 그것에 대해
     토론하지 않겠다.

6   왕가위 인터뷰: 〈소통을 열어라 왕가위〉, 〈영화 쌍주간〉 485호 (1997년 12월),
     p. 15. 역자 주.

7   〈더 핸드〉에 대한 논의는 본서 제10장을 참조한다. 역자 주.

왕가위 작품세계 30주년 기념 단편영화

〈ONE-TENTH OF A MILLIMETER APART〉

零点零一公分的距离

2021

왕가위 감독 제작사 젯톤 영화사에서, 〈ONE-TENTH OF A MILLI-
METER APART〉란 제목의 30주년 기념 다큐멘터리 단편을 선보였
다. 왕가위 감독의 작품들 중 공개되지 않았던 삭제 장면들, 비하인
드 신들, 그리고 왕가위 감독이 선정한 나레이션을 포함해 이전에
는 보지 못했던 자료들이 들어있다. 영화는 왕가위 감독 작품들의
촬영 현장 사진들과 〈동사서독〉(1994), 〈중경삼림〉(1994), 〈타락천
사〉(1995), 〈해피투게더〉(1997), 〈화양연화〉(2000), 〈2046〉(2004),
〈마이 블루베리 나이츠〉(2007), 〈일대종사〉(2013)의 최종판에서 아
쉽게 빠진 장면들의 뒷 이야기들을 연대순으로 기록하였다.

2021년은 도전적이고 잊지 못할 한 해였습니다.

팬데믹이 한창일 때 우리는 전 세계의 오랜 벗들과 새로운 친구들과 소통하며 연결되어 있었음을 확인할 수 있었습니다. 젯톤 영화사 30주년 특별 기획을 위해 젊은 아티스트와 신진 아티스트를 발굴하여 협업을 하였습니다. 여러분들의 지속적인 지원이 없었다면 이 모든 것은 불가능했을 것입니다. 매년 누리는 기념일은 다시 시작할 수 있는 기회가 되기도 합니다. 시간이 지날수록 우리는 앞으로 전진하며 나아갑니다. 그러나 여러분에게 최고의 작품을 전달하겠다는 우리의 약속만큼은 그대로 남아 있습니다.

그것이 바로 우리의 희망입니다.

WKW